教育部人文社会科学重点研究基地重大项目《深化农村产权制度改革推进城乡居民基本权益平等化研究》(批准号:17JJD790018,主持人:丁关良)
华南农业大学高水平大学学科建设项目支持(负责人:王权典)

城镇化进程中村社改制模式与法治实践探索

——基于广州实证考察

王权典　陈玉生　杜金沛　邓定远　编著

法律出版社

城镇化进程中村社改制模式与法治实践探索

——基于广州实证考察

撰稿分工：第一部分（王权典主撰）
第二部分（王权典、杜金沛主撰）
第三部分（陈玉生主撰）
第四部分（王权典、陈玉生主撰）
第五部分（王权典、邓定远主撰）
构思统稿：王权典
排版图表：杜金沛、陈玉生、李建

特别鸣谢以下单位：

研究支持：广东省城镇化法治研究会
中共广州市番禺区委办（改革办）
广州市白云区农林局、广州市海珠区农业局
广州市增城区永宁街道办事处暨原区社工委

出版资助：华南农业大学人文与法学学院

研究主体：广东省法学会基地新型城镇化法治研究中心
华南农业大学农村法治与社会发展研究中心

出版机构：法律出版社

简　目

Contents

目　录

Contents

第　一　篇

村社综合改制：城镇化进程中农村社区治理体制机制创新研究

——以重启番禺“村改居”为契机

【附注】

课题项目	中共广州市番禺区委改革办招标课题《农村治理改革研究——基于“村改居”导向以基层体制机制创新为重点》
项目负责人暨主执笔	王权典
调研组主要成员	杜金沛　陈玉生　陈风波　张　华　蔡晓琪　等
指导及调研协助	胡武贤　孙　伟　谢柳青　刘　叶　等

引 言

农村社区治理改革是在传统社队体制失效与目前乡镇—村组体制也不适应城镇化的情况下,所开启的改革,属于社会建设治理创新的必然选择。城镇化新型社区如何进行规范有效的治理,是现阶段亟待探讨解决的重要课题。鉴于城镇化进程中待转制社区普遍呈现村社居住形态集中化、社区结构异质多元化、治理主体多样化、利益群体化且其矛盾复杂化、民生诉求凸显等形势特点,客观形势要求加快改革村社管理体制与重构基层社区治理机制。

自20世纪90年代末以来,随着广州大都市规划建设主、副都会区组团式发展战略的实施,番禺城乡区域被纳入广州"新都会区""副中心"发展规划。大都市建设发展与国家中心城市空间格局的调整变化,促进了番禺新型城镇化发展及作为都市副中心功能的完善。近10年间,番禺经历2005年设南沙新区分治、2012年补划三镇并入南沙区之两次行政区划调整,其辖区面积、人口结构变化较大,同时,其内部镇街区划及体制也因应城镇化格局而有所调整,以促使番禺城镇化水平的提高。如今,番禺管辖设有6个镇、10个街道、177个行政村和88个居委会;2013年在册户籍人口820,596人,其中非农业户口526,361人,农业户口294,235人,仅就户籍人口64.1%的城镇化率而言,其城镇化程度达到了较高水平(全国同期城镇化平均水平为52%,珠三角城镇化平均水平为82%)。①

早在10年前,番禺顺应城镇化发展趋势,开始部署"镇改街""村改居"的工作,调整原部分乡镇体制辖区,改(新)设部分街道,镇街所属部分村社特别是不少"城中村""城郊村"被纳入城镇规划暨村居转型改制的范畴。然而,由于城乡二元结构诸因素的制约,村居转型改制在管理模式、公共服务、民生社会保障、"农转居"身份认同等政策安排方面并未同步落实。2002年,广州市

---

① 番禺民政局2014年统计数据。

委市政府出台的《关于“城中村”改制工作的若干意见》要求全市“城中村”推行改制工作:“城中村”撤销村委会建立社区居委会,村民转变成为城市居民。2008 年,市政府又出台《关于完善“农转居”和“城中村”改造有关政策问题的意见》,对“农转居”和“城中村”改造涉及土地征收、土地和房屋确权、社区配套建设、集体经济发展、人员户籍管理、就业、社保等问题提出了具体的处理意见,以加快“城中村”城市化改造进程。然而,现在对照当初的政策目标,番禺仅有部分城镇化转制社区的村民由农村户口变更为居民户口,村委会改为居委会的计划基本搁浅,尤其在深层次的关键问题上,如集体经济组织的改制定位、社区基础设施建设和管理经费的投入、“农转居”人员享受与城市居民同等公共服务等,并未得到实质性解决。

由于改革初期农村社会管理沿袭的社队体制形成于原计划经济及城乡分割的二元结构社会,其不仅是计划体制的产物,也是计划经济社会管理的基础,即维系城乡二元体制的支撑。与社队体制比较,“镇街—村社”体制有四大特征:在组织结构上,镇街基层政权与村民自治组织(村委会)分开;在组织功能上,镇街依法从事基层政府综合管理和提供公共服务,村委会依法组织实施村域范围的公共管理建设与公益服务;在权力关系上,镇街与村社之间并非行政隶属或直接的“领导关系”,而是指导与监管关系;在运行机制上,镇街采取行政机制从事行政事务,村委会采取自治机制管理公共事务。从社队体制到“镇街—村社”体制的转换,并未真正破解村社行政化和城乡分治的困境。村委会的行政化和农村社区治理主体的功能缺失使公共财政支持的公共服务缺乏合适的组织依托;城乡社区长期分治使农村社区服务供给水平低,农村社区公共产品极其短缺。总体来看,目前城乡二元结构的特征依然明显,城乡区域发展不平衡,以村庄管理到社区化转型为主要内容的农村城市化改制处于相对滞缓的状态。由此更加凸显改革的必要性与紧迫性。

鉴于番禺“村改居”改制、“城中村”改造尚未取得突破性进展,为加快构建与城镇化相适应的新型农村社区管理体制,应该以重启村居转型改制为契机,以推动城乡公共服务均等化为目标,全面推动城乡管理服务体制、机制的综合改革与调整,形成番禺统筹城乡一体化发展新格局。同时也借助广东全面推开“三旧”改造、广州新型城镇化“城中村”改造城市更新等政策平台,依托土地产权制度调整、城市规划建设重构、产业转型升级等,为营造新型农村社区治理结构、“农转居”社区或“城中村”向城市社区转型接轨扫除路障,打通相关的政策“瓶颈”。因此,迫切需要研究在此改革发展关键领域取得实质突破,为新型城镇化农村社区治理体制机制创新提供理论支撑与决策参考。

一、城市化“村改居”的概念范畴及其政策意义

“村改居”是经济社会发展促进农村城市化的产物,“就地城市化”的发展思路催生我国特有的“村改居”的概念。从简单的常规意义来理解,村委会改为居委会,就是政府主动把作为基层群众自治组织的村委会依法定程序改为另一群众自治组织——居委会。其实,“村改居”的背后是农村生产生活方式向城市生产生活方式的转变,是我国农村城市化特有的体制转换:由原“乡镇—村组”转变为城市“街道—社区”。由于城乡管理体制的差异,基于不同生产生活方式的基层群众自治组织形式也会因其依存的社会基础不同而发生转变,以保证村居自治权的行使。因二元体制结构的城乡受不同政策和法律约束,政府为适应基层管理体制转变的需要,将村民的户籍、土地性质、集体资产、公共服务、社会保障等进行相应的改制。由此,人们将改制过程及配套措施统称为“村改居”。

广东佛山曾将“村改居”概括为“一改两转”,即全体村民户籍农转非、村集体经济股份制转型、村庄城市化改造。这是对“村改居”的实践认识。佛山进而界定:“村改居”是一项涉及基层组织建设(撤销行政村建制改建社区居委会)、集体土地处置(行政村建制撤销后集体土地依法征转为国有)、集体资产处理(行政村建制撤销后集体资产仍由原集体经济组织行使所有权,清产核资,界定资产收益享受对象并进行股份制改革)、集体房产和村民住宅处理(原属村集体用房或经批建的农民私房,在集体土地征转为国有土地后,准予产权登记发证;对违章建筑则按政府有关规定处理)、村民“农转非”(按规定程序办理村民就地农转非手续,享有与城市居民同等待遇)、市政设施建设和管理、社保及群团组织关系理顺等问题“一揽子”处理的系统工程。这是将实践过程主要涉及的事项进行整体描述,对“村改居”做出的较为贴切直观的概述。

在基本政策意义上来讲,“村改居”就是将“村民委员会”改成“居民委员会”的简称。根据我国《城市居民委员会组织法》和其他相关法规精神,“村改居”就是将原处于城市中心或边缘且已被纳入城区规划管理范围的村民委员会,以及县(市)机关、乡镇政府所在地的村民委员会改制成为社区居民委员会,将原村民农业户口转为非农业户口,将原属集体所有的土地转为国有土地。如此变化使相当一部分原属于农民身份的人,纳入城镇社区居民管理的范围;其

中涉及社会管理体制转换、土地等集体资产处置、社区公益事业建设、民生权利保障等一系列重要问题。"村改居"远非更换一块牌子或改变农民身份那样简单,而是一项社会政策性与法律程序性很强的系统工程。

"村改居"也是长期实行城乡二元政策的产物,其源于城市化进程对"城中村"的改造,后扩至城郊村的改造。因此,探讨"村改居"离不开农村城市化的社情背景。所谓城市化,是指社会经济关系、人口、生活方式等由农村向城市形态转化的过程。城市化不仅表现为经济结构的变化以及人口向城市的转移,更是居民生活方式和价值理念等方面的转变。农村城市化是将传统落后的乡村社会向现代先进的城市社区转型的过程,它以城镇体系中的村庄作为载体,通过改造农村区域的硬、软件环境,缩小城乡差距,从而实现城乡一体化。农民市民化,是指在城市化进程中,无论居住在城市或农村,都能享受现代城市文明生活;农民市民化的目标是在城乡一体化基础上最终削减城乡差距。

近 15 年来,珠三角区域城镇化数量及集群规模不断扩大,出现农村和小城镇"直接城市化",随之"村改居"转制工作就开展了。从 2001 年开始,佛山、广州、深圳、东莞等珠三角城市陆续推动"村改居"进程。村居转型改制,一方面,扩大城市区划面积,为城市扩容消除某些障碍因素,增量盘活土地资源,加快城市化步伐;但另一方面,由于缺乏国家统一政策指导与法律调整以及涉及管理体制转换、集体资产处置、社区公益事业建设、转居农民权益保护等一系列重要问题,所以说"村改居"是涉及面广、政策性强、工作难度大的系统工程。广东推进城市化"村改居"工作的逐步融入三原则是:(1)发展是硬道理。将农村问题视为发展中的问题,唯有统筹城乡创新发展思路,才能实现城乡社会经济的良性发展;只有稳步有序发展、提高发展质量,才能解决其伴生的问题。(2)以人为本。在解决农村问题、建设新农村过程中,只有让公共财政的"阳光"普照城乡,让数千万农民均享受"国民待遇",才能实现全域广东的发展。(3)经济社会全面、协调、可持续发展。首先是以经济建设为中心,推进经济、政治、文化与社会建设,实现社会全面发展;其次是统筹城乡与区域发展、经济社会发展,推进经济、政治、文化、社会建设的相互协调;最后是促进人与自然的和谐,实现经济发展和人口、资源、环境相协调,坚持走生产发展、生活富裕、生态良好的文明发展道路。广东推行"村改居"政策一般是采取"试点先行,全面铺开"的套路。首先从完成"农转非"的村庄开始实施"村改居",这些村庄的共同特点是:集体土地已被全部征收为国有,集体资产经过股份量化改制,村民身份实现转变,即融入了城市,就业和社会保障纳入城市管理体系。但在既往实施中,也有部分"村改居"仅在形式上改变农民的身份,没有改变村落本身即"撤村建居"成立社区，或者只是换了牌而未改革体制，未对集体资产量化，未实行社区股份制改革，村民高度依赖集体单一物业经济提供的非正规社会保障，仍保留农村传统管理模式。类似半城市化“村改居”的实践情形，也是番禺城镇化进程中存在的突出现象。

二、番禺城镇化暨村居转型现状及基本特征

番禺城镇化也是以农村人口比重下降和城镇人口比重上升为表象，以产业结构从传统农业经济向现代非农经济、社会结构从乡村熟人社会向城镇多元社会、人居场所从乡村空间形态向城镇空间形态的转化为本质的多元演进的过程。因而对城镇化“村改居”问题需要全面考察。

承相关部门协助开展的广州市番禺区城镇化进程中“村改居”治理体系及路径选择调研表明，番禺城镇化融入大广州的发展扩容，加上行政区划调整凸显“双轨城镇化”的特点：一方面是“自上而下”以广州主城区为中心的城镇化推动方式，其特点是重大基础设施（如火车南站交通枢纽）、重大项目（如大学城、亚运城）驱动或辐射带动的跨越式发展；另一方面是番禺本土就地城镇化路径，其依托既有的城镇、乡村，凭借土地资本，通过引进中、小规模工业企业建设产业园区，或者引入房地产商“圈地”开发住宅楼盘小区，围绕各村镇形成多点蔓延或板块型的城镇化模式，由此形成城镇化多种驱动力量来推动番禺的村居转型。

（一）“嵌入式”城镇化导致楼盘社区与本土村社毗邻而分隔

似同发达国家城市化初始阶段的“郊区化”，广州大约始于20世纪90年代初，在番禺北部地区上演了持续近20年的住宅郊区化（楼盘建设）的热潮。番禺大桥、华南快速干线、地铁三号线等基础设施的修建，极大地改善了番禺与广州中心城区的交通，刺激和带动了华南板块房地产业的兴盛，如祈福新村、华南新城、洛溪新城、星河湾、丽江花园等大型楼盘成片开发并分布于番禺市桥以北地区，低价征用大片农村土地，吸引30余万于广州中心城区就业的外来人口聚居，形成20余个较有规模的“楼盘社区”。这些“楼盘社区”的兴起，对番禺城市空间结构、扩展模式、村社转型等影响深刻。一方面，品牌“楼盘社区”的形成，提升了番禺的城市品位，丰富了城镇化的元素内涵，促进了城镇化基础设施的完善，加快了政府公共服务的延伸覆盖；另一方面，因缺乏整体规划与有序计划的房地产开发，片面迁就开发商的意愿嗜好，反而造

成地块的割据、用地的碎片化以及结构不平衡和社区功能的趋同单一，未能体现产城融合一体化的格局。其结果是，这种“嵌入式”的“楼盘社区”虽自成体系、内部功能完善，但与周边毗邻村落反差悬殊，更加凸显城乡二元结构，政府需要提供的区域基础设施建设与公共服务保障，难免顾此失彼——无力同步顾及村庄改造更新，于是，“城镇型”与“乡村型”景观兼备，彼此隔离封闭，存在资源共享的矛盾冲突而导致整个区域协调性差，从而欠缺城镇化区域发展的合作融合及结构的完整性。

（二）项目建设驱动造就半城镇化社区或新的“城中村”

番禺较早被列为广州“南拓”发展战略实施的重点地区，自然成为广州诸多重大项目选址用地，如广州大学城、火车南站铁路枢纽、亚运城、长隆旅游区、广汽、国际商品展贸城等，均有大面积的成片征地。其中，火车南站建设项目涉及被征地村庄有 12 个，亚运城建设被征地村庄有 7 个，大学城建设被征地村庄有 12 个。对这些村庄的农民来说，突遇其来的大规模征地使他们一夜之间成为失地农民或整村被拆迁异地安置而不得不接受“农转居”。由此，形成留存少量农用地或非农建设用地的半城镇化社区或者无集体土地的新“城中村”。村民基本上虽已“洗脚上田”，不再继续传统的农耕生活，部分在名义上已经“农转居”，但其聚居区仍保留原村庄建制与管理模式，城镇化“村改居”进程戛然而止，并累积遗留征地拆迁补偿欠账、村集体留用地政策未落实和村民转产就业、村集体经济转型、社区建设滞缓等诸多社会问题未解决。譬如，地处番禺南片的石楼镇裕丰村、化龙镇眉山村等区块城镇化程度较低，还有火车南站地区石壁街的部分村社，非农产业化发展环境还不成气候，其被征地后村集体留用地极少或开发利用手续不完备，集体物业经济并不发达，“农转非”后村民主要依靠留存的征地补偿金利息收益维持社区运转及公共福利保障，他们坐吃山空，甚至入不敷出，通过连年举债来等待发展时机，新生债务最多的村社累积已达到数百万元甚至上千万元。

（三）都市型村庄与就地工业化形成“亦农亦居”之独特社区

一方面，跟广州主城区一样，在番禺中心城区及原中心镇区村庄因被工商业繁荣的建成区所包围，获得得天独厚的区位优势而集体经济实力雄厚，催发形成高密度的土地开发、杂乱无序的物业建设、商业气氛浓郁、人杂拥挤且自成一体的“城中村”。

另一方面，番禺近似于佛山南海和顺德，因其处于珠三角核心城市经济圈之优越的地理条件，发展城郊型、都市型农业尤其是园艺种植业和水产业有较高的经济效益；但从土地空间利用价值来说，发展第二、三产业的收益更高。早在20世纪90年代，番禺农村工商业、仓储业快速发展，其单位土地面积收益高于农业数倍甚至10倍以上，此为当时干部群众的普遍认识。客观条件的便利与自谋发展的“冲动”，以及当时国家土地用途管制相对宽松的“机遇”，催生番禺部分农村利用集体土地积极发展第二、三产业的局面。以集体土地启动农村工业化进程，降低了工业化门槛。番禺各镇、村通过低价租地招商引资的方式，降低企业创办费用，吸引大量中小企业落户，走出一条以村镇经济发展为主的农村自主工业化的路子。然而，这种发展方式缺乏统一的规划布局，形成“遍地开花”“村村冒烟”的分散局面。目前，番禺200多个小规模工业园区分割于各村镇区域，土地集约化程度低，并未连绵形成如顺德、南海、东莞、中山等地著名的工业带或产业集群化的专业镇。先期发展的市桥、大石、钟村、南村、大龙、石基等农村工商业较为成熟，但均不是产业集群化的专业镇。

不过，完全城镇化或农村工业化均占用大量的农用地，农地非农化使地租趋于上涨。村集体将集体土地及厂房等物业出租给企业，创造出以集体土地启动工业化、助推城镇化的模式，农民（集体）从中实现农地非农化的土地增值收益——在上缴有关税费后，土地级差收益大部分由村集体和农户享有，同时，农业富余劳动力开始向城镇非农产业转移。这与前述以国家名义进行的成片征地导致“被动城镇化”的农民土地权益基本被剥夺的情形不同，而是村庄工业化促进就地城镇化或“主动城镇化”的类型。一方面，通过村集体资产（包括土地、物业）作股量化，给农民配股分红，使农民获得稳定的集体资产收益。调查反映，近些年在这些工业化村庄（包括城镇中心的“城中村”），村民人均股红分配从数千元到上万元不等，平均水平达4000～5000元，多数村社股红收益占村民年人均纯收入的1/4～1/3，且多数村民自有物业租金收入。另一方面，集体经济实力的增强，在城乡公共服务不均等的情况下，大部分村社有能力为村民提供必要的社会保障和福利，建立合作医疗、退休金、生活补助等各项制度，还通过社区修建道路、校舍、幼儿园、敬老院、文化中心以及改善环境绿化等，提高村民生活质量。该类村庄主要分布于城镇中心地带、城郊周边或交通干线旁侧，商业气氛浓厚，生活配套设施齐备，大量的本地人口与外来人口混居，且人口结构呈“倒挂”状态（全区人口倒挂的村居社区147个），外来人口数量甚至数倍于本地人口数量，从而显示出人口密度、土地利用、社区经济、环境容量等城镇化的形态特征，但管理内核依然沿袭农村管理模式及架构，呈现典型的“非城非乡”“亦农亦居”多元化结构的社会特征，其中难免存在多种利益群体及种种矛盾冲突，社情相当复杂。

（四）保留传统村庄管理模式暨城镇化相对滞缓的农村社区

番禺经济社会发展也不均衡，前述三种城镇化类型的特色比较明显，有些区位条件比较好的区域，非农化转型较快，且农民（集体）有机会参与土地增值收益分配，其主要依托项目带动、房地产开发或区位条件自主推进城镇化，其共同点都是借助区位优势，奉行土地资本化的发展模式，因而村集体积累较强的物业经济实力，村民股份分红有稳定的保障。然而，同在番禺却处于区位条件相对欠佳、目前仍以农业为主的村庄，非农产业发展的基础条件及股份分红就不太乐观，其城镇化程度较低。其主要分布于化龙、石楼、沙湾以及位于番禺东北部的新造等区块，大部分属于典型水乡村落，保有成片大面积的耕地及养殖水面，以农业生产为主，村集体经济收入也主要来源于农用地、鱼塘及少量的厂房物业出租，集体经济总量不大；其村（居）民以本地户籍人口为主，外来人口不多，不存在“人口倒挂”的现象。村集体公共开支负担不轻，包括村社干部工资及工作人员酬劳，道路、环卫、治安、合作医疗支出以及教育补贴等，单个村社支出一般不低于200万元/年，以至于某些村社捉襟见肘，入不敷出，甚至依赖村级举债或政府补助，方可维持村社运转。例如，化龙镇的沙亭村占地面积10,155亩，其中耕地面积5298亩，常住人口2640人（外来人口不足1000人），2011～2013年集体经济总收入分别是203万元、242万元、164万元，而村集体开支每年都在300万元以上，其缺口主要依靠政府涉农补贴解决。化龙镇眉山村集体收益每年不足200万元，公共开支却达近300万元，导致村级债务高达600万元。石楼镇的海鸥岛第一大村沙北村拥有村民7800人，占地17,000亩，其中耕地15,000亩属于基本农田保护区，规划控制相当严格，几乎没有非农化用地发展空间，其主要依靠基本农田补贴及村集体围垦部分土地租金维持集体公益事业与公共福利开支。石楼镇还管辖4个渔民村，有渔民身份的总人口达7000余人，传统生计是以海洋捕捞为主，现保有500余条船，除渔民小块住宅用地外，集体没有可供开发利用的土地资源；部分渔民已经上岸转向从事其他行业，留守渔民仍然以捕鱼、政府补贴等为生；维持村集体运转最低开支基本上依靠区、镇两级政府转移支付的240万元/年，平均每个村60万元/年（包括村干部工资补贴）。繁荣的广州都市环境存在如此窘困的景象，的确令人震惊。

相比之下，这些仍然以农业为主、保持农村传统管理模式的村庄受到客观基础条件及外部环境因素的制约，若无外部项目建设的给力拉动或者国家（政府)帮扶政策的支持,依靠其自力推进城镇化,可能需要一个相当长的过程。

不过,城镇化相对滞缓的农村社区并非番禺的主流,无论从总体趋势或总量规模看,还是从改制的迫切要求看,前三种类型待转制社区已成为番禺城镇化的常态和主流,也是其城乡一体化发展必然出现的过渡社区。关于“城镇化待转制社区”的概念,学界尚无准确的界定,一般根据实践情形可将“城镇化待转制社区”理解为:在农村城镇化进程中,在一定地域范围通过征地拆迁营造社区、非农项目建设或者工商产业促动旧村改造、村居转型、服务共享等方式形成的仍以原村民集中居住为主要特征,社区公共服务和管理功能逐渐凸显的转居农民聚居点和社会生活共同体。城镇化待转制社区一般具有以下基本特征:

一是居住形态集中化。待转制社区突破传统建制村的行政区划,以农民集中居住为主要特征,人口绝对数大幅增加。新型的居住形态逐步改变农民原生活方式和利益联结方式,必然要求生产方式与管理模式的转型与重构。譬如,农民集中居住,在一定程度上带来劳动生产半径的增大,因生活、居住成本增加,就业、就学、医疗、社保等问题而提出社区公共服务和公共管理的需求。

二是社区结构异质多元化。在原自然村形成的行政村庄,血缘关系和人口结构简单,社会结构同质化较高。而待转制社区打破传统以户籍为基础的村域结构,其村(居)民可能来自两个或多个村落,包括原住民且拥有集体经济股权分红资格的人员、本地新增人口而无集体经济股权分红资格的人员、失地农民或征地拆迁异地安置人员等,人口结构异质性明显。城镇化导致社区阶层日益分化,如待转制社区大量的村(居)民不再依靠农业谋生而转入第二、三产业,产生如企业主、土地流转业主和务工经商者等多样化人群。同时,外来人口的增多也是该类社区的典型特征。在番禺 16 个镇街中,10 个镇街外来人口数量超过本地人口,人口倒挂比例最高的是 1∶3.75;全区 265 个村居,外来人口数量超过 1 万人的村居有 27 个,人口倒挂的村居有 147 个。多重身份(职业)的村(居)民混居,使社区人口结构和社会结构的复杂化、异质化特征明显,形成典型的三元或多元结构社会。

三是治理主体多元化。待转制社区普遍存在失地农民、土地流转业主、外来经商务工人员等利益群体,以及原集体经济组织、社区物业服务机构等各类组织,已经成为对新型社区治理有重要影响的主体。他们从维护其组织(群体)利益出发,必然对社区既有的管理主体提出不同的诉求。由此形成村社党组织、自治组织、集体经济组织及其他各类社会组织参与的社区治理格局。多元主体的存在和共同参与成为待转制社区及其治理的显著特征。

概言之,待转制社区相对于传统村落和现代城市社区而言,虽已淡化传统村落结构与熟人社会形态但未彻底实行“村改居”蜕变为城市社区之生活共同体。其基于农村就地城镇化或“城中村”的一定范围,以“农转居”村民聚集为本底,各类人员混居而呈现社会关系多元化。它脱胎于传统意义的农村村庄,但又不同于现代城市社区,即兼具两种社区的部分特征,是城镇化背景下农村村庄向城市社区过渡的独特社区。与传统村落相比,待转制社区的显著特点为:居住环境渐趋城市化;居民职业(身份)多元化;社区事务管理居务化;农民意识趋于市民化。与现代城市社区相比,其又具有明显的差异性:居民非以城市居民为主,绝大部分由农转居而来,“亦农亦居,多元混居”;治理主体未完全脱离乡村管理体制的束缚,类似原村“两委”的组织依然是社区管理主体;在社区居民与社区组织的关系上,原住民多数来自同村,认同感强,且与社区组织之利益关系密切,对社区事务关切度高;在治理方式和内容上,依靠民主自治、民主监督来管理社区事务、发展集体经济、建设社区事业,肩负多重治理任务,尚未达到城市成熟社区的“协调共建,规范有序”的状态。

详言之,“城镇化待转制社区”治理的基本需求主要表现如下:

其一,利益诉求增多。待转制社区的利益格局复杂且呈群体化倾向,各种利益纠葛如涉及征地拆迁、土地流转、收益分配、村(居)民就业、基础设施建设、环境卫生维护、社区公共服务、物业管理、纠纷调解等事务明显增多,土地利益、社区发展机会、社会保障公共福利待遇等诉求明显增强,社区管理面临前所未有的挑战,亟须其公共服务协调管理能力的提升。

其二,民生诉求凸显。由于历史和现实的原因,待转制社区民生问题突出,其中三类问题较为普遍:一是再就业问题。农民集中居住或被安置“上楼”以后,大部分失去耕地,部分转入非农产业工作,但由于其一般缺乏现代劳动技能,导致再就业困难和“坐吃山空”的现象。居(村)民无稳定的就业就难以实现社区安稳。二是社会保障问题。例如,居(村)民子女教育负担、村(居)民的医疗、养老保险待遇等问题反映强烈。三是住宅用地诉求激增。农民转居集中居住后,随着身份的转换和生活方式的变化,村民住宅用地需求更为强烈,大多不愿被集中安置上楼进公寓,希望保留“一户一宅”的宅基地政策,使他们安得其所。

其三,民主诉求增强。由于市场经济发展和村居转制社区利益关联度的提升,村(居)民的思想观念也在发生变化,民主法治意识增强,权利诉求也较传统村社突出。由于涉及村(居)民的利益诉求增多,他们要求参与社区治理的愿望和要求趋于增强,希望作为“社区人”参与公共事务的决策与管理,这必然对传统村社格局的管理体制提出前所未有的挑战。

三、番禺"村改居"进程受阻缘由暨待克服的难题

番禺"村改居"工作始于21世纪初,是区域城镇化进程的必然现象,是农村经济社会发展到一定程度,即社会经济结构、农民就业方式和生活需求等达到或接近城镇水平的条件下进行的,是由农村管理模式过渡到城镇社区治理的体制改革。处在改革开放前沿与珠三角腹地的番禺,近15年的经济发展水平基本达到中级工业化阶段,若再有几年发展,其城乡一体化进程将持续加快,将逐步实现城乡"多个统一",如统一城乡户籍、统一城乡基本医疗、统一城乡规划、统一城乡基础设施建设、统一城乡义务教育、统一城乡公共服务、统一城乡低保标准。越来越多的区块将面临"村改居"的现实需求,然而,其工作不同程度地陷于停滞状态。根据2013年番禺深化农村综合改革的工作部署,由民政、农业、财政、发改、公安、计生、人社等区属部门共同组成专题调研组,对探索推行番禺"村改居"后续工作进行调研,并形成专题调研工作报告。其提出认定"村改居"条件成熟村的5个基本标准:(1)城镇化程度较高,具有"城中村"的典型特征;(2)已实施村级股份固化;(3)属于农用地全征村,村集体基本没有耕地存量;(4)村集体土地产权清晰,没有其他经济及产权纠纷;(5)村"两委"班子驾驭能力较强。这对考察"村改居"的政策思路问题具有一定的参考价值。

在番禺现有的177个行政村建制中,位于或紧邻所在镇街中心区域的村庄106个,其中已经没有或只有少量耕地、具有典型"城中村"特征的村社69个,几乎都存在"城中村(旧村)"改造的迫切需求(见图1)。

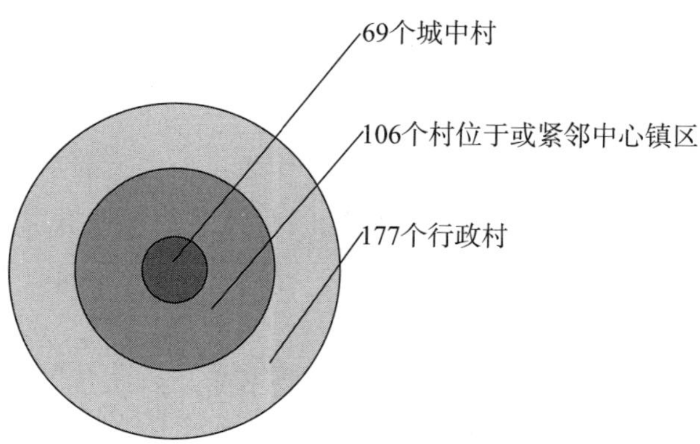

图1 番禺区城中村、城郊村数量对比

早在2003年,根据广东省委、省政府《关于调整我省村民委员会规模的通

知》(粤发〔2003〕21号)精神,番禺曾经有过村委会规模调整的部署,计划同步推进"村改居"工作。原定准备进行"村改居"试点的村有5个,即东郊村、北郊村、甘棠村、蔡边三村、东流村(现属南沙区)。但当时履行召开村民会议表决程序,均未能获得过半数通过,"村改居"试点工作被搁浅。根据《村民委员会组织法》"村民委员会的设立、撤销、范围调整,由乡、民族乡、镇的人民政府提出,经村民会议讨论同意后,报县级人民政府批准"的规定和粤发〔2003〕21号文"对于撤并条件不够成熟,村民会议未形成共识,并对方案表决没有通过的村,不要勉强进行调整"的要求,番禺曾向广州市政府提出《关于番禺区村民委员会规模不作调整的请示》,并得到市政府的同意批复。直到2013年,番禺拟将条件成熟的东郊村作为首个新一轮农村综合改革试点单位,并计划把"村改居"作为与"旧村改造"相配套的"一揽子"工作方案。但由于"旧改"主体是东郊村委会,村委会作为业主单位仍有大量的报建、签约履约、协调利益等工作,需要以村委会主体名义完成,因而东郊村"村改居"工作再度暂缓。

在现阶段,若全面重启番禺"村改居"工作,调研考察暨初步摸底表明,其依然受到各种主客观因素的阻碍,主要表现在:

1. 部分农民对城镇化"村改居"因种种疑虑而抱消极心理。随着城镇化改制的推进,他们普遍担心附着于农村户籍制的计生、就业、教育、住宅用地和社会保障等政策待遇,随着"农转居"城乡接轨,某些优惠便利丧失。同时,集体经济发展转型的困难及税费负担增多,加上政府削减对农民集体的某些政策优惠,致使未实行"农转居"地区的农民反而享受高于城市居民的公共福利待遇。另外,既往改革遗留问题长期未能得到有效解决。比如,较突出的问题集中于两方面:一是村集体发展留用地规划与指标落实问题,截至2013年,番禺全区历年征地累积留用地欠账总计4385亩,集体经济发展因而"有权无利"受到影响的村社不在少数,加上村社干部对相关政策落实步骤的认识偏差,导致村民群众意见较大。二是因近些年国家与省市对城市建设用地严格规控以及对"一户一宅"的政策执行从紧而导致村(集体)民新建房屋未能办理报建与产权手续,致使村社"两违"建设"有利无权",泛滥不止。2013年,番禺全区村民住宅总数为325,905栋,其中有宅基地使用权证的173,861栋,约占农房总数的53%。"村改居"将导致"一户一宅"宅基地政策的取消,对此村民并不情愿。这表明,不少村民对推进城市化"村改居"难免存在消极抵触的心理,在那些基本具备"村改居"条件的"城中村"干部群众中表现尤为突出。

2. 部分村社干部群众思想观念有待更新。"村改居"后,村社农民身份将转变为城市居民,但由于受长期的农村劳作方式和生活习性的熏陶,待转制社区居民仍保留较浓的农民意识,即使是行政村名称发生变更,其社区干部、居民的认识仍停留在原村落水平。大部分村民群众也不明白"村改居"究竟会带给他们怎样的好处。同时,他们对村委会和居委会的区别普遍认识模糊;不少村社干部认为"村改居"跟目前农村组织架构并无多大的区别,不同的只是所挂牌子从"村委会"换成"居委会",而运作方式依旧,因循原先的农村管理模式及其工作方法。所以,转变干部群众的观念意识是当务之急。基础条件再好,政策制度再好,农民的观念意识不改变,基础条件似同于摆设,好的政策制度也难以贯彻实施。要加快与城市接轨,使农民真正成为城市居民,政府在推进基础条件和政策制度接轨的前提下,应努力帮助农民转变观念,接受并融入城市管理体制,特别是乡村干部的观念意识亟须转变,使其与城市的管理理念接轨。

3. 社区型经济较为独特但经营体制存在缺陷。村居转型应当是城市化自然演变的结果,由于全面征地带来短期的高额补偿让原村社可能"一夜暴富"。这些"城中村"或城郊村有相当规模的集体资产,人均几万元到几十万元、上百万元不等,有的净资产总量高达数亿元;其集体资产大多以厂房、商铺等物业为主,租金收益除满足村社正常运行和干部工资的开支外,还有一定数额的社员股东分红,社区经济基本上独立,一般不需要依靠财政拨款来维持。"村改居"后村集体资产所有权性质原则不变,这是村居转型社区公共福利的主要源泉和社区利益纽带。早已实施的社区股份合作制改革,为社区集体经济的增长、集体产权关系的明晰、生产要素配置的优化和利益分配机制的完善创造了条件。农村集体经济组织于 20 世纪 90 年代初成立合作经济社。2002 年,为完善集体经济管理模式,借鉴珠三角周边地区的经验,番禺试点股权"固化"改革,即在主抓股东资格界定的基础上,将股份固化到人。自 2004 年铺开至 2007 年基本完成"股权固化"改革(南村镇罗边村除外),所有股东领取由村股份社发放的"股东证"。2012 年,《番禺区农村股份合作经济社股权继承管理工作指导意见》出台,明确了股东继承管理工作。如今,番禺农村集体经济组织普遍建立以股份合作社为主,少部分村、组两级经济并存的组织架构。全区 177 个行政村下辖 1367 个村小组,其中 129 个属一级经济的村股份社,48 个属二级经济的村组股份社(见图 2)。"村改居"后政府拨付社区经费有所增加,但短期难以完全纳入城市建设和管理体系,社区管理及基础建设等公共费用主要由集体经济股份合作社承担。广州其他区已经进行"村改居"的社区集体经济组织仍然承担社区公共设施建设和公共服务管理方面的巨额资金投入,以及协助政府管理社区的行政事务;同时,集体经济组织又要与企业一样承担同等的税负,不再享受过去的优惠政策。况且,随着市场经济的发展,原社区封闭的股份合作制缺陷逐渐显现。个别或少数社区集体经济改制可能先行一步，将股份合作经济组织改制为资产管理公司，实行公司化运作。但由于转制公司既要按公司法要求缴纳各种税费，同时又要承担社区管理和公益事业发展费用，因而其运营不堪重负，经济效益前景不甚乐观。

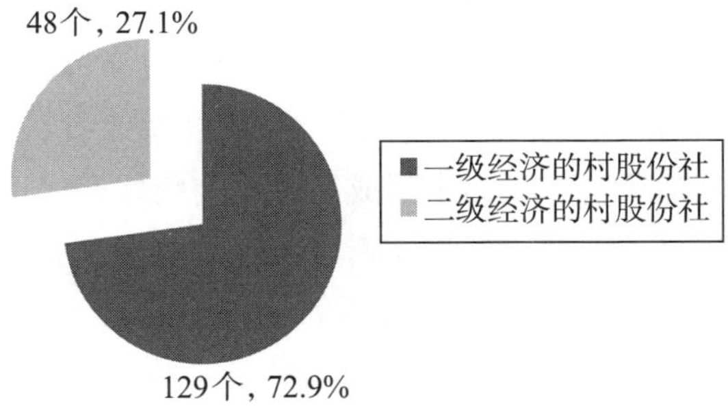

图2　番禺区农村集体经济一级、二级经济结构比例

4. 将集体土地非征转为国有土地，于法无据，视同剥夺农民的根本利益。例如，既往地方政府出台的“村改居”转制文件规定，“农民集体所有的土地转为国有土地”“因城镇建设需要收回转制土地的使用权，按有关规定办理相应手续后给予合理补偿”。对照《宪法》《土地管理法》等有关集体土地所有权的立法，通过“村改居”将农民集体土地收归国有的做法，显然违背“国家为公共利益的需要，可以依法对集体所有的土地实行征用”的法律规定；其虽也明确“收回转制土地使用权……给予合理补偿”，但语焉不详，补偿范围及标准不明确。现实中，政府给予转制农民集体土地产权人的补偿限于地上建筑物及附养物，无须支付国家规定的征地补偿费，如当年深圳全面城市化“村改居”转制土地补偿数相当于正常征地补偿标准的1/3。土地是农民集体最重要的资源性资产，在城市化地区，土地收益在集体经济中的地位越来越重要，为数不多的存量土地及厂房、商铺等收益成了社区集体的主要收入来源。尽管待转制社区集体仍有可能保留部分非农建设用地的使用权，但其土地经营要严格遵循城市土地管理政策及受到城市规划建设的制约，需要承担各种土地税费，增大投资成本，严重影响了集体收益。这无异于城市政府“平调”农民集体资产，剥夺了其根本利益。

5. 集体资产处置是“村改居”工作面临的难题。集体资产如何处置是“村改居”工作的重要内容。实行征地农转非“村改居”的，村社集体资产和债权、债务如何处理，法律法规和政策并无明确规定。有的村社由于集体债务较多，无力偿还或无处挂落，致使征地农转非建居后，原村委会无法撤销，空挂牌子，保留班子，继续扩大债务。有的村社集体资产处置是“一村一政”，对户籍迁移、生老病死、计生优惠政策、“出嫁女”参与集体分配权益界定等问题意见不一，处置各异，从而影响“村改居”社区稳定。虽然不同区域的“村改居”在先换牌子或先集体资产改制方面的做法不尽相同，但对集体资产“股改”的选择相同。据悉，番禺已有177个村绝大部分实施股份制改革。但经过一段时间的运行，这种股份合作经济显露的某些问题值得考量。首先，如何对村社集体资产进行界定，包括对集体所有的土地、山林、水面等资源性资产，以及各种流动资产、长期投资、固定资产、无形资产和其他资产进行产权界定，全面进行清产核资，妥善处理债权债务。其次，股份合作制尚未形成一套促使集体资产保值增值的运行机制，以及适应市场经济发展要求的集体资产管理的激励、约束机制；股份合作社内部民主管理、决策与监督及配套制度不健全，集体资产管理工作存在不少障碍因素。许多村社自从股份制改革以来，集体资产投资操作比较难，任何投资决策都要履行民主表决程序——而股东们未必同意投资，他们怕亏本，如集体资产流失、牵连个人利益受损。因此，合理安排和配置集体资产，是保护集体资产、保护群众利益的长久之计。最后，股份合作组织并非完全独立的市场主体，抗风险能力较低，股权转让原则上在股份经济社内部成员之间进行，股份经济社不得进行回购或代购，这在一定程度上抑制股份合作经济的发展活力。同时，股权转让原则和程序不严谨，普遍存在股权折价流通买卖的现象，容易造成混乱，甚至出现少数人拥有大部分股权的现象。对这些问题，基层希望尽快出台相关的政策，明确所有者和管理者的职、能、权划分，规范集体资产处置的具体操作。

6. 城乡居民社保政策衔接（“农保”和“城保”并轨）问题（见表1）。由于既往“村改居”对农民较有吸引力的地方在于其转变成居民身份后，能享受到城市居民的社会保障。事实上，对广州部分已完成“村改居”的社区来说，该方面并没达到预期的改观，社保福利政策的执行可能带来新问题。一是城市低保。据悉，一般申请人或其家庭成员从政府或企事业单位取得一次性收入减去按规定应扣部分后，根据最低生活保障标准逐月分摊计入家庭收入，计完后才能申请低保。若如此，征地转居因获得土地补偿款和安置费，使其至少三年后才可申请低保补助。而部分“村改居”居民把土地补偿款和安置费用于购买安置房和生活用品后，所剩无几，不久就陷于困境。二是原“村改居”居民未被完全纳入城镇居民养老范围。三是未将“村改居”居民纳入城市医保范畴，同时其可能失去新型农村合作医疗的资格。四是军队服役士兵优待金补助和复退安置政策，“村改居”后各地执行不统一，产生新的社会矛盾。五是“村改居”居民子女受义务教育失去原新农村建设减免学杂费的优惠政策，而作为城镇居民，其子女受义务教育比原村民付出的成本高,可能引起转居农民的不满。

另外,失地农民群体面临问题的复杂性使解决的难度加大。首先,已有的城镇职工基本养老保险、失业保险、医疗保险还未面向这一群体,而他们要求参加城镇职工基本养老保险的呼声很高。但因为户籍管理制度未跟上步骤,一些具体措施难以落实。其次,已参加农村养老保险的农民为享受城市居民待遇,要求退出农村养老保险,参加城镇居民基本养老保险,在保龄和福利待遇上要求"农保"和"社保"衔接。其提出"承认保龄、补足保费、前补后延"的要求难以实现,政府也存在保费的标准、来源等障碍因素。再次,针对被征地人员的养老保障政策缺乏适用的广泛性,即现行"土保"政策不适用部分群体。部分原村级经济发达的村民公共福利高于这一保障政策待遇,同时,比较享受的待遇标准和对应的缴费标准,出现部分群众认为"不划算"的现象。有的认为社区群众根本不适用这一政策,理由是失地农民不是被征地人员,而应直接纳入城镇职工基本养老保险和享受城市居民低保政策。所以,这一政策出台无明显的成效。最后,这一群体享受的低保和社会救济政策与城市居民相比,也存在明显的差距。城市低保标准高于农村低保标准,且其资格审查比城市居民更严格,使部分本应纳入城市低保的困难户被排斥在这一政策之外,而同等条件的城市居民可享受低保。同样的情况也存在于社会救济政策中。

表1　城乡居民(含失地农民)社会保障衔接问题归纳一览

<table>
<tr><td rowspan="5">普遍反映问题</td><td>城市低保</td><td>既往的政策安排使转居居民申请低保时间推迟,可能导致其阶段性的生活困难</td></tr>
<tr><td>养老保险</td><td>社会保障未将转居农民同步纳入城镇居民养老保险范围</td></tr>
<tr><td>医疗保险</td><td>转居农民可能流离于城镇居民医保与新农合医疗保护范围之外</td></tr>
<tr><td>退伍士兵</td><td>各地对军队服役士兵的优待金补助和复退安置政策执行不一导致新矛盾</td></tr>
<tr><td>义务教育</td><td>"村改居"居民子女教育失去原新农村建设减免学杂费的优惠政策引起不满</td></tr>
<tr><td rowspan="4">失地农民群体问题</td><td>基本保险</td><td>已有的城镇职工基本养老保险、失业保险、医疗保险尚未涵盖失地农民群体</td></tr>
<tr><td>养老保险</td><td>提出养老保险"承认保龄、不足保费、前补后延"的要求政府因障碍而无法满足</td></tr>
<tr><td>养老政策</td><td>针对被征地农民所制定的养老保障政策缺乏适用的广泛性与持久性</td></tr>
<tr><td>低保政策</td><td>失地农民享受的低保政策和社会救济政策与城市居民相比,存在明显的差距</td></tr>
</table>

7. 保持延续村社自治特性但实现多元善治的难度较大。待转制社区居民的生活主要集中在原村落社区空间内，世代的家族、宗族、乡亲邻里等传统关系发挥重要作用，社区处于"半熟人社会"状态。多数村社"两委"班子成员和村（居）民普遍有"不能让外来户占了便宜"的思想，从情感上不太认同"外来户"参与他们相对稳固的社区治理，不允许他们分享"祖辈留下的土地"和村（居）集体福利。相关调查表明，不愿意外地人参加村（居）委会选举的占 43.40%，愿意的占 21.60%，无所谓的占 35%。同时，原村（居）民同居一地，世代相邻，形成相对独立的村（居）文化，其狭小圈子的文化观念往往具有排他性，外迁人口在短时间内很难融入。由于未形成分散的单位独立分割和成熟的城市社区，从待转制社区的区域范围、社会关系、利益相关程度、自治参与度来看，村民自治的模式机制基本上未变。由于社区自治面临人员流动性增强、观念意识不统一、社区凝聚力不强等转型特征的复杂局面，目前"村改居"社区自治还无法有效整合全部资源，善治的难度明显增强。这主要源于居住在这些社区人员的自发性、无序性以及数量的庞大，同时，随着城市化的推进以及大量外来工的聚居，村落的传统格局开始受到冲击和影响，受利益的驱动，他们往往依靠各利益群体的力量以各种方式意图渗透于社区管理，表达其诉愿。

8. 社区公共事务具有复杂性且多元化需求增强。待转制社区也是机关、企事业单位、其他社团组织等各类组织群体的集中区域，可为社区建设提供丰富的资源支撑；相比之下，"村改居"社区由于特定的区域位置限制，社区共建资源反而不足。社区人员居住情况相当复杂，除了原住村民，还有一些商品房住户以及大量租居在居民家中的流动人员。不少社区内居住的流动人口数倍于原来的村（居）民，导致社区人员的异质性和复杂性增大，有本地人员，也有外地人员；有相对稳定的，也有暂住的；有经商务工人员，也有闲散的社会人员。复杂的人口构成情况导致社区治安、环卫、水电供应等公共事务管理的难度增大。若对照成熟的城市社区，待转制社区的公共事务管理能力还有较大差距，这在某种程度上源于该类社区经济独特的发展压力。由于"村改居"后仍由原集体经济负担绝大部分的公共事务管理和公益事业费用，社区面临较大的经济压力，必须把发展经济置于首要位置。一方面，社区构建组织体系要有一个社区经济的直接管理者——股份经济合作社。经济社与社区组织两位一体的组织形式虽在过渡阶段有利于村级经济对社区发展的支持，但也容易导致社区对经济整体运作形成包办，两者职责不清，在一定程度上不利于形成"社企分开"的良性体制与机制。另一方面，可能影响社区服务这一核心功能的发挥，社区组织工作定位可能发生异化。此外，这种公共支出机制也导致待转制社区公共事务的管理出现两极分化:集体经济实力强的社区因经费充足而能为居民提供完善的社区公共服务和良好的社区治理;相反,集体经济实力弱的社区的公共事务则往往陷于管理"真空"。

在城乡二元结构体制下,转居农民并不享有城市市民同等的社会福利保障,也不像城市社区那样有相对完善的市政基础设施与公共服务保障。番禺农村实行股份合作制以来,因集体经济发展而使集体可支配收入逐年增加。2013年,全区各村社集体资产总量达116.7亿元(不包括土地等资源性资产),平均每个村6594万元;全区集体经济总收入33亿元,其中可支配纯收入20.2亿元,平均每个村1141万元;村民股份年均分红3465元/人。集体经济承担了村社基础设施建设、公共服务、社会福利和社会保障方面的庞大开支。仅以2011年为例,番禺村级日常办公经费开支约7329万元,平均每个村41万元,管理人员经费开支11,085万元,平均每个村63万元,两项合计每个村约需104万元,这仅是各村社最基本的开支项目。2013年,除了股份分红,村集体负担的公共开支总计高达8.32亿元,平均每个村470万元(见表2)。集体经济常年投入资金修建维护的公共服务设施涉及社区道路、学校(幼儿园)、敬老院、文化娱乐体育场所、绿化美化设施、垃圾站、供水变电设施、肉菜市场,等等。

表2 2011年、2013年番禺村社集体经济收支情况分布

项目		总金额/亿元	村平均金额/万元
2013年集体经济收支情况	2013年各村集体资产总量	116.7(不含资源性资产)	6594
	2013年集体年可支配纯收入	20.2	1141
	2013年村集体经济负担的公共开支(不含股份分红)	8.32	470
2011年村社开支情况	2011年各村日常办公经费	0.7329	41
	管理人员经费开支	1.1085	63
	合计	1.8414	104

此外,市政设施建设管理混乱。"村改居"后,市政建设未必能同步跟进。按照城市管理办法,改制社区市政基础设施如道路、路灯、环境、卫生、绿化、水电等应纳入市政管理的范畴,经费由政府统一解决。改制社区从基础设施建设到管理经费支出仍存在社区自行承担的现象,使新建社区经费陷入捉襟见肘的困境。调研了解到,有的"村改居"社区既纳入市政建设规划,又纳入新农村建设实施项目,享受两方面的优惠政策,产生建了又撤、撤了再建的浪费;有的"村

改居"社区既未被纳入统一的市政建设规划,也未被纳入新农村建设的范畴,成为城市建设管理的"空当",客观上影响了这些地方的发展。

还有,"村改居"后社区干部职数及待遇落实难。"村改居"后,新社区在机构设置、人员编制、干部待遇等方面并无完全统一的规定,市里对社区专职工作者的职数、报酬待遇等仅有原则性规定,即不低于当地职工平均收入水平。有的对转制社区专职工作者的报酬福利待遇实行特定的标准,有的仍实行村干部待遇标准,有的实行低于城镇社区高于农村干部的待遇标准,这些现象客观影响到村社干部对"村改居"工作的积极性。他们认为既然同样是社区,工作辛苦程度也都差不多,其职位待遇应该相差无几。

四、重启"村改居"推动农村治理体制改革的制约因素

(一)待转制社区治理体制转换之障碍

"城中村"等待转制社区多种治理主体并存是城乡二元结构体制转换的产物,其主要涉及社会管理体制更替与集体经济发展转型。不过,农村社区向城市社区的转换需要改名换牌,但不少"城中村"可能暂保留原村社建制,集体经济组织继续运作,即保留原村社组织形式或者村、居并存,集体经济与"三资"监管归属农口,村居转制与社区事务归属民政与镇街,体制不顺、职责不清,往往形成管理的模糊地带。在待转制社区,基于原土地承包制形成的经济纽带将不复存在,村(居)民就业生计趋于多样化,加上人口大量频繁流动,使其组织固化程度下降,不稳定因素增加,治安状况较差,社区治理难度加大。

"镇改街""村改居"之"两改"政策逐步实施到位,但体制转换并不顺畅。首先,在财政体制上,"镇改街"若沿用原镇级财政制度,与改革目的不相符。"村改居"后,成建制社区的建设经费,市、区、街道应按城市社区建设标准且按一定比例将经费划拨到新社区。现实表明,在广州"镇改街"所辖社区,社区建设经费并非来自市财政,而主要由区和街道承担,这就会加重区和街道的财政压力。而对于非成建制转制社区,社区建设经费则根据新进户数一次性补助到原社区,以后则纳入原社区统一管理。调查发现,区、街道对于该类社区建设经费普遍视为负担过重——由于其硬件设施需要加大投入,不然与城市社区差距过大,而市财政并无相应的增加支出。其次,教育、卫生等保障体制也存在明显的脱轨。按照市有关学龄儿童就近入学的政策,实施"镇改街""村改居"区域的学龄儿童就近入学,但部分学龄儿童未必能真正享受这一政策,而需要交借

读费，有的甚至不被接受或回原户籍入学。同一区域范围未实施同样的环卫保洁制度。城市社区有专职人员进行社区的环卫保洁，而待转制社区环境卫生相对要差。最后，新建街道的职能权限有待转变。"镇改街"的政府经济职能剥离而管理职能得以强化。镇政府有发展经济的职能，街道必须强化城市管理服务职能——组织建设管理好社区与服务居民，管理职能趋于社会化。

1. 经济体制转换——原村庄全能型管理主体的终结

（1）集体土地制度下的"城中村"。"城中村"庞大的经济管理能力源于城乡二元体制的集体土地制度。土地作为重要的基础资源，是"城中村"集体收益的源泉。"城中村"土地仍属于集体所有，原村民（社员）依法享有占有、使用、处置收益的权利；原村委会（社委会或理事会）集中行使土地分配管理权，可能无视市政统一规划，自行决定土地利用管理及收益分配。其拥有土地所有诸权能，加上良好的地缘区位以及弥补城市管理的缺位，给"城中村"治理改造带来较大的寻租便利，催生其房地出租等"物业经济"的兴盛，给"城中村"共同体以强大的经济支撑。不过，"城中村"物业经济是以村为界的，以村籍为边界的高收入高福利也使村社原居民对社区利益共同体的认同固化，村委会（社委会或理事会）因掌控土地物业资源而成为这种认同的唯一指向，传统的乡土宗族观念可能会强化这一认同。

（2）集体土地国有化——改造内核即政府主导的土地制度变革。镇街不仅被赋予组织推动"城中村"改造的权能，而且承接变革引起的权力更替——意味着村委会单一全能主体的终结。暂且不论城区政府是否拥有足够的财力对"城中村"土地完全征转国有化，初始土地资源主要由村社组织掌控，但镇街可开启土地国有化进程，这将根本改变单一主体治理的状况。该变革限制单一全能主体的土地权利，或彻底消解全能主体存在的根基。土地一旦从集体所有转变为国有，土地权利也随之变更。集体土地被征转后将重新确认土地使用权，土地初审权由城市政府规划和土管部门共同掌握，土地使用权和收益权则按市场机制流转；土地权利变更将使单一全能主体失去重要的资源，其权威性根基必然被撼动。因而，镇街能量将随着用地管理权向城市政府的转移而呈现此消彼长的态势。

2. 管理体制转换——改制不限于土地变革，还包括村民变居民、撤"村"建"居"、集体经济组织转型，即由原"乡镇—村社"体制向"城市街道—社区"体制转换，形成多元治理主体并存而各司其职的格局（见图3）。

（1）街道办事处——统筹管理社区事务。"城中村"改制终要建立城市管理体制。街道代表城市政府实施对社区公共事务的统筹管理，拥有巨大的法定

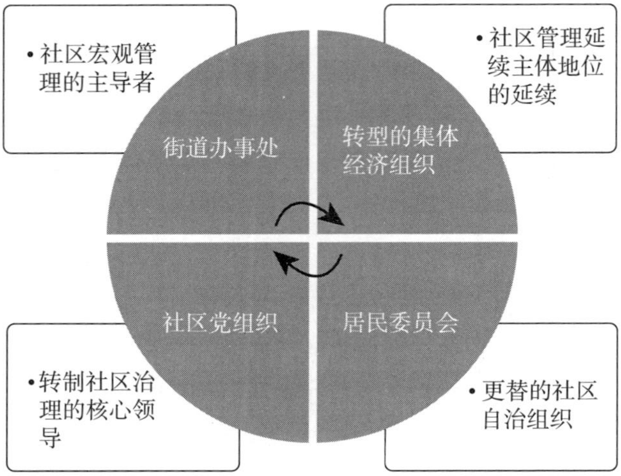

图 3　多元化治理基本格局

权威，是转制社区的宏观管理主体。街道在社区也拥有涉及政治、行政、经济等诸方面的利益需求。政治利益主要体现为坚持贯彻党对社区事务的领导，组织城市文明秩序建设、维护社区稳定等；行政利益主要体现在城市建设和政府职能目标的达到（如计划生育、市容市貌、综合治安、环境卫生等）；经济利益体现为获取补充财政资源——依托外来人口与出租屋等物业经济管理协办税费，通过上缴财政后可获得一定比例的税费返还来实现。

（2）转型的集体经济组织——延续的社区管理主体。"城中村"改制后，原村社组织共同体利益结构无改变；原村集体资产仍可以股份制形式由社区成员集体所有，股份经济社等承接原村社组织管理的集体资产，也继承村委会相当部分的社会职能。村委会长期积淀的管理权威通过股份经济社对村委会相关职能的承接而得到延续，但这种"换汤不换药"式的延续包含着巩固和扩充原村委会等基层管理主体既得利益的要求，促使股份经济社在新的治理格局社区事务中争取主动优势，获得更大的生存空间。

（3）居民委员会——未完全替代村委会职能的社区自治组织。在"村改居"社区，一般新设居民委员会之群众自治组织，似乎承接原村委会的管理职责，其实容易成为附属街道的行政组织。其专职人员由街道通过考核推荐入居委会，其他成员（兼职）也可能由街道调配；街道还可能通过发放工资、制定管理制度的方式，控制社区居委会的财权、考核权和奖惩权。因此，居委会名义上是社区群众自治，实质是由街道管辖的城市社区治理机构，而社区建设还得依靠集体经济组织，特别是公共建设管理方面的大部分仍需要集体经济组织投入。

不过，居委会毕竟还是法定意义的社区居民自治组织，在社区事务自治管理上有其一席之地，尽管目前不少转制社区主要针对原社区居民之外的外来人口进行“管束”。

(4)社区党组织——社区治理的领导核心。城镇化“村改居”将使村党组织融入转制社区，取决于党总揽全局、固本强基之执政方针，村居自治体制的社区治理也不可脱离党的核心领导。根据《村民委员会组织法》的规定，党的农村基层组织按照党章进行工作，发挥领导核心作用；依照宪法和法律支持与保障自治活动的开展。此乃法律对村委会与村党组织关系的基本界定，即确立实践中村“两委”的地位：村党组织在村级基层组织中居于核心领导地位。城镇化“村改居”后，《居民委员会组织法》规定居委会是城市居民自治组织，在现代政党主导的民主社会，任何形式的自治都不可能是自发的；社区自治客观需要非政府色彩的主导力量引领，该主导力量显然非我党基层组织莫属。这就是社区党组织被确立为社区核心领导的必然逻辑。

前述分析表明，农村城市化基层体制转换未必要搞“一刀切”、一步棋到位，而应有差异性。该差异性主要表现在改制内容和步骤上，有的侧重于理顺基层组织体制关系，有的侧重于村级组织职能调整，有的侧重于“政改”或“经改”，有的侧重于保障政令畅通，有的侧重于构建村(居)民参与的治理结构等。于是，必然形成差异化的多种农村治理体制创新模式。在社区集体经济较发达或工业化程度较高的村社，政府应将创新基层组织职能设置作为建立新型基层治理体制的基础载体，实行政社分开、政经分离，规定村委会的职责是履行村民自治事项和协助基层政府从事社会行政管理工作，办理社区公共事务和公益事业，提供社区服务，不再直接参与经济经营活动，逐步实现从重发展经济与行政管理到管理与服务并重的职能性转变。番禺中北部经济发达地区的创新积极性要明显高于南部地区，这主要基于庞大的农村集体经济规模，加上外来人口不断增长带来的社区治理转型问题，使原有的传统农村管理体制远不能适应形势发展的需要。因此，区、街镇两级政府应发挥主导作用积极对基层管理体制进行创新改革，建立新型管理体制以适应不断发展的城镇化趋势。

(二)兼顾不同利益诉求，使发展成果惠及全体村(居)民

城镇化“村改居”普遍存在集体经济发展转型与集体资产处置的难题。番禺农村集体经济虽有增长趋势，但一直承载保值增值、股份分红和公共开支、税费等多重负担，也面临着转型发展的难题。其主要表现：集体经济依赖于“以地生财”，以租赁经营为主的物业型经济结构单一且失衡，迫于股份分红和规避风

险的压力，惯于保守经营模式，产业结构调整的难度大，加上缺乏现代企业管理制度和管理人才，集体资产盘活及增值保值难。特别是大部分集体经济活动自始未被纳入规范管理，拥有合法手续或产权证明的仅占少部分（不到30%）。也就是说，面对普遍的违法用地或缺失合法产权的集体物业，资产确权处置将是“村改居”改制工作面临的重大问题，也制约集体经济的转型升级。另外，还有不少集体资产登记在原农村管理区、村委会等非经济组织的名下（市桥街所属“城中村”类似情况较多），以及累积的村级债务如何处理，相关立法和政策没有明确规定。如今，股份经济社虽已承担新增集体资产的经营管理职责，但其提供的社区公共服务与经济职能混合，严重影响其作为经济组织功能的发挥。推进“村改居”必须保障有关群体的权利，让他们在城镇化进程中获得切实的利益保障：

1. 确保集体资产的产权不受剥夺。“村改居”过程应保证改制后集体资产权属关系不变，即原农村集体资产包括经营性资产、非经营性资产、资源性资产的产权，未实行股份制改造的，归原村社集体所有；已实行股份制改造的，归享有集体经济分配权的原村集体所有，村民按股分红。维持转居农民对集体资产的产权关系不变，在社会保障体系完善之前，这是转型过渡期保障改制后居民基本生活的关键。

2. 保障农民土地财产权。“村改居”必然导致土地产权变更，将集体土地转为国有，实现城市土地管理一体化，但必须保证农民利益不受侵害。土地具有社会保障功能，现行征地收益分配格局不利于失地农民的生计保障，引发农民不满甚至导致群体事件。因此，“村改居”应确保农民土地财产权利不被剥夺。同时，若因国家建设需要转为建设用地时，按征地标准给予补偿。另外，必须合理分配征地补偿费和安置补助费，明确界定征地补偿的受益主体。“村改居”后，村内剩余留存土地也将转为国有，暂由集体经济组织统一经营管理，所得收益由全体股民按股分享；按政策安排的征地留用地可为集体经济提供一定空间。新型城镇化强调人的城镇化，若失地农民相应的社会保障未能跟进，导致其既丧失原有土地的社会保障，又无法享受与城市居民同等的社会保障，失地农民转居将难以实现市民化。这将对促进城乡要素流动、引导农业人口转移产生较大的制约，最终阻碍城镇化进程。城镇化土地增值主要体现为未来的现金流贴现与政府征地投入的价差，而未必体现为政府和开发商当期的土地溢价。尽管如此，仍要承认农地非农化的较大增值，并在未来若干年逐渐变现。因此，政府应结合城镇化规划将失地农民社会保障资金安排机制予以统筹考虑。要摒弃“涨价归公”的传统观念，坚持地利共享，着眼于促进农民就业和生活方式的转变，建立合理的土地增值收益共享机制，使土地增值收益用于覆盖土地征转成本，土地占补平衡投入，促进农民转居后的就业、社会保障和公共服务所需要的投入。

3. 促使村社集体经济转型。在番禺早期发展阶段，集体经济扮演举足轻重的角色。进入新世纪产业升级和城市化阶段后，政府主导发展的力量不断增强，中南部工业化主要靠政府创办园区招商引资，这些区域的村社失去早期北部区域村社自我发展的机遇；北部产业升级尽管使一些区位优势明显的村社土地租金收益增加而受益，但也使一些不具区位优势的村社失去租金收益。城镇化基本由政府主导，土地和城市规划对村社发展空间和指标制约强化。据农口统计资料显示，2014 年，番禺村社集体资产存量达 116. 7 亿元，村社集体可支配收入 20. 19 亿元，以 177 个村社核算平均占 1141 万元；但同时伴生新的村级集体债务，目前全区村级集体经营性债务为 43, 933 万元，债务覆盖面达 12. 4%，涉及金额达 4. 4 亿元，平均村集体债务为 248. 2 万元。其中，村集体年可支配纯收入超 1000 万元的村有 75 个，占 42%；500 万 ~ 1000 万元的村有 53 个，占 30%；500 万元以下的村有 49 个，占 28%；200 万元以上的合占 84. 8%；集体收益在 100 万元以下的村社占 9. 6%；在 100 万 ~ 200 万元的占 5. 6%（见图 4）。现实表明，可支配收入相当有限的村社无力承担基本的社区公益建设服务，只能勉强保证其日常管理运作及社员少量分红。据测算，能基本实现社区建设的村社要有可支配收入 200 万元以上，番禺该档收入以上的村集体约占 84. 8%。

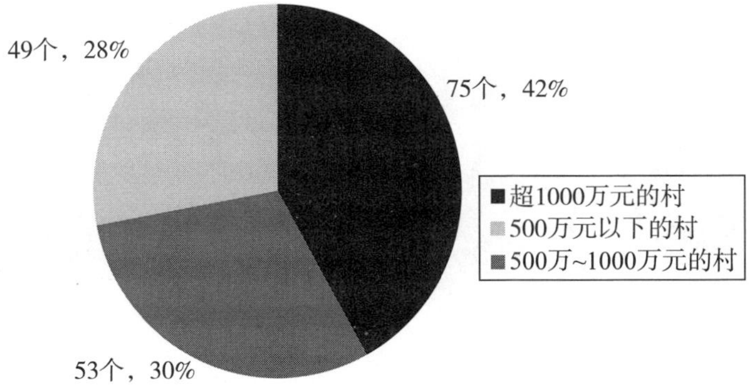

图 4　番禺区各村集体年可支配纯收入分布

（资料来源：农口统计资料。）

4. 加大农转居民再就业帮扶力度，拓宽就业渠道。政府要高度重视“村改居”居民转岗就业工作。据悉，每年举办各类专场招聘会，努力为“村改居”居民就业提供合适的工作岗位。例如,番禺近三年累计举办街镇“零距离”招聘会90场,进场企业5349家,提供职位空缺9.8万个,25.65万人次进场,5.62万人次达成录用意向。登记求职农村劳动力参加就业前培训率达到90%以上,新增就业岗位安置失业人员80%以上。同时,为居民提供社区卫生、治安、市场协管员等公益性岗位,集中安置社区大龄居民。此外,对“村改居”居民中符合条件的“4050”人员,按程序办理《再就业优惠证》,凭证享受再就业优惠政策,将无房租收入、无经营性收入和有就业意愿的无业人员,纳入劳动保障工作机构管理,提供就业援助服务。当然,重在增强城镇吸纳农村富余劳动力的能力和城镇综合承载能力,让农民能够享受城镇化成果。完善农转居群体社会保障体系,增强待转制社区公共服务提供能力,加强对边缘化弱势群体的扶持与利益保障。

(三)加强基础设施建设,提升公共服务能力,发挥社区资源优势

1. 城乡“三元”结构社会公共服务不均等

长期形成的城乡“二元”结构体制短期内难以消除,政府公共服务职能尚未完全延伸到农村社区,不少政策存在城乡二元差别,加上外来人口集聚在社区且与本地人口倒挂,形成新的“三元”结构社会。目前,番禺全区177个行政村中,处于镇街中心地段城中村106个,占60%,而其中已经没有或仅有少量耕地最具备“村改居”条件的为69个,涉及村民大约15万人;距离城镇中心超过3公里的城郊村71个,占40%,涉及村民约16万人(见图5)。

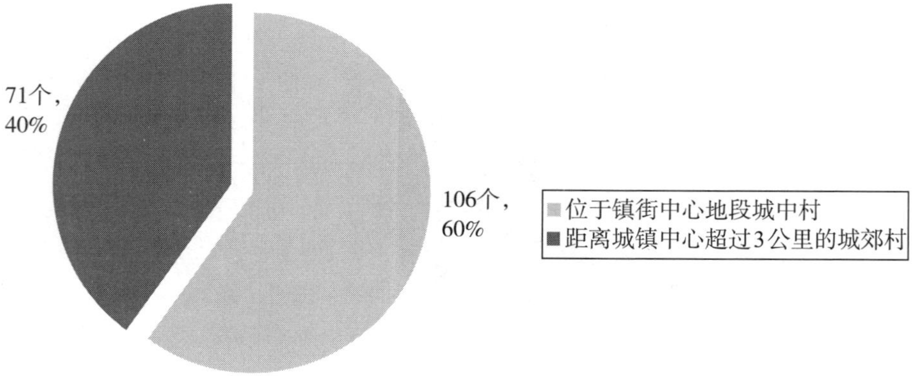

图5　番禺区各村区位分布统计

在重启“村改居”之际,进一步理顺城乡基层管理体制,按照城市化建设管理标准,加大公共财政转移支付力度,让城市公共服务逐步延伸覆盖城乡社区。

虽然区、街镇两级已建立相应的管理体制和工作机制，但其综合决策及统筹能力有待加强，而且因其编制人手少、工作压力大，影响其统筹权威性及协调动员能力，致使农村社区公共服务平台不够完善，村(居)民及外来人口未能享受与城市社区"一站式"无差别的便捷服务。特别是番禺农村社区行政、环卫、治安等费用由村社"自筹"承担，财政仅少量补贴，仍维持着城乡之间公共服务不均等的局面。同时，投入的差异，造成城乡之间市政交通、文体娱乐、医疗卫生等公共服务严重不均衡。另外，社会服务职能弱化。番禺登记的常住人口有200余万人(不含大学城师生、广州主城区来番禺购房居住者)，其中，城乡户籍人口有82万人，外来人口有115万人，农村分红人口有39余万人(见图6)，但村社公共服务往往考虑有股份的股东，很少考虑惠及村社非股东居民、外来务工人员，造成资源分配不公。

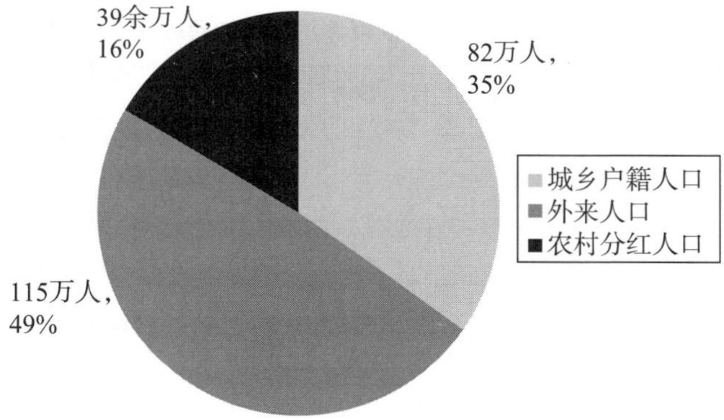

图6　番禺区登记的常住人口构成

社会公共服务与群众需求之间差距表明，公共服务城乡一体化、均等化的任务艰巨。城乡村居民之间除收入差距外，在教育、卫生、文化、环境等公共资源等方面差距明显，某些社会保障水平差距也较大。首先，扩大社会保障对城乡社区覆盖面，加快对城乡基本养老保险接轨与城乡低保对象实现应保尽保。其次，完善城乡"以区为主，区镇共管"的义务教育学校办学管理体制，落实以区、镇投入和管理为主，加快推进对村社学校的接收管理工作，并整合资源，鼓励扶持发展惠及外来务工人员及其子女的社区民办教育。另外，丰富社区群众文化活动，组建社区文体团队，每逢传统佳节和重大庆典，开展文艺演出活动，丰富群众精神文化生活，促进社区居民文明健康素质的提升，增强社区居民归属感。还要强化社区公共卫生保障与环卫保洁，实现城乡一体化。

2. 统筹解决同城化基础设施规划和建设不均衡及“历史欠账”

长期以来，番禺村社公共产品基本上是自给自足的集体经济供给模式；新农村建设启动后，政府对村社基础设施等硬件项目建设投入始有增加，但未形成制度化、常态化的保障机制。2006～2013年，区财政共安排专项资金2.97亿元，扶持1040个新农村项目建设，项目主要涉及村道硬底化、内街巷道路整治、排污系统建设、路灯建设、村内环境绿化以及公共服务设施建设。2006～2010年，区财政共安排“双百共建文明村”活动专项经费1.6亿元，扶持改路、改房、改厕、改造学校和环境绿化等，优化了农村人居环境。2003～2010年，区府共投入资金约8.2亿元，实施自然村通公路项目357项，建设里程约715公里。截至2014年4月，全区21条美丽乡村试点村选定建设项目278个，完成项目建设224个，完成投资4.3亿元（见表3）。

表3　近10年来番禺区政府对村社硬件基础设施项目建设投入基本情况

项　　目	时间跨度	项目个数	项目资金	项目范围
新农村项目建设	2006～2013年	1040	2.97亿元	村道硬底化、内街巷道路整治、排污系统建设、路灯建设、村内环境绿化以及公共服务设施建设
“双百共建文明村”活动	2006～2010年	—	1.6亿元	改路、改房、改厕、改造学校和环境绿化
自然村通公路项目	2003～2010年	357	8.2亿元	—

番禺各村社公共服务基础设施建设标准不统一、配套不平衡。一般村社办公场所、供水供电、道路及照明、体育文化娱乐服务、肉菜市场、幼教养老等设施配套建设相对完善；但公共卫生服务、垃圾收集及污水处理站、环境绿化美化、交通服务等配套相对滞后或匮乏。由于集体经济发展水平差异大，不同村社的公共投入差异明显。以2013年为例，村社集体经济仅在公共照明路灯与环境卫生的投入上，最高投入的村高达500多万元，而近百个村的该项投入不足50万元。2013年，番禺村社集体经济总收入约33亿元，除了股份分红，村集体经济负担公共开支总计高达8.32亿元，平均每个村470万元。如此庞大的支出，倘若“村改居”后，要达到社区水、电、路、气等基础设施配套完备的目标，无论是对集体经济还是政府财政来说，其负担都是相当沉重的。由于城中村、城郊村等待转制社区聚集大量的外来人口，给其环境容量、公共服务设施带来巨大的压力，导致其公共服务基础设施建设配置总是处于容量不足（欠饱和）的状态，

满足不了实际居住人口的需求。所以，要将村社基础设施建设纳入政府财政和融资统筹范围。既要探索由村社管理向政府承接管理转变新机制，又要探索城市化社区公共服务设施的建设、维护、管理以及环卫、水电等公共服务费用由村社、街镇、区三级按比例共建、共管、共担的过渡保障机制。

值得说明的是，近年来，番禺推进"新农村"建设、农村社区建设、"美丽乡村"建设等工作，农村基础设施趋于改善，部分村基本实现城乡一体化，现存主要问题还是资源条件不足以全面推进农村社区建设，实现城乡公共服务均等化。在农村社区试点建设期间(2010～2012年)，每年以5%的比例推进建设试点进程，2012年已完成15%的行政村试点工作。从2013年起，农村社区建设被列为区府重点工作项目之一，继续以每年5%的比例推进，并以区、镇街财政资金予以保障支持，资助资金为区、镇街各承担6万元，对每个农村社区试点给予12万元建设资助资金，原已完成农村社区试点建设的44个村累计投入财政资金约650万元，计划再新增试点村9个，配套财政资金108万元。[①] 番禺农村社区试点建设的主要目标：在试点村规范建设农村社区综合服务平台，整合农村社区公共服务资源，面向村民和外来务工人员，提供一站式社会保障、劳动就业、计生管理、流动人口管理等各项社会公共服务，并配套建设老人活动中心、农家书屋、休闲公园、体育健身广场等农村公共场所。目前，虽然全区177个村挂牌设立公共服务站，但是有待整合资源，规范公共服务管理，公开办事流程，落实岗位职责和办事承诺，以持续保障农村公共服务和管理水平。

（四）由村社管理到社区治理转换的机制障碍

1. 基层民主规范保障不尽到位

在城乡统筹发展背景下，番禺城乡基层治理试行"政经分离"以完善"民主选举，民主决策，民主管理，民主监督"的组织建设，局部取得了积极成效。番禺在2014年村社换届选举之后，全区92个行政村实现"政经分离"。然而，基层政府与组织的相互关系及其职能定位未能完全明晰；传统政经混合型的管理模式难以适应经济社会发展新形势的需要。"政经分离"改革核心是厘清基层组织的职能、界分公共管理与公共服务，防止经济组织绑架基层党政或自治组织。由于受到局部利益的驱使，部分村社治理存在宗族势力拉帮结派等问题。"有钱分就举手，没钱分就打倒"，"分得多就举手，分得少就打倒"，新任村委会主任

① 参见番禺区发改局：《城镇化进程中珠三角"村改居"治理体系及路径选择专题调研资料》(2014年)。

惯于不理前任事;每次村社换届如临大敌,政府耗费大量的人财物来组织、指导和监督选举工作。同时,部分基层政府未完全转变观念,固守政府对村社的管束,习惯于发号施令,试图改变村社民主决议或自治机构的决定;有的党政领导在换届选举时意定圈划候选人,通过上串下联"做工作",企图操控村社选举,使其偏爱的人进村社领导班子,把不中意而为群众拥护有公心的人排斥在外;有的党政领导疏于对村社依法实施必要的监督,放任贿选买票、拉帮结派、组织涣散、法纪松弛、侵占集体资产或损害群众利益等行径存在或蔓延。另外,为解决村社"两委三会"之间惯有的矛盾冲突,部分地区推行"一肩挑",扩大村"两委三会"成员兼职比例,有的地方甚至走向"两委三会合一"。这种调整反而容易混淆村党组织、村民自治组织与集体经济组织的职责和功能,也可能导致严重的党政不分、以党带政。党组织搞包办代替,没有依法行使领导权的意识,直接控制村级治理,导致治理结构的混乱和治理效率的低下。如此调整无法真正解决问题。协调"两委三会"矛盾的关键在于规范理顺其职能关系,转变党的领导方式,党支部通过组织"两委"联席会议、召开村民(社员股东)大会和村民(社员股东)代表会议等参与决策,监督村委会、理事会,以克服实现民主自治的机制障碍。

2. 社区利益矛盾交织凸显

随着产业转型升级和城镇化推进,村社自行开发的项目资金规模大、土地开发模式和利益主体多元化。部分项目运作良好,也有些项目出现问题——既有村社干部经营能力缺乏的问题,也有集体资产经营委托代理风险问题。市场化改革的深入,致使多种利益得失与新旧观念冲突显化,集体资产管理、征地拆迁、收益分配等矛盾涌现,部分村社原居民与外来人口的矛盾凸显,闹访和群访现象严重,群体性事件时有出现,给社区稳定和谐带来不利影响。"闹访"事由主要包括:一些村社干部违规违法处置集体资产,如未经民主表决擅自将集体资产对外低价长租或"变卖",导致干群不信任因素增多;某些特殊群体如"出嫁女"及其子女、复退军人、"农转非"人员、原农籍国家公职人员等提出参与集体利益分配诉求。这些涉及群众权益或利益群体的事由,导致群访、越访和重访现象有增无减。因集体资产管理及收益分配问题的上访一直是农口最主要的接访案件(占上访量八成以上)。其反映的问题主要有:村社干部以权谋私,违法占用或处置集体资产;集体收入不入账,集体资产被低价承包、出租出让、贪污私分;享受不到村社集体配股分红,等等。特别关注两点:一是基于村民身份的股权分配制度引发社区各群体的利益纷争。在番禺区 39 万多人原住农村(居)民中,可能有 2 万～3 万名未能享受到集体利益分配的原自理粮、退伍军人、农转非、新增人口等特殊人员，其群体提出利益诉求，成为农村社区改制治理的一大隐患。二是依新《村民委员会组织法》的规定，在当地居住满 1 年的外来人口可参加当地基层自治选举。据统计，番禺区农村居民户籍人口 39 万余人，登记在册外来人口则超过 115 万人，其数量超过本地农村户籍人口的数量。若外来人口当选，势必要求分享村（居）集体经济收益及福利，难免引发新的利益冲突和社区矛盾。

3. 传统的村社管理体制变革滞后

番禺农村经济发展较快，但治理结构未能同步转型。尽管改革初期废除了“政社合一”的人民公社制度，但保留“三级所有，队为基础”的体制框架，只是嵌村民自治制度于其中。如今的番禺村社治理主体依然包括三部分：党支部、村组两级集体经济组织（经联社及经济社或股份公司）、村（居）民自治组织。“三驾马车”的架构却遭遇现实运行的障碍：一是社区党组织、自治组织和集体经济组织“三位一体”，党组织和村民自治的职能模糊。长期以来政经不分，机构混杂，体制不顺，既不利于社会事务专业化管理，也造成利益群体和宗族势力捆绑基层社会，集体经济组织绑架党组织和自治组织。一旦村（居）干部在资产管理交易、财务开支或利益分配等环节出问题，可能导致整个村（居）组织陷入瘫痪。不少村级治理惯行党支部和村委会“两元制”结构，党支部和村委会权责不清，导致以党管代替自治或自治和党治“两张皮”的现象。部分村党组织和集体经济组织（股份合作社）之间往往人员交叉任职，虽可加强党对集体经济的领导，但随着集体资产的不断壮大，党组织直接负责集体资产经营也会出现“瞎指挥”的问题。二是村社集体资产经营虽由股份社负责，但股份合作社运作不规范，理事会、经理层和监事会的权责关系失范，民主决策、管理和监督机制难以真正落实，导致集体资产经营和保值增值困难。三是随着村（居）民自治制度的实施，农村社区治理结构由“委任制”向“选任制”转变，但其存在不少弊端，如民主决策行为不规范、民主管理制度不完善、民主监督不深入等，使村社治理出现危机，村社班子换届成为农村基层工作的头等大事，选举成本越来越高；甚至发生多宗罢免村干部的事件，出现危及村社基层稳定的“骨牌”效应。特别是街镇对选举的违规操控，宗族、宗派势力干扰，选举作弊乃至公开贿选等问题的存在使人们对村民自治的评价期望有所降低。

4. 行政权与自治权矛盾突出

在既往“乡政村治”的治理模式下，村民自治行政化现象突出，行政权压过甚至取代自治权，村委会似同行政机构而非自治机构。如何处理政府管理权与村民自治权的关系，实现村民民主决策与管理权，也是摆在村居转型面前的难题。对于镇街而言,他们较关注对上级交办行政事务的应付,包括计划生育、“两违”查处、市容环境整治、社区稳定等,而非社区建设发展。而在现行体制下,村社组织也习惯选择与上级保持步调一致,依附于基层政府,“代理人”角色强于“当家人”角色。村社组织若沦为政府的“仆人”,便难以做好村民的“仆人”而积极提供公益性服务,村民的自主权及自治管理无从得到有效保障。正是因为村社组织行政色彩浓,更多的是充当政府的代理人而非村民的代理人,主要是对上负责而非对村民负责。为完成上级任务,村级组织管理模式比较集权,权力运作容易异化;而街镇为完成任务需要村社干部的配合,往往也给他们较大的权力空间,且由于体制内外缺乏对村社干部的有效监督,容易滋生腐败问题,危害到社区的和谐稳定,成为干群矛盾的诱因,村民上访、控告村干部违法乱纪的情况层出不穷。加上农村固有的矛盾纠纷主体、发案形式、潜在问题越来越趋于多样化,因土地物业发包出租、征地拆迁、股份分红等引发的纠纷有增无减,上访行为和群体性事件不断发生,造成社会不良影响。加上待转制社区面临混居人口流动性强、观念意识不统一、社区凝聚力不强等转型期特征的复杂因素,其社区自治还无法有效整合全部资源和人力,协处多元利益关系的难度大,矛盾累积成为城乡社区和谐稳定的重大隐患。

五、由传统村社管理向社区治理体制转型的目标定位、基本路径及模式选择

(一)目标定位

通过深化农村综合改革,探路新型城镇化与农村治理改革的深度融合,借助重启“村改居”的契机,推动城乡基层治理体系与治理能力的转型升级,其攻坚既包括因“半城市化”带来的城中村、城郊村的全面改制与规范治理,也包括农村基层由村社管理向社区化治理的转型,实现较高水平的城乡一体化和惠民善治的目标。简言之,即要实现较高层次的“五个一体化”:

1. 城乡规划一体化。摒弃传统的城乡二元思维,贯彻统筹一体化发展的理念,突破镇街、村社行政界限,把城乡建设作为一个整体,在产业规划、城镇规划、土地利用规划和生态环境规划等方面真正实现一体化,通过通盘考虑、合理安排,形成布局合理、分工有序、综合开发、开放互通的城乡空间结构。

2. 产业布局一体化。按照产业发展规律,通过科学制订产业发展规划,调整优化产业结构,合理布局城乡工业生产区、现代都市农业发展区、农民居住区和生态保护区,推动工业向园区集中、农民向社区集中、农用地向规模经营集

中,促进城乡空间融合、资源优化配置、产业和环境共相共融发展。

3. 基础设施一体化。大力提升农村基础设施建设水平,统筹推进城乡路网、电力、电信、环保、园林、污水处理等基础设施建设;完善村镇公共交通网络,促进城市管理模式和公共服务方式向农村延伸,形成无城乡差别的基础设施规划建设和公共服务体系。

4. 公共服务一体化。以新型社区建设为载体,推动城市公共服务向农村覆盖,促进城乡教育均衡发展,完善城乡公共卫生保障体系,实现城乡医疗卫生管理体制和运行机制并轨,健全覆盖城乡的公共文化服务体系,让农民在教育、文化、卫生、体育、社会服务等方面享有与城镇居民同等的待遇。

5. 社会保障一体化。健全城乡统筹就(创)业制度,把农村就业纳入整个社会就业体系,积极实施就业培训,统一城乡就业登记制度和劳动力市场,建立一体化、多层次、全方位、宽领域就业促进机制,逐步实现城乡劳动者就业服务共享、创业机会平等;健全完善农村养老、医疗、低保政策,建立城乡一体的政策和制度框架,不断提高农村社会保障水平。

(二)基本路径

1. 结合"城中村"改造协调推进"村改居"全面转制

加大"城中村"改造力度,鼓励"城中村"利用区位资源优势吸引社会力量参与改造。"城中村"改造必须以城市规划为先导,积极、稳妥、有序地推进,减少对城市经济社会的消极影响。通过政策、规划、计划的合理调控,保证"城中村"改造符合公共利益,维护改造过程的公平,促使改造惠及"城中村"的所有居民。既要推动"城中村"的空间形态改造,又要推动社区改制和经济再造,以实现其与城市社区的融合。抓住不同区块"城中村"问题的特点,制定不同的改造目标和策略,采取拆除重建或综合整治等不同的改造方式,解决"城中村"的实际问题。既改造现有的"城中村",也要防止出现新的"城中村"问题。

"村改居"是农村管理体制向城市管理体制全面转型的体现,其主要是地方政府以推进农村彻底城市化为目标,由村社管理向社区治理的转变,进而开展体制创新。不过,在"村改居"后一定时期,除少数城市化程度高的"城中村"完全融入城市外,大多数"村改居"社区管理体制既区别于传统的农村管理体制,也区别于城市社区管理体制,处于村庄向城市社区过渡的状态,较具独特性,但仍保持浓重的村社管理色彩。多数"城中村"改制社区仍沿袭原村社管理模式,只是牌子从村委会换成居委会,社区管理体制和治理结构未能同步完成相应的转换。因此,地方政府实行"村改居"属于协调农村管理改制与治理创新并行的范畴。

2. 深化“政经分离”,促使半城镇化的村居转型并转变社区组织职能

随着工业化城市化发展和国家出台取消农业税政策,村级基层组织的工作职能发生重大转变,其行政和社会管理事务方面的工作量增多,村民对政府公共服务产品的需求持续提高,村级基层组织职能转变成为体制创新的重要内容。在农村就地工业化或半城镇化社区,村级组织职能也逐步出现转变,以工业反哺农业并取消农业税为转折点,村社组织职能也由协助政府管制和汲取资源向为农户提供服务转变。而在经济较发达暨城市化较高的区域,地方政府将转变基层组织职能作为建立新型体制的重要内容,对自治组织与经济组织实行“政经(政社)分离”,规定前者职责是履行村(居)民自治事项和协助镇街从事行政管理工作,提供社区公共服务和从事公益事业,不再直接参与任何经济活动,逐步实现从重发展经济重行政管理到管理与服务并重的职能性转变。

在农村管理体制城镇化转轨中,集体经济发展转型也是体制创新的重要内容,关系到农转居的权益保障。集体经济管理体制创新应把握两项重要内容:

一是改革集体资产管理运营模式,为推进村居体制转型创造条件。番禺已经运用“制度 + 平台 + 中心”模式,把“三资”管理纳入农村基层党风廉政建设的重要内容,积极推行农村“三资”管理信息化、民主化、公开化,从源头上整治集体资产管理失范问题,迈入一条民主、公正、透明、阳光的规范管理新路子。积极深化集体经济股份制改革,有条件地探索公司化改制,依法办理工商登记照章纳税,使其作为市场主体参与市场竞争;健全集体“三资”交易管理平台并配套完善其运行管理规范。资产管理收益扣除必要的管理开支外,主要用于当地社区公共福利事业等开支;探索实行固化股权量化资产,将股份合作社股份设置调整优化为多元化股权结构,让股权逐步实现可流转;完善股份分红与公益金公积金的分配机制,确保社区公共事务和福利事业开支,试图解决农村集体资产产权的社区封闭性等问题。

二是探索有效的集体财务监管机制,引入中介组织规范村社财务管理。首先,普遍成立农村财务管理服务中心,成为资金管理、票据管理、会计核算、财务公开、合同管理等服务平台,形成以“一项委托(村社委托镇街)、两级(镇街、村)审核、三权(‘三资’的所有权、使用权、审批权)不变、四层监督(业务监督、审计监督、群众监督、检查监督)、五个统一(统一财务管理制度、统一财务审核、统一记账、统一公开、统一建档)”为基本内容的农村财务精细化管理机制。其次,聘请独立的社会中介组织,在政府与社会之间发挥其功能传递作用,在市场主体之间发挥服务纽带作用。社会中介组织非从属于政府,政府不能干预其活

动。对于如何利用社会中介组织中立性、公正性和权威性的特点,充分发挥其积极的功能作用,有关地区在此方面早有创新。例如,佛山引入"第三方"(有资质的社会中介组织)进行管理,从根本上规范农村财务管理,使监管更加到位,较好地消除了因农村财务管理失范而引发的社会不稳定因素。

3. 夯实新农村社区建设与治理的基础

参照城镇化社区建设治理的基本理念,探索创设全新的农村社区治理体制,建设服务配套完善、环境优美、人文和谐、可持续发展的新农村社区。一是推进统筹城乡发展的各项工程,改革城乡二元结构。建立以工促农、以城带乡的协调机制,改变农村建设和社会事业的落后状况,缩小城乡差距;消除二元结构的负面因素,促使城乡生产要素与劳动力的自由流动;改革现行的村级行政体制,按照"地域相近,产业趋同,利益共享,规模适度,群众自愿"的原则重构农村社区,探索新农村社区化治理模式。二是建设综合素质高的新农村社区工作者队伍,注重培育新型农民,农民公共管理服务培训与农村劳动力技能培训相结合。三是将政府行政管理和村民自治管理有机结合。政府在社区建设中要转变作风,把握作为力度,重在发挥引导和服务作用;加强基层民主政治建设,发挥村委会和党支部建设新农村社区的主导作用。四是深入开展社区治理和社区服务。结合政府职能转变,将城市公共服务转向农村社区延伸,首先实现中心村的全覆盖;围绕农民需求开展社区公共服务,完善社区管理体系、就业培训体系和社会保障体系。五是整合新农村社区资源,加大对农村社区建设的投入力度。要挖掘人力资源,激活农村内力;整合项目资源,形成服务合力;利用社会资源,充分借助外力。六是强化"科学规划"的理念,提高新农村社区建设发展规划的统筹水平。分别参鉴城郊村模式、集镇村模式和乡村模式分层次有序地进行社区规划建设,对缺乏可持续发展条件的"荒、散、乱"村庄,探索实行迁移和撤并;鼓励城郊村加大对村民宅基地治理的力度,利用周边丘陵坡地开展新社区规划建设;鼓励集镇村利用自身条件在现域范围实施社区建设,适度把握社区建设规模;加大对边远乡村的政策扶持,对那些零散、闭塞的村庄(如渔民村、江心岛村域)进行撤并搬迁,建设新社区。在新农村社区规划建设时,注意彰显社区特色的文化底蕴。

总之,新农村社区建设与治理创新,主要是以原有村庄或即将调整合并的村庄为中心融合周围散居农家,营造全体居民有共同的生产生活方式和社会活动方式的社会生活共同体。其一般应具有5个基本要素:村庄已经形成或初具规模,具有一定数量的共同生活人群;地处农村且居民以本村农民为主;村民聚居于经合理规划调整的同一村域;生活服务设施和文化娱乐服务设施配套完善;村民在情感和心理上有较强的认同感和社区归属感。

(三)待转制社区治理创新模式

广州城市化进程"村改居"实践有三种基本类型或参考模式:撤村建居型、撤村并居型、村居混居型。形成三种"村改居"社区治理模式:一是以社区居委会为服务管理主体、经济联社配合的运作模式,两者人员不交叉任职;二是以经济联社为服务管理主体、社区居委会配合的运作模式,两者人员不交叉任职;三是政府主导,由镇街党(工)委下派干部任社区党组织负责人,在社区党组织统一领导下,社区居委会和经济联社分工负责的运作模式,班子成员大部分实现交叉任职。该三种管理模式均凸显社区治理体制的两个基本特征:一是集体经济组织(股份合作组织)运作模式基本不变;二是集体经济组织仍承担大部分社区公共设施和公共管理费用,不同程度地参与社区公共管理和服务。各地应根据其区域经济社会发展实际情况,分类分步实施"村改居"工作暨农村社区化治理创新。结合番禺区域发展不平衡的现状来看,应考虑以下基本思路的选择:

对那些将整体性拆迁安置特别需要全面改造的都市型村庄,其全部或绝大多数村民已经农转居的(如市桥街、大石街、东环街所辖的"城中村"),在撤销行政村建制、实现村民市民化的同时,分别建立新的社区居委会进行管理。对在城乡区域差别不明显,行政村村民一般为村社留存的插花地安置或散居在其他村(居)的(如因当年房地产开发或重大项目建设导致就地城镇化的南村镇、洛浦街、钟村、小谷围大学城、石壁火车南站、石楼亚运城等区块部分村社),在撤销村建制后,既可将原"农转非"居民就近归并或安置到居住地社区进行管理,也可基于原村庄区域新建社区而将其周边散居点归并进行管理。对于涉及历史、地域、集体资产及债务管理等因素,村委会或村民小组暂不宜撤销的,通过村社规模调整,建立或合并为新的社区居委会,新社区既管理部分居民,又管理部分村民,成为村居混居型社区(番禺不少非农产业化程度较高暨具备"村改居"条件的城郊村即属于该类型)。对于那些依然保持农村传统管理模式暨城镇化相对滞后的纯农村地区,不宜强推"村改居",但应加强社区元素而逐步实施村庄整治向社区化治理转型。

若不顾各地块村社实际和群众的意愿及诉求,将失地农民和身份农民(没失土地)一律实行转居,对身份农转居的村民全部"村改居",虽然村社改为社区居委会的名称,但实际管理的绝大部分甚至全部是从事农副业的村民,必然给社区治理带来问题,有的甚至还会出现新社区建立而旧的村委会撤不了的现象。例如,石壁、沙头等地部分行政村在城市化进程中,虽然其大部分土地被征，成员早年基本“农转非”，但由于村债务较多，村发展留用地规划及合法利用手续问题长期未能解决，村民不满，仍保留着村委会的建制，如此为新社区建设与治理加大难度。

现回头看，改革初期从原计划经济社队体制到后来乡村体制的转换，并未真正摆脱村社行政化和城乡分治的困境，且随着城镇化和基层综合配套改革的推进日益凸显。村委会的行政化和农村社会组织的缺失，使公共财政支持的公共服务向下延伸缺乏合适的组织依托；城乡社区长期分治导致农村社区服务供给水平低、社区公共产品短缺。有鉴于此，党的十七大提出：全面开展城市社区建设，积极推进农村社区建设，健全新型社区管理和服务体制，使之成为管理有序、服务完善、文明祥和的社会生活共同体。其基本精神可概括为：一是社区建设趋势应从城市延伸到农村，以城市社区建设带动农村社区建设，逐步实现城乡社区建设发展和治理一体化。二是城乡社区建设的重点是社区管理体制和社区服务体制两方面的改革。改革社区管理体制，逐步“实现政府行政管理和基层群众自治的有机衔接和良性互动”；改革社区服务体制，建设服务型政府，逐步实现政府与民间合作的社区服务体制。三是社区建设目的是构建社会生活共同体，即通过发展多元化社区组织，促进居民交往，扩大居民参与，增进社区文明祥和，构建一个由“各种共同体构成的、自主的、自我治理的社会领域”。[①] 推动城乡基层社会结构转型，建立政治生活共同体、经济生活共同体、社会生活共同体三足鼎立的新型社区结构。可见，农村社区治理创新的实质是以构建社会生活共同体为目标取向的治理体系的建构过程。这一过程既是村（居）民自治深化过程，也是服务型政府构建过程，还是城乡社区一体化过程。简言之，农村社区治理改制要从根本上理顺政府与市场、社会（社区）权责关系的过程。

出于区域经济发展、空间布局、环境要素禀赋等方面的差异，各地块城镇化社区建设治理因地制宜可选择不同的模式，但各种模式选择都必须正视一个问题，即要理顺农村或城镇化社区治理主体间权利关系，这是把握社区改制治理的关键。社区体制是社区治理的组织体系及运转模式。在农村或城市化社区多元治理主体结构中，既有街镇政府，也有社区服务（管理）组织、村民委员会，还存在集体经济组织、民间社团组织、企业组织和其他社会组织。在不同的社区体制模式选择中，不同的治理主体扮演着不同的角色和功能。从社区治理主导角色看，目前番禺农村或城镇化社区体制改革模式可归纳为村落自发组织模

① ［美］彼得·德鲁克：《社会的管理》，徐大建译，上海财经大学出版社 2003 年版，第 116 页。

式、村社合一模式、村社(企)主导模式、联(并)村建社模式等四种(见图7)。

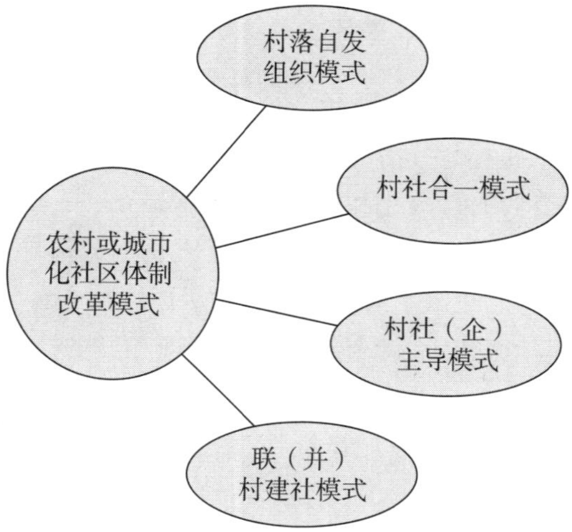

图7 农村或城市化社区改制模式布局

1. 村社(企)主导模式,是指村委会、集体企业(股份合作经济社)、社区服务(管理)组织在成员上交叉任职,其功能合一的社区治理制度安排和运行模式。该模式在江浙等经济发达的农村社区较为普遍,番禺非农产业发展较成熟的市桥、沙头、大石、东环等街道城中村社区的情形与此类似。其基本特点如下:一是在组织结构上,村民委员会、集体企业(股份合作经济社)、社区服务(管理)组织负责人实行"一套班子,三块牌子,交叉任职"。同时,农民大部分是集体企业(股份合作经济社)的职工。二是在组织功能上,社区自治管理、社区行政管理、社区建设(服务)职能、企业经营管理不分开。三是在主导力量上,村级组织是社区建设的主导者。由于强大的集体经济支撑,社区建设主要资金并非来源于政府拨款,而来自村级组织。村级组织在社区规划、基础设施建设、村民公共福利、市场化服务、公共管理等方面发挥着广泛而不可替代的主导作用。

2. 联(并)村建社模式,是指介于行政村与镇街之间,以一定服务半径设置社区服务(管理)组织,专门承接社区行政事务与公共服务的制度安排和运行模式。本模式适于社区经济发达但辖区面积较小、人口基础较少的农村社区,其典型代表主要有大石猛涌村(本村人口不到600人)和南村塘埗西村(本村人口不到1000人)。其基本特点为:以一定服务半径为标准在多个建制村基础上设置社区;建立社区服务(管理)组织和社区党组织,两个组织交叉任职,成员即来源于联建社区的各村社干部、镇街干部调配或政府招聘的大学生村干部;社区服务(管理)组织性质定位为服务农民的平台,主要承接政府部门依法延伸的社区行政事务和社区公共服务，村委会或转居委会回归法定的自治组织性质，主要承担社区自治事务、互助服务，各股份合作社仍存续负责集体经济的运营。

3. 村落自发组织模式，是指在没有外部指令的强制下，村落社区成员通过自主协商推荐的途径，自发组织治理村落社区事务的制度安排和运行模式。譬如，现阶段上级纪委推动设置的村（社）务监督委员会，就是早些年浙江部分农村群众自发创制的组织形式，近年广州原萝岗九龙农村社区也有类似的创制经验，后来被官方总结认可为一种常态化的制度模式。另如，广东南海、云浮及番禺部分乡村（庄）村务咨询委员会、乡贤理事会、农村参事会等社区决策咨询组织，体现其作为非官方色彩的民间组织辅助社区治理的积极功效——其主要由村内具有代表性的单位、两代表一委员、离退休干部、功能界别的专业人士、有威望有能力的热心人士和外来人员共同组成，定期召开会议收集代表的意见建议，对社区建设管理和发展重大事项进行民主评议和监督，引导社会力量积极参与社区管理和公共服务，扮演“小政协”的角色。

4. 村社合一模式，是指村民委员会与社区服务（管理）组织在成员上交叉任职、在功能上合一的社区治理制度安排和运行模式。此前已述及，其实际运行可能有利有弊。

农村或城镇化社区体制改革的多元模式既有差别，也有共性。其共同特征如下：一是强化社区服务功能。无论是村落自发组织模式、村社合一模式，还是村企主导模式、联（并）村建社模式，均试图改变既往乡村重管制轻服务的理念和行为选择，在社区层面建立社区服务（管理）组织开展社区管理和服务，一定程度可解决乡村公共产品短缺问题。二是原村委会与其他社区治理主体结构功能的重叠。在村落自发组织模式中，村落自发组织是村委会的“助手”；在村社合一、村社（企）主导模式中，村委会与社区服务（管理）组织、村办集体企业（股份合作经济社）在成员上交叉任职，在功能上合一；在联（并）村建社模式中，村委会与社区服务（政治）组织（党总支）成员上交叉任职。社区改制多元模式明显的差异如下：其一，社区治理空间定位的差异。既存在以自然村落为治理空间的选择，也存在以建制村定位社区空间的实践，还存在以乡镇为社区空间的尝试。其二，社区治理主导者的不同。村落自发组织模式以村落民间（草根）组织为主导，村社合一模式以与村委会一体的社区服务（管理）组织为主导，村社（企）主导模式以与村委会一体的集体经济组织（企业集团）为主导，联（并）村建社模式则以社区服务（管理）组织为主导。

城镇化社区改制的实质，就是通过制度创新理顺社区治理主体的权能关系，推进基层社会结构的合理分化，使社区从行政管制与市场领域分离出来，成为管理有序、服务完善、文明祥和的社会生活共同体。社区改制创设的村落自发组织模式、村社合一模式、村社(企)主导模式、联(并)村建社模式都取得了一定成效。但总体来看,社区改制的各种模式均未从根本上理顺基层政府、社区服务(管理)组织、自治组织、集体经济组织等主体之间的职能关系。村落自发组织模式的制度设计无法取代或触动长期以来村委会行政化问题,且由于村落社区自发组织与村级行政的关系存在"暧昧地带",村落社区自发组织存在被官方行政化的可能。在村社合一模式中,作为自治组织的村委会与社区服务(管理)组织机构职能不分、人员交叉、角色混同,不仅使村委会行政化倾向严重,而且社区服务专业化及效能问题面临着严峻考验。村社(企)主导模式和联(并)村建社模式中,村委会与集体经济组织合一的制度安排不仅抑制集体经济的发展,而且制约村民自治的展开。因而,理顺农村社区体制需要探索合理的替代性选择。

农村或城镇化社区改制在于实现社区事务的分类治理。基于村(居)民需求的理念转换,为社区改制选择提供导向;通过社区事务的分类,为介入社区各类组织角色重塑提供理论范式;通过重新梳理介入社区治理的各类组织职能关系,为界定治理主体间的功能边界提供基础;通过各类组织重构和权利调整,为实现治理主体秩序从"单中心"到"多中心"的转换提供载体;通过机制创新、制度创设和模式创新,对不同属性的事务采取不同的治理机制,为社区民间组织和其他社会组织培育发展留下空间、资源和机会。随着国家、市场、社会的合理分化,社区才可真正成为管理有序、服务完善、文明祥和的社会生活共同体。

六、构建社区多元善治机制的政策建议

积极稳妥地推进城镇化"村改居"及新农村社区化转型,逐步改变城乡二元体制结构。番禺以完善农村城镇化社区治理体制与实现机制创新为重点,将全面推进形成城乡一体化发展的格局。需要加快转变区属部门、街镇统筹城乡规划发展的职能,加强农村社区公共服务体系建设、协调推进"城中村(旧村)"改造与"村改居",出台配套政策措施,将乡村管理体制推向城镇化社区治理体制转型,营造新型社区多元善治机制。然而,推进城镇化"村改居"及新农村社区化转型是一项民心工程,是缩小城乡差距、最终消灭城乡差别的重大举措。当前正是番禺经济社会发展进行转型升级的关键时期,需要坚持实事求是、因地制宜、分类指导、分步实施的原则,不断总结经验教训,及时解决存在的问题,摸索出一条适合番禺区情的城镇化"村改居"及新农村社区建设治理的新路子。

(一)明确"村改居"条件和程序,保障"农转居"人员权利

《村民委员会组织法》《居民委员会组织法》以及省、市《关于完善"农转居"和"城中村"改造有关政策问题的意见》(2008 年)、《关于加快形成城乡经济社会发展一体化新格局的实施意见》(2009 年)及《关于推进城乡社会管理及行政管理一体化的实施意见》对"撤村设居"虽有原则规定,但对"村改居"的具体条件和基本程序却未明确,建议区委区政府结合区域实际拟订政策方案报请市委市政府协调确定:一是明确番禺"村改居"的基础条件——主要从村(居)是否处于城市建设总体规划的范围、原农业人口或非农人口占总人口比例、人均占有耕地面积、村(居)民农业和非农产业的比重等诸因素综合考量。二是拟订"村改居"工作流程——合乎法定民主、公开的基本程序,由村委会所在街镇在广泛征求群众意见和民主协商的基础上提出实施方案,经村民会议讨论同意后报区政府审核批准,在区政府批准同意的基础上由街镇具体组织实施。

"村改居"是解决城乡分割二元体制的重要途径。推进"村改居"工作,必须把农村"旧居民"即城市"新居民"的利益保障放在首位,解决他们在生计就业、教育、养老、医疗等方面的需求。例如,目前番禺农村居民参加养老保险基本实现全覆盖,36.7 万人参加了新农合,农村居民医疗保障基本实现全覆盖。务必转变因"农转居"人员有私产与集体分红而限制其享受市民待遇的思想,树立客观公正对待"农转居"人员财产权益的观念。首先,确保村民对集体资产的产权不受剥夺。"村改居"过程应保证改制后农村集体资产产权关系不变,包括集体经营性资产、非经营性资产、资源性资产的产权,未实行股份制改造的,归原村民集体所有;已实行股份制改造的,归股份合作组织集体所有,村民按股分红。其次,确保农民的土地承包经营权。依法变动土地所有权,即把集体土地征转为国有,实现与城市土地产权制度的对接,但必须保障农民的土地物权利益的实现。农村土地产权可分解为集体所有权和家庭承包经营权,家庭承包经营权又包括占用、使用、收益、处分等权能。"村改居"过程应保障农民的承包经营权不变,也即农民对土地的使用权和收益权不被剥夺。"村改居"后,村内剩余的土地可转为国有,由集体经济组织统一经营管理,所得收益由全体股民按股分享。同时,在新征地过程中,有条件地适当提留为集体经济提供发展空间的建设用地。

鉴于番禺未彻底实行股份制改革的"撤村建居"社区情况各异,有的条件相对成熟一些,只要解决若干关键问题即可实施全面改制,有的则工作难度较大。因此,区府主管部门及街镇要进行分类指导、分步实施,有序推进"村改居",条

件成熟即付诸改制。相对而言,当前洛浦、大石、市桥、南村、东环、钟村、石碁等街镇所属村社改制的基础条件较为成熟,工业化城市化程度高,非农物业型集体经济实力雄厚。对这些村社重在积极引导、加强指导,拟定目标,争取实施彻底的股份制乃至公司化改制。此外,石楼、沙湾、新造、化龙等镇街所属村社社区改制较晚的主要原因涉及原股权结构安排有缺陷或者体制障碍、非农经济基础薄弱等问题,且导致新老社员产生不合作的情绪,随着城市化"村改居"转制的继续,开展股份改制的条件日趋成熟,区、街镇要因势利导,制订计划,引导推进。若某些村社的历史遗留问题多,在条件尚未成熟的情况下,先做实基础工作,待条件成熟再加快实施。所以,部署改制的方针是:先试点示范、总结经验、积极引导、分步推进,成熟一个改一个,改一个成一个。

鉴于《村民委员会组织法》等法律法规的规定,村内重大事项应当召开村民会议表决,"村改居"工作涉及村民利益的重大事项,需要村民会议民主表决通过,方可实施。长期以来,番禺部分村民对"村改居"工作缺乏正确理解甚至抱有抵触情绪。建议提请市政府出台有关政策文件,采取"一步到位"的协同方式,即由政府合并批准"城中村(旧村)"改造与"村改居",省略其单项的村民会议表决程序。主要理由在于:按照目前行政区划调整的原则,下级行政区划设置由上一级政府提出,如撤镇设街、撤县(市)设区等,其主要目的及依据在于适应社会管理创新的需要。同样,推动村居转型改制也是为适应城镇化发展和管理需要,而且无论村委会或居委会,都是基层社区自治组织,其自治属性并未改变,这种自治不应当包括对其村居属性的自我决定。况且,省、市就"城中村(旧村)"改造已经有成熟运作的政策平台及一整套程序机制,其整体改造改制的方案可以统筹制定且一并操作。

(二)统筹规划为先,协调推进城中村(旧村)改造与转制

由于"村改居"是一项系统工程,涉及城乡管理体制转换、集体资产改制、社区公共建设、村(居)民权益保护等一系列重要问题,其不只是换块牌子、改变农民身份,而是需要配套措施合力推进。必须按照"成熟一个,改造一个"的原则,稳妥有序地推进;"城中村(旧村)"改造也必须以规划为先导,合理有序地推进。通过政策、规划、计划的适时调控,保证改制改造符合公共利益,维护社会的公平,惠及广大居民及利益相关人。既要推动"城中村(旧村)"空间形态改造,又要推动社会形态改造和经济再造,以实现其与城市的接轨融合。抓住不同地区"城中村(旧村)"问题的特点,制定不同的改造目标和策略,采取全面拆除重建或综合整治等不同的改造方式,解决特定"城中村(旧村)"的实际问题。

在改造现有“城中村(旧村)”的同时,要防止出现新的“城中村”问题。

坚持规划管控的方针,不得借“村改居”“城中村(旧村)”改造之机突破土地利用总体规划、土地整治规划和土地利用年度计划,规范城乡建设用地增减挂钩,推进“人地挂钩”,避免片面扩增城镇建设用地规模。从规划管控的政府的视角看,为了实现城镇化的综合效益与整体布局,城中村的改造必须按照城市规划来严格管理控制。若从村民(集体)的追求看,他们为实现“以地生财”而获得更多的利益,争取改造后较高的容积率和高价值的功能。于是出现城市现有规划与村民(集体)所期待的改造方案的矛盾。付诸实施的规划方案成为平衡政府、原村集体、原村民和开发商之间利益的方式,通过不断调整规划方案和开发强度,最终要获得各方对利益分配的认可。禁止借户籍制度改革或通过“村改居”等方式非经法定征收程序将农民集体土地转为国有土地,禁止集体组织违规出让、出租集体土地开发建设。征转集体土地的慎重性甚于国有土地——不仅改变土地用途,而且涉及土地性质的改变,直接关系到土地结构和产业政策。番禺土地总面积529. 94 平方公里,集体土地总面积大约50%计260平方公里。其中,农用地 20, 881 公顷,占土地总面积的 40. 57%;建设用地23, 061 公顷,占土地总面积的44. 80%,其中经营性集体建设用地近100 平方公里。建议提请上级国土部门制定“村改居”的集体土地(含宅基地)分类使用和登记管理办法,给予改制社区原村民一定的政策优惠或过渡政策,解决原村民“居者有其屋”问题。番禺已由区村规办牵头开展村庄规划编制工作,其在各村现有建设用地规模总量不变的前提下,拟通过盘活存量低效用地、腾挪置换用地规模等方式,调整优化各村社建设用地规模布局和结构,调出的建设用地规模可用于农民公寓、留用地项目及社区公益设施建设,提高村社集体建设用地经济和社会效益。

(三)推动街镇部分职能转换,去除其包揽一切的社会负担

治理重构社会秩序,意味着政府让渡部分社会管理空间。所谓让渡,就是让公民、社区组织和企事业单位在面对自身的各种权益时,拥有相对独立的诉求和制度化表达形式,政府的责任就是构筑不同群体之间对话、协谈、博弈的公共平台,让他们平等有序地开展对话与协作,从而提升社会自治能力。[①] 治理不可能依赖单一、纵向权力来实现,政府不能仅通过自身行动包揽一切被认为是

① 蔡禾:《从统治到治理:中国城市化过程中的大城市社会管理》,载《公共行政评论》2012 年第 6 期。

政府职责范围的事情，而要建立起多元、横向的权力网络，让更多的主体参与治理，其中包括私人机构，并在多元主体之间建立起制度化的合作关系，从而促进公共产品供给资源的广泛动员，实现公共产品供给渠道的多元化，实现公共产品供给的高效和公平。

1. 推动政府职能社会化。资金短缺及保障压力是“村改居”普遍面临的现实难题，既往村社经济负担沉重，若城乡社区建设完全接轨，大部分转制社区难以为继，政府承接需要强大的财政实力。在城镇化“村改居”过程及改制社区，政府及居委会担负社区繁重的公共管理职能，若要减轻资金压力，必须适当弱化政府包揽性特征，强化公共服务保障体系建设，推动政府职能社会化——把政府不该包揽也无法做好的事务交给社会，借助市场和社会力量完成，或通过政府购买公共服务，探索将社区公共服务产品供给与生产经营的分开和连接机制，规范政府购买服务的方式并健全其机制。一要政府职能市场化。“村改居”过程把社区公共服务从既往政府包揽的社会福利体制中分离出来，使之成为第三产业部分；或者建立准公用品的“使用者付费”制度，通过经营性与服务性相结合的办法解决经费投入不足的问题。把社区部分公共服务推向市场，逐步建立以社会效益为主、兼顾经济效益的社区服务产业化发展机制。二要积极培育社区非政府组织。通过发展社会力量承接政府部分转移的公共事务管理职能，减轻政府对村居转型的负担。三要进行投入机制创新，拓宽资金吸纳渠道。待转制社区目前的建设资金主要依靠集体经济收益，城市化改制后则要依靠政府负担，但其投入机制和资金吸纳渠道不能过于狭窄，否则会造成社区建设资金保障单一且不稳定，因而必须对社区建设的投入机制和资金渠道进行拓展。一方面，逐渐加大对城镇化社区的财政投入；另一方面，开辟财政之外的资金来源，充分运用各种社区资源，如鼓励社会捐赠、组织社区共建、运用市场力量等。改革创新社区投融资体制，增加投融资渠道，引导各类投资主体参与社区建设，但也要使其有利可图。

2. 理顺政府与社区的职责关系。首先，明确公共管理主体及其费用来源。“村改居”后的社区居委会必须加强社区建设，改制后原农村基础设施建设和管理应纳入市政统一管理范围。但由于这些费用过于庞大，政府财政不可能立刻承担全部管护经费。因而在“村改居”的实践中，为使“村改居”平稳过渡、减轻政府负担，可先维持社会公共事务的管理主体、管理范围和资金投入渠道不变，社区建设和管理经费大部分仍要从村级集体经济或集体股收益中支付；同时，尽快制订明确的计划，逐步加大公共财政对公共服务的投入，减轻集体经济组织的负担，直至完全脱离对集体经济的依赖，使集体经济组织真正成为独立自主的市场经济主体。其次，逐步理顺集体经济组织和村委会的关系，提高“农转居”人员城镇居民待遇，完善就业服务体系，为“村改居”创造制度和政策环境。

3. 规范有序地实现村居转型。“村改居”过程应把原村委会的责、权、利顺利过渡到社区居委会，以加强新社区的承接管理。针对现存的体制问题，应着眼于三方面的考虑：一是理顺城市化社区管理体制。建立适应新社区治理需求的“两委”（社区党支委与居委）工作机制，明确社区“两委”的职责是管理社区、服务居民，不再承担经济管理职能；妥善解决基层组织名称变更及相关手续衔接等工作，避免出现“村委会”已经不存在，有些部门或社会组织只认“村委会”公章的现象。二是提供社区管理经费保障。制定政府对“村改居”财政投入的规划，财政部门要将“村改居”工作经费纳入年度预算，在“村改居”完成改制后，逐步加大投入力度，最终形成“财政为主，社区补充，社会融通”的常态机制；推进社区物业市场化管理，可借鉴江浙、厦门、深圳等地区成功的“村改居”社区建设经验，社区组建物管会并推行物业市场化管理，按规定标准向商家用户、居民收取一定的服务费，以“收”抵“支”，补充财政负担。三是加强社区干部队伍建设。“村改居”社区党组织、居委会及其他公共服务组织的职数配备、成员补贴待遇等，全区应统一标准，经费悉由财政负担；加强对“村改居”社区工作人员的业务培训教育，提高其社区工作意识与素质，确保“村改居”后社区工作者按新要求、新标准正常开展各项工作。

（四）积极稳妥处置农村集体资产，优化集体资产管理机制

首先，“村改居”过程中集体资产的处置，应当坚持“促进集体经济发展，有利社区建设管理，保障群众基本权益”的原则，构建产权清晰、运作规范、利益协调的社区集体经济管理体制。建议统一部署改制步骤：一是清产核资。应当以集体经济组织（若有两级经济的，经联社与经济社分开）为单位，以账面价值为基础，以产权明晰为主旨，全面核实资产、负债和所有者权益，界定权属及产权变动情况。二是量化资产。按照“依据法律，尊重历史，实事求是”的原则界定产权人资格及其变动情况。成员资格界定必须张榜公布接受社员群众监督，经成员代表会议确认。三是转型发展。政府从保障村（居）民长远生计和有利于社区转型的角度合理筹划“村改居”社区发展。譬如，（1）建立转居村民保障储备金——将集体资产中流动资金剥离出来，建立村民保障储备金，用于支付村民“土地换社保”或教育、医保等保障性支出。（2）完善股份合作制——将集体资产中固定资产作为总股本金充实股份合作组织，作为“村改居”后原集体经济的载体，若设有集体股的明确集体股和个人股比例，未设集体股的则按规定提

出公积金公益金，确保村社的正常开支、公共建设开支、社会保障开支和股（村、居）民的个人收益。（3）引入现代企业制度。股份合作组织要以现代公司制为标向，逐步完善股本结构及法人治理结构，设立股东代表大会、董事会、监事会、经理层等管理组织，并以市场化运作开展经营活动，在政策优惠期满平稳过渡到完全公司化运作。（4）做好相应的政策扶持。针对少数村社出现土地全部被征、人员全部转居、集体资产为负数且无发展空间的现状，建议政府组织力量追偿拖欠、占用的集体资产并变现；协调相关金融单位，核减其债务，并协调征地开发单位适当承担村级债务或纳入征地成本。在可能情况下，政府应出资购买原村集体的公益性资产，既可帮助村资产变现抵债，又可转补为对以后社区建设的投入。

其次，按照依法、规范、民主、合理、公开的原则，切实做好清产核资、资产量化、股权设置、股权界定、治理结构完善及经营发展转型等工作，推动社区集体资产管理改制创新，逐步建立起政企分开、产权清晰、运作规范、利益协调的社区型合作经济新机制。根据一些地方的探索经验，"村改居"集体资产处置应以明晰产权为主旨，以集体资产公司制改造为主要形式，实施综合配套改革，具体可采用股份有限公司、股份合作企业或集体资产经营公司等多种模式进行。各种模式的相同点在于把资产等额分成若干股份，交由原村民股东（代表）持有，持有股份是参与企业表决或管理的先决条件，而表决权也与持股数相关联。无论是股份有限公司还是股份合作企业或集体资产经营公司，其组织管理体系均由股东代表大会、董事会、监事会和经理人机构组成，实行所有权和经营管理权的分离，决策权、执行权和监督权职能独立的原则，实现政企分开、政资分开，使公司成为自主经营、自负盈亏、自我约束、自我发展的法人实体和市场主体。集体资产公司化运作，应将发展方向定位于第二、三产业，如此不仅可以为转居农民解决就业和收入来源问题提供载体，而且转居农民以股东身份参与公司经营活动，能够培养造就其现代城市文明的思维方式、生活方式、民主意识等。严格执行资产评估与产权界定制度，防止资产流失。

最后，政府杜绝对社区（集体）企业不必要的干预。社区股份合作组织真正走向企业化运作需要克服"以政代企"的外部障碍。政府对企业自主权干预太多，除了计划管理体制的影响之外，主要还是社会体制改革迟缓所致。集体资产管理与国有资产管理最大的区别在于：国有资产管理主体是政府国资管理部门，是一种直接管理；而集体资产管理主体是社区集体经济组织，监督机构对集体资产管理只是业务指导，是一种外部监督方式。虽然社区集体经济组织基本上已转制为股份合作制企业，运行体制逐步适应市场经济体制要求，但作为基层政府对社区企业的监管体制并未完全转变,若沿袭计划经济管控模式过多地干预社区企业自主权,甚至处决其命运——某些地方(如近年广东中山)政府对村社集体企业不搞深化股份制产权改革,而力主推动村社通过拍卖处置集体企业资产、简单了结社区分配等矛盾,这可能是当局缺乏科学评估、不计后果的轻率盲动之举。

(五)协调"城中村(旧村)"改造与"村改居"利益保障的关键在于完善土地收益分配机制

1. 改变现行征地收益分配格局,使土地增值充分反哺失地转居农民,确保其财产利益。新型城镇化首要强调人的城市化,倘若失地农民相应的社会保障未能跟进,使其既丧失土地负载的社会保障,又无法享受与城镇居民同等的社会保障权利,转居农民就难以顺利地实现市民化。这对城乡要素流动、引导农业人口转移和激发社区活力形成制约,最终阻碍城镇化进程。城乡二元结构土地制度的最大问题是城镇化进程中土地收益分配问题。政府与农民(集体)在土地增值收益分配上的不公平源于土地产权制度安排的缺陷。因此,应积极探索集体土地制度特别是集体建设用地使用权改革。政府应结合城镇化规划将失地农民社会保障纳入资金安排机制予以统筹考虑。摒弃过去"涨价归公"的传统观念,坚持以人为本、地利共享,促进转居农民就业和生活方式的转变,建立合理的土地增值收益共享机制,使土地增值收益主要用于土地征转及开发成本、土地占补平衡投入、促进转居农民就业、社会保障和公共服务所必需的投入。

2. 改革土地再开发收益分配制度,建立多方利益共享的平衡机制,有助于缓解土地再开发的利益博弈及社会矛盾冲突。通过土地收益分配制度改革,将政府来自"城中村"土地再开发收益从依赖出让转变为增值为主,从经济上激励政府职能的转变。鼓励"城中村"改造集体以土地使用权作价入股,实现土地收益的公平分配;鼓励社区原产权人与开发商形成利益共同体,原产权人以拥有的房地产作价入股,开发商按股分配土地开发增值收益。当然,唯有根本改变政府主导的土地收益模式,才可扭转政府企业化倾向,解决其在土地再开发中过度追逐经济利益的问题。若从土地制度配套改革视角看,通过改变房地产税制、减少地方政府对土地出让的依赖转变政府的用地行为,利于降低土地再开发成本,抑制投机,扩大地方政府税源,缓解城市土地再开发的矛盾与冲突。

3. 城中村(旧村)改造能否顺畅的关键在于利害关系人的利益能否得到尊

重和依法保障,特别是集体土地权属及增值利益的妥善处置。集体土地是转居农民(集体)最重要的财产,无论如何都不能无偿转为国有土地。征收集体土地应严格依法定条件和程序进行,给予转居农民以足额的补偿及与城镇居民同等的社会保障。首先,城镇规划区包括“城中村”的集体土地可依法征转为国有,实行“转权让利”非农建设用地有偿使用制度——政府将集体土地征转出让金大部分返补给农民集体(如深圳近年“城市更新”对集体用地的政策安排80%给村集体,广州三旧改造政策也要求60%给村集体)。对于纯公益建设项目,政府可按原用途适当补偿;对于属于经营性项目用地征收按市场地价比例返补农民集体,国家可以税收形式与村社集体分享土地收益。其次,对于城镇规划区以外的非农建设用地,可实行集体土地有偿使用制度——在集体所有制性质不变的前提下,由使用者向所有者交纳土地使用费的制度。土地使用费征收标准由土地管理部门统一规定,由农民集体专户存储,用于集体经营、公益事业和公共福利。实行有偿使用的集体非农建设用地,在本集体内部流转的,可不征为国有而进行使用权变更登记;向本集体以外流转的,由新的用地者按“转权让利”程序办理国家征地、出让手续;农民集体以集体土地资产联营、入股用于非农业建设的,报批后可不征为国有,但集体土地股份不得转让。在明晰产权、规范管理的前提下,允许集体非农建设用地依法流转。城市土地总规内用地规模范围的旧村庄改造,可由村社申请将集体建设用地改为国有建设用地后,与外来投资者进行合作开发。旧村改造原则上自求平衡,规划用地范围内符合规划设计条件的多余地产收益,全部返还村社发展集体经济或解决历史遗留问题。节余土地可由政府收储或挂牌出让再开发,其收益全部用于农民社会保障。由此建议:鼓励集体土地流转,将零散土地整合开发;鼓励捆绑开发,实现规模化改造——对土地权属发生改变的捆绑改造项目,政府与开发商通过协议方式,减少土地出让金和其他相关费用,并通过土地收益一定比例支付拆迁补偿,免缴集体建设用地使用权流转基础设施配套费和下调土地确权的事业性收费,或充分利用现有改造专项基金,适当提高补偿标准,降低拆迁难度。

总之,国家作为土地管理者,享有土地开发权及税费收益,但必须对土地增值收益进行公正的分配。首先,要合理安排土地财政,有效提供市政基础设施、环境卫生等公共物品,让被改造者享受到改造带来的积极效益。其次,对于集体建设用地自主流转的收益,基于“谁所有,谁受益”的原则进行分配。由于政府并非集体土地所有者,其作为管理者、服务者及公共设施的提供者,不直接参与流转收益分配。最后,建立合理的征地拆迁安置补偿机制。尊重市场规律,采用第三方评估,合理确定补偿标准征地区片价,充分体现土地及房屋的市场价值,提高补偿质量,保障公平公正,预防对弱势群体的伤害和拆迁冲突。土地增值收益分配应当保障个体利益,尝试"以土地换社保"的经验,利用集体土地收益充实失地农民社保基金,辅之以制度完善,体现失地农民长远生计保障。譬如,广州近年"三旧"改造注重多目标互惠共利,合理分配土地收益;东莞探索集体土地"统筹开发、利益共享"模式,土地增值收益分配应向农民倾斜。这些已被实践证明行之有效,值得番禺推进旧村(城中村)改造借鉴。

(六)夯实基层组织建设,规范治理体制和多元共治机制

1. 完善社区组织建设与基层民主法治保障。"安定有序"是和谐社会的内涵之一,实现农村社会稳定是党的农村工作重要目标。历史经验证明,农村社会矛盾积累到一定程度,必将危及政权的社会根基。因此,加强和改善党对基层组织的领导,培育社区组织并明确其职能,是促进社区和谐稳定、实现多元共治的前提。鉴于国家鲜有关于村社治理完备的法律规制,地方必须切实补充其实体性和程序性规制。制度建设应围绕民主选举、民主决策、民主管理、民主监督进行,既要由省市完善村社治理的实体立法,又要由县区完善落实"四个民主"的程序保障机制。通过加强基层组织建设与民主法治,促使社区治理工作的制度化规范化。选举是基层民主法治重点,也是普遍关注的焦点与矛盾根源,基层选举直接影响村社治理体系的构造。当然,也要兼顾到其他方面的制度建设,坚持依法治理,规制村社干部权限;加强依法监管,健全村(社)务公开制度,保障群众知情参与权和监督权;完善社区自治章程和村规民约,依法解决影响社区稳定的根源问题。完善社区村(居)民自治机制,不仅要明确社区自治组织的职责,还要完善其自治事务的办理机制。重在培育社区参与精神,拓展合作治理的渠道,完善参与形式和内容。社区参与注重建构社区组织并引导其有序参与,为社区民间组织参与提供相应的帮助指导与激励支持。

2. 改善社区党组织领导工作机制。城市化导致"单位"功能逐步转移到社区,居民与社区关系越来越密切,也对党领导社区管理提出新要求。同时,由于社区党组织与社区居民、各组织之间没有行政或经济关联,不能使用强制手段进行管控。在"小政府,大社会"的背景下,党要继续保持领导地位,势必进行领导方式改革创新。要根本打破"党组织—单位—单位人"的传统格局,社区党组织应找准定位,凸显服务把关职责,保障社区群众根本利益,维护社区和谐稳定。为适应社区建设治理的现实需要,发挥党组织的政治保证优势:一要充分利用党组织的政治功能,建立维护各方利益的监督协调和保障机制,化解矛盾,

让社区居民共享改革发展成果,促进社区和谐发展。二要发挥党组织的渗透功能。城乡社区党建工作应与时俱进,积极发挥其引导、监管社区网格化管理的主体作用,注重在服务中参与,在参与中监督。三要使城乡社区党组织转变领导方式,改进工作方法,强化服务职能。集体经济产权改制促使社区党组织支持集体企业依法自主经营,而股份合作组织新型民主决策管理体制和运行机制根本改变了原农村党支部直接支配人、财、物的领导方式,代之以支持、协调、指导和服务,党组织也要塑造新形象、树立威信,要从源头上消除违背群众普遍意愿随意处置集体资产的条件,消除因利益处理不当而引发的不安定因素。

3. 厘清基本治理主体的地位及职能,形成"善治"的组织架构。首先,出台规范文件明确各治理主体的职能,承认非政府治理主体的地位和作用,从而为多元治理主体的合理互动提供依据。其次,平衡各治理主体间的资源分配。多元治理主体之间良性互动关系要求资源分配平衡以保持各自的独立地位,通过规范确认保障其运作的有效性,避免相互控制和交易失范,实现资源的合理流动和良性互补。这就需要政府对多元治理主体一视同仁,设法平衡各种资源在各治理主体之间的分布,创造平等合作的条件。最后,要规范监管体制和协作机制。重在健全规章制度,完善激励措施,明确职能,规范工作,理顺社区各组织之间的关系,创造合作治理的基础条件。善治的本质在于政府与公民对公共生活的合作管理,是政治国家与市民社会的一种新颖关系,也是两者的最佳状态。[①] 推进新型社区管理体制创新,其实质要求厘清社区党组织、集体经济组织、社区自治组织及其他社会组织在新型社区治理中的关系,构建起多元合作的"善治"架构,即社区党组织是新型社区管理的领导核心,集体经济组织是新型社区管理的重要利益相关方和参与主体,社区自治组织则是新型社区管理的主体,其他社会组织是新型社区管理的重要"协同"力量。

4. 完善社区自治主体参与机制。(1)鉴于居民利益社区化,即要强化居民与社区之间的利益关切度,使居民产生参与社区事务的愿望,逐步将单位的服务功能向社区转移,特别是政治、福利、保障功能等,使居民工作之外的其他利益关系能在社区得到体现。(2)鉴于社区自治制度化,一要加强建章立制,使居民参与社区活动有章可依;二要规范参与程序,不同的社区结合其实际制定相应的参与程序,使居民议事、做事、提议一目了然;三要推行社区事务公开化,社区事务的决策情况、实施情况、存在问题等要及时向居民公布,便于居民民主监督。(3)鉴于居民参与组织化,积极拓宽居民参与途径,如通过"业主管理委员

---

① 俞可平:《治理和善治引论》,载《马克思主义与现实》1999 年第 5 期。

会”“社区事务咨询委员会”等机构,让居民表达其对社区建设的诉求和建议,加强对公共决策的支持和合作;通过组织社区娱乐设施及文化活动丰富居民精神生活,陶冶情操,增进社区交流。完善社区自治主体参与机制重在抓两个方面:一是健全社区自治体系。在原有社区自治体制的基础上,完善社区议事协商委员会,培育社区社会组织,增设社区监督委员会,形成“议事(社区协商议事组织)—决策(社区居民代表大会)—执行(社区居委会)—协助(社区社会组织)—监督(社区监督委员会)”的社区自治体系。二是要积极培育社区组织,为居民参与提供载体条件。社区组织作为非正式组织,相对于行政组织和企事业单位而言,在社区建设化解矛盾障碍、形成合力方面有独特的作用。以社区组织为载体,组织社区成员共同参与活动,可为居民参与提供多种渠道和载体条件,有效地加强社区成员间、不同群体间以及代际交流和合作;还可通过建立社区服务志愿者队伍,加大社区人力资源开发的力度,培育居民的社区奉献精神。

5. 优化自治体内在结构和健全配套制度。城镇化转制或农村新社区作为衔接政府与居(村)民的载体,是居(村)民自治管理与服务的平台。增强社区自治功能是实现有效治理的必然要求。一要厘清社区自治体内在结构。在社区党组织领导下完善社区议事决策与执行相分离的工作机制。居(村)民会议或居(村)民代表会议、居(村)民议事会和居(村)民委员会要准确定位,各司其职,形成社区治理合力。居(村)民会议或居(村)民代表会议是社区成员参与民主选举、民主管理、民主决策、民主监督,依法实现自治的权力机构。居民议事会是居(村)民会议或居(村)民代表会议授权的社区自治的常设议事决策监督机构。居(村)民委员会执行居(村)民会议或居(村)民代表会议的决议以及居民议事会在授权范围内的决议,向居(村)民会议或居民代表会议、居(村)民议事会负责,接受其监督。二要健全社区居(村)民自治的配套制度。推进新农村社区居(村)民自治的制度化、规范化。健全居(村)民会议或居(村)民代表会议制度、居民议事监督制度、议事规则、社区听证制度,规范社区民主决策程序,健全社区工作规范,完善居(村)委会工作制度、会议制度、突发事件处置应急预案,提高民主管理水平;健全民意表达机制,推行民情信箱、民情日记、民情联络员、民情恳谈会等工作方法,建立定期走访联系群众制度、居(村)委会成员包片联户制度,畅通民意诉求渠道;完善居(村)务公开制度、民主评议制度和居(村)委会工作报告制度等。

6. 完善建章立制,源头治理基层腐败。社区集体资产与财务监管的规范化制度化,重在完善基层民主决策与民主监督机制,涉及财务公开、民主理财、资金管理、合同管理、债权债务管理、资产台账、资产处置、票据管理、会计档案管理、财务开支审批、干部经济考核及离任审计、薪酬标准等一系列制度建设。通过完善规制体系,增强村社民主决策与监管程序的严谨性,促进"两委""三会"权力制衡与良性运行。制度建设涵盖村(社)务管理和村(社)务监督两个基本范畴。在村(社)务管理方面,出台村社事务议事决策规则,明确议事决策程序,凡涉及村集体或村民利益的重大事项,必须履行"提议—海议—决议—公布—执行—监督"等民主议事与决策程序,保障决策民主性和阳光性。针对基层腐败多发易发的集体经济管理领域,进一步明细"三资"管理及交易的程序规范,确保"两平台"(集体资产管理交易平台和财务监管平台)常态化运行,重在完善集体经济组织与"三资"监管细则,完善"两平台"规范运行机制。在村务监督方面,明确村(社)务监督委员会的工作机制,促进村(社)务监督的常态化。为促进村社建章立制,组织拟订"三资"管理与交易、财务管理、民主议事管理、合同管理、公章管理等规制范本,全面指导村社修改完善村规民约,既使常规措施以村规民约的形式固定下来,也可通过村规民约促使授权部门、镇街落实监管措施。完善村社组织民主自治机制——按照"一般事项领导班子集体商议决定,重大事项社员民主讨论决定"的原则,全面贯彻民主决策制度:一般事项由集体组织领导班子(党组织和理事会)集体商议,重大事项广泛征求组织成员意见,经集体组织领导班子(党组织和理事会)、监事会集体商议,再提交民主表决,并将决议和实施结果及时公布,逐级上报备案(经济社报备经联社,经联社报备街镇)。完善集体经济内部治理机制,组织章程要明确成员大会、成员代表会议、社委会(理事会)、社长(理事长)和民主理财监督小组(监事会)的职责及制衡工作机制,更应强化自律性约束监督机制——明确理事长及理事会成员违反民主决策与管理原则、实施违法违规行为应承担的责任,列明自动停职的条款及确认程序与补选程序等。

(七)强化统筹城乡社区建设治理与公共服务保障

政府公共服务是社区治理的重要内容,政府担当主导责任——组织引导社区服务管理、兴建基础设施并鼓励引入市场或非政府机制。探索财政投入、社会支持、费随事转、有偿服务等多元筹措社区建设经费的渠道,构建以财政投入为主、社区组织自筹和社会捐助相结合的多元投入机制。尽管政府投入是主导、是先导,也要树立公共财政的理念。构建城乡社区多元治理机制及达到善治目标,加大社区财政投入,使各项改制措施落实到位。建立从省、市到县级财政的社区建设专项预算,使社区建设投入拥有相对稳定的来源,并激励市县财政投入。故此,首先要建立社区服务发展的财政保障体系;落实扶持社区服务政策;促进社区公共服务机构改革和基础建设。其次,大力扶持民间组织参与社区服务,提供政策帮助和政府购买服务资金。最后,鼓励各类企业提供社区公共服务产品,政府从税收方面给予优惠,或根据其服务内容给予财政补贴。通过多渠道建立社区建设发展基金,即提供有效的公共物品和公共服务供给保障机制。保障农村社区公共服务供给是城乡基本公共服务均等化的基点。公共服务供给不足是农村社区民生问题凸显的重要原因。解决问题的根本在于转变机制。要构建多样化的社区公共服务供给体制,引入民间力量和多种主体参与公共服务的供给,实现公共服务的分类供给和多元供给。新农村社区的公共服务,有的政府可以购买,有的政府可以参与,有的服务项目可以通过多元化经营实现,如民营、承包等方式,这就需要构建新的体制机制、制定新的运行规则。首先,要转变政府社会管理的理念,强化政府公共服务的职能,发挥政府在公共服务供给中的组织、召集和指导作用。其次,要形成公共服务供给的多元化主体。公共服务的供给不能把大量的社会资源排斥在外,政府绝非公共服务的单一提供者,要利用多种社会力量(社团组织)参与公共服务,供给优质的公共产品。最后,公共服务提供者要创新公共服务的供给方式。鼓励社会组织通过政府资助、购买的方式参与公共服务和社区管理。

1. 结合户籍制度改革推进城乡公共服务均等化。把当前户籍制度改革与就业、教育、医疗、养老、住房等各项社会福利制度改革相衔接,积极推进与户籍挂钩的配套制度改革,在消除城乡二元结构的体制性障碍方面率先突破。对计生、低保、社保、教育特别是农地承包和集体收益分配等与户籍改革相关的政策进行全面清理,并制定相应的过渡性措施。逐步缩小城乡基本公共服务的差距。加大农村社区基本公共服务投入,取消户籍差别,实行统一政策标准。在推进城乡统筹方面,尽可能做到各区域协调发展,避免区域间的差距悬殊。为此,必须加大政府对落后区域(贫穷村社)的财政转移支付力度和其他政策支持。把城镇基本公共服务向与城镇连片区域的农村(城中村)延伸——将城镇市政管辖的给排水、供电、交通、电视网络以及垃圾处理等设施延伸到“城中村”和已经与城镇连片的农村,使城镇公共服务扩展到有条件步入城镇化进程的农村地区;城镇的教育、医疗卫生、社保等网络尽快地覆盖这些地区。

2. 完善公共服务体制与社区服务保障体系。政府应把提供“低水平、广覆盖、均等化”的基本公共服务作为政府基本职责。镇街公共服务决策首先定位于社区需求,着力改善辖区内与居民生产生活相关的基础设施建设,把安全饮水、污染治理、道路建设和清洁卫生、义务教育、社会治安、低保救助等作为政府服务的重要项目,把促进居民就业和增收作为政府工作目标。明确社区公共服务站的主要职责:管理+服务+指导+协调。其代表街镇进行社区服务管理;按照服务型政府的要求向社区提供各种便民利民无偿服务,提高社区居民的生活质量;指导村(居)委会依法开展自治活动,指导各类社区服务单位、志愿组织、民间团体依法开展活动,积极参与社区共建;协调横向和纵向两方面的关系。其具体工作包括:(1)社会事务管理;(2)社会治安与信访"维稳"工作;(3)社区人口计生与社区健康事务;(4)社区综合管理。

3. 完善城乡一体化的民生保障体制。把握当前推进"大社保"即城乡基本养老保险接轨的契机,坚持民生优先,引导集体经济组织适度调整集体资产收益分配结构,探索农村居民保障从不稳定的分红式保障向稳定的城乡统筹式社会保障转变,逐步实现城乡一体的民生保障体制。一方面,提升转居农民社保水平。征转集体土地足额安排被征地农民的社保费。在做好"大社保""新农保"的提标、扩面和转轨的基础上,积极鼓励、引导集体收益或股份分红优先为农村居民出资参保,改变农村居民"以地生财养老"的传统保障方式。另一方面,做好转居农民就业保障工作。既要建立转居农民转岗就业培训制度,引导其转变就业观念,提高自身素质,也要健全就业保障登记制度,落实再就业优惠政策。譬如,将"村改居"社区居民中处于法定劳动年龄内无业人员,均纳入民生档案并标记;将无房租收入、无经营性收入和有就业意愿的无业人员纳入镇街劳动保障管理,并将此数据纳入民生档案,以民生卡作为身份凭证记录求职登记。

4. 重视外来务工人员公共服务需求,保障其合法权益。按省、市的政策部署,逐步解决来番禺长期就业和居住的农民工户籍问题——对已有合法固定住所、稳定职业或生活来源的异地务工人员,创造条件使之逐步转为城市居民,依法享有当地居民应有的权利,承担应尽的义务。辖区政府转变观念和管理方式,将农民工纳入社区化管理;在编制城市发展规划、制定公共政策、建设公用设施等方面,统筹考虑在城市长期就业、生活居住的农民工及其子女对公共服务的需求,提高社区综合承载能力。对临时进城务工、亦工亦农、双向流动的人员,也要加强对其劳动权益的依法保护。建立辖区政府在保护农民工基本权益方面的问责机制,加强对损害农民工权益的企事业单位的法律追究。

(八)推进"政经分离"后社区治理结构优化并配套完善

统筹城乡发展综合改革是一场涉及思想观念转变、体制机制改革、利益关系调整的系统工程,涉及面广、参与部门多、政策性强。探索城乡一体化新型社区治理结构优化,首要发挥社区党组织的核心领导作用,有效实施村(居)民自治，规范理顺基层组织职能，界定党组织、自治组织、集体经济组织的权责范围，构建社区化治理新型结构。番禺已出台《关于进一步加强农村基层组织建设的意见》（番发〔2013〕20 号），据以推行村级组织“政经分离”试点。2014 年村级组织换届后，番禺过半数行政村实现了“政经分离”。下一阶段，番禺应在“政经分离”的基础上，按照“成熟一批，推进一批”的原则，稳步推进村居转型工作及村社组织“政经分离”的配套改革。

1. 建议

（1）明确社区党组织的领导核心地位。社区党组织重在发挥中国共产党对城乡社区的固本强基作用，落实上级党组织的工作任务，承担总揽全局、协调各方利益的功能，管方向性、政策性、全局性大事。社区党组织虽不直接或替代经济组织负责集体资产经营和收益分配，但可以促建“两委”决策机制，负责对村社重大事项决策及实施的监督把关，关键是党组织要统领基层社区的民主选举、提名推荐干部人选以及人事罢免等工作。

（2）推进自治组织与经济组织职能的分离。村（居）委会的基本职责是组织社区公共服务、社会管理、协助行政、村（居）民自治，不再直接参与集体经济经营活动，主管社区事务性、公益性服务工作。其领导成员由具有选民资格的村（居）民选举产生，不再由集体经济组织负责人兼任。集体经济组织民主制定集体资产经营方案，按照集体资产管理交易平台运作规制，执行经营方案及民主管理程序，确保集体资产经营收益等经济监管到位，其领导成员在社区党组织把关下由具有选举资格的股东选举产生。

（3）正确引导与合理监管社区民主自治。基层民主自治依法赋予社区居民“民主决策、民主管理”的权利，同时伴生多数人利用“自治章程”“村规民约”和民主表决的形式侵犯少数人合法权益的不良倾向。“村改居”“城中村”改制后社区居委会虽取代村委会，但不再具有经济管理职能，既有的违法“村规民约”或传统习惯被沿袭有向股份合作组织章程“转移”的趋势，必须正确引导与加强监督保护弱势股东、各类特殊群体及其他利害关系人的合法权益。

（4）完善城市化社区公共服务中心（站）。目前全区仅完成 44 个村的社区试点建设，在试点村建成农村社区一站式综合服务平台。健全社区政务服务中心（站），使之成为集民政、国土、建设、房产、工商、税收、计生、就业、低保、流动人口、综治维稳等便民服务于一体的公共服务平台，形成政府行政服务向村居社区延伸新机制，实现农村社区公共服务和社会管理向城镇化对接。部分人员可由村社党组织、村（居）委会成员兼任，其运作经费逐步由财政专项列支承担。

2. 社区治理体系结构优化策略

(1)推行“一站一居”“居站分设”体制，改善社区治理机制。社区工作站作为政府社区工作平台，行使对社区事务的组织管理职能，设有调解、治保、计生、环卫、治安、文化、服务、民政等工作组。社区群众自治组织包括居委会、居民议事会、资源共享协商会等，组织社区居民实行自治管理与自我服务。“一队三中心”建设是番禺农村社会服务管理创新的重要内容。2012 年基本完成镇街“一队三中心”的组建任务，位于广州市构建“条块结合、社群响应、纵横联动、点面辐射”的基层社会服务管理体系的前列，由此建立起便民的政务服务网络、立体的社会综治网络、专业的家庭服务网络和扁平的基层管理网络，已打造出“桥南模式”和“石壁模式”两种队伍组建机制。

(2)加快街镇职能转变，营造社区治理环境。一是考虑引入国际社会通行的社区规划师制度——社区规划师作为政府和村(居)民共同委托的规划专员，以中介(中立)身份参与政府、村(居)民和市场主体之间的协调沟通，结合正在组织编制的新一轮村庄规划，促进改造方案、规划方案的编制、调整和实施，合理规划社区，优化社区治理空间环境；在考虑人口分布、居民认同感、资源配置、区域功能等因素的基础上，按地域板块来划分社区，将相邻的城区“方块”整合为大社区。二是优化社区治理政策环境。按照坚持自治方向、循序梯度推进的原则，区分“培育早期转型改制(都市型村庄)社区、发展中期就地城市化(楼盘产业带动的城郊村)社区、完善远期演进型(传统农村)社区”三个阶段逐步推进城镇化社区建设。三是按照现代城区要求建设新社区，将其纳入城市统一的社区管理系统；同时健全各类社区组织，完善社区管理制度。

(3)强化社区服务主体意识，提升社区凝聚力。一是分类运作，实施社区服务工程。走“无偿、低偿、有偿”服务相结合的路子，从直接提供服务转变为间接提供服务，由“养人”变成“养事”，通过向社会组织购买服务等方式，分类推进社区服务多元化和市场化。二是结合社区网格化管理，突出构建社区网格化服务保障体系，成立人大代表联络站，设立“移动调解室”，开通“民声通道”热线，选出“社区民意代表”，完善常住人口、出租屋和流动人口信息系统。三是以社区文化为载体，大力发展居民自助互助服务，完善社区“一站式”综合服务体，实现“五有”，即有一个文化活动中心、有一个文艺舞台、有一个文化长廊、有一个图书阅览室、有一批健身场所。

(4)以建设特色社区为突破，探索社区治理模式。街镇组织社区开展创建特色社区活动，要求社区根据辖区的实际情况，发挥资源优势，确定一个“品牌项目”作为提升社区建设的突破口，开展“一社区一品牌”创建活动，鼓励社区在创建工作方面大胆创新。譬如,以提高居民文化素质为目标,创建学习型社区;以提升居民的道德素质为重点,创建美德社区;以和谐友爱为主题,创建温馨社区;以培育良好生活方式为落脚点,创建健康社区;以实现人与自然和谐相处为导向,创建绿色社区等。

(5)夯实社区主动维稳基础,健全矛盾化解机制。一是强化主动维稳体制,构建社区治安综合服务体系。街镇建立人民调解与司法调解、行政调解、仲裁相结合的"大调解"工作机制,并在各社区成立治安队和义务巡逻队,结合社区网格化管理,完善出租屋和流动人口信息系统。二是健全有效的利益协调机制、诉求表达机制、矛盾调处机制和权益保障机制,积极化解各种社区矛盾;拓宽社情民意表达渠道,通过各种途径、方法,将政策向社会公开,使群众就其关切度高的社会政策有充分的民意表达,确保其知情权、监督权。三是健全社会舆情汇集和分析机制,结合村社派驻法律顾问制度,完善矛盾纠纷排查调处机制,建立党政主导的群众维权机制,实现人民调解、行政调解、司法调解有机结合,更多采用调解方法,综合运用法律、政策、经济、行政等手段和教育、协商、疏导等办法,把矛盾化解在基层、解决在萌芽状态。

(九)消除村居转型之制度障碍暨优化城乡接轨之政策环境

1. 加快推进体制转轨创新,促进城乡一体化,即要加快城镇化接轨,体制机制创新是根本。因而要从体制层面革除障碍因素,为改制社区与城市接轨提供基础保障。

(1)规划建设体制。严格按照市府统一规划进行开发建设,加强街道及社区对改造开发的参与度,避免开发商片面强调容积率,对公用设施的建设进行规避。原由村镇负责建设和管理的基础设施,及时划归市、区两级主管部门统一安排建设和养护,并明晰产权;接收单位对接收物经价值评估后给予原村社集体组织一定的经济补偿,避免出现管理上的脱节和增加街道、社区的负担。

(2)行政管理体制。恢复街道建成区作为人口聚落和工商贸聚集地的形象,巩固其作为区域政治、经济、文化、交通中心的特殊地位。按照政企分开原则,淡化原镇政府的管控职能,强化区政府派出机构的执行职能。改革对基层干部的考核办法,不再沿用农村标准考核新设街道和社区,按照城区干部标准落实原镇、村干部的待遇;新社区管理要纳入城区统一管理,不再沿用城区与乡村两套体制。

(3)基层财政体制。新旧街居财政体制农村化,正是诸多工作无法接轨城区而造成"新旧"街居"两张皮"的症结所在。在将集体经济与街道、社区剥离依附关系的同时,要使新街道财政体制逐步向城区财政体制过渡。当前,首先要明确公共管理主体及其经费保障。“村改居”社区居委会必须加强社区建设,改制后原农村的基础设施建设和管理应纳入市政统一管理范围。但由于其费用过于庞大,政府财政不可能立即承担全部承接。因此,为使“村改居”平稳过渡、减轻政府负担,可先维持社会公共事务的管理主体、管理范围和资金投入渠道不变,社区建设和管理经费大部分仍然要从村级集体经济和集体股收益中支付。同时,制订明确的计划,逐步加大公共财政对公共服务的投入,减轻集体经济组织的负担,直至完全脱离对集体经济的依赖,使集体经济组织真正成为独立自主的市场经济主体。

(4)基层组织体制。首先是按照城区街道和社区要求,改革基层组织机构,并明确其职能划分。区政府职能部门应向街道派驻办事机构,方便群众办事,公安、卫生、民政等重要窗口部门派员进驻社区。社区股份合作社有条件的设立党组织,接受街道党工委的领导,允许其成员加入社区党组织,便于其参与社区活动。外来人口接受居住地社区党组织领导,并逐步提高社区建设要求。

2. 制定完善有利于接轨的政策,营造改制平稳过渡的环境

(1)制定与农转居相应的社保衔接性政策。对符合规定条件的原农保对象直接衔接,将原农村养老保险与城镇居民养老保险并轨,两者合并计算,差额部分经测算可由集体经济组织或个人予以补足。在同城同待遇的原则下,对失业、医保、低保、社会救济等也要尽快对接,在不违背国家政策的同时,使农民享受与城市居民同等的待遇。其资金由政府补贴和集体提留解决,具体政策要明确,避免加重村民负担,同时又要兼顾公平。当前针对失地农民的养老保障政策(俗称土保)只是一个过渡,应结合市统一政策调整,尽快制定日程表,实现土保与城镇居民养老保障对接,实现同城同待遇。另外,探索政府保障与商业保险相结合的社保模式,鼓励富裕的被征地人员参加商业保险,只要坚持投保至退养,政府给予一定的补贴。对于当前“土保”的个人缴纳部分,应由商业保险公司进行运作;政府补贴部分由政府管理部门运作。可积极探索社会保障基金由商业保险公司运作,形成政府调节与商业运作相结合的社会保障基金运作模式。

(2)为村居转型社区建设和管理明晰接轨政策“一本账”。鉴于省、市乃至番禺区域不同时期出台的有关村改居或村社治理的政策存在一定差异性,并且政策调整幅度较大,某些还缺乏延续性和一致性,可能造成区属有关职能部门以及镇街、村社等均难以准确理解把握相关政策尺度和办理流程,进而导致村居转型改造过程存在审批流程烦琐复杂、执行标准不统一等问题。需要对不同

时期各级政府或部门相关政策进行梳理和集成。基于此,区分需要保留延续的政策与已经反复修订的政策以及某些方面的政策空缺,明晰协调一致、持续可行的政策支持体系。明晰既定或拟订的政策涵盖众多的部门领域及环节,如原房屋和土地的确权、违章建筑处理、宅基地管理、集体经济管理和分配资格确认、拆迁补偿安置、改造资金筹措、村民就业创业,以及鼓励投资开发商介入的相关政策。这些政策的核心是要处理好村(居)民的现实利益和长远生计,平衡好政府、村(居)民、村社集体和开发商等各方面的利益关系。

3. 加强社区股份制深化改革的政策指导

现阶段,社区股份合作经济主要是政策型经济,由于法律法规对其调整规制滞后,主要依靠地方政策的积极引导和扶持。可采用的对策措施如下:

(1)部署社区股份合作组织改制,探索向开放式股份制企业至公司化发展。当前,社区股份制改革大多处于存量折股型阶段,仍属于社区封闭的内部股份制。随着经济社会的发展,必然出现一批资产收益较好、经营者具有较高经营管理水平的股份合作社,它们在深化股改条件成熟以后,不再承担相应的社会管理事务,专注于发展社区集体经济。为更好地发展壮大股份合作经济,可通过增量扩股形式,将部分或全部股权向社会开放,逐渐演变成为真正的企业,条件成熟的尝试向公司化转变。然而,诸因素影响下的城乡不同区域之间股份合作制模式及内容不尽相同。虽然珠三角等地股份制改革大都是在政府指导下、按照政府意图及统一部署方案进行的,但政府指导毕竟不具有强制性,要以尊重社区群众的自主选择为原则。换言之,政府仅可提供示范性的原则方案或制度框架。相对于既往实践中少数"一步式"公司化改制策略,渐进式改造可能更符合转制社区股份合作组织实际。逐步建立公司法人治理机制,股东们在"股份合作制"框架内,借鉴公司法的法人治理机制进行制度完善,同"一步式"公司化改造一样能达到确立"产权清晰、权责明确、民主监督、管理科学"的现代企业制度之改制目标。

(2)转制社区全面实行"政经(社)分离",解除股份合作组织社会负担,使之成为自主经营、自负盈亏的市场主体。目前,转制社区股份合作组织身份具有两个显著特征:一是脱胎于原农村集体经济组织,兼管集体福利的社会职能,社会管理与企业管理行为容易发生混同;二是除执行营利性经济职能外,还承担转制社区本由政府承担的社会福利、公共管理的职能。在政府仍要求社区企业承担"企业办社会"义务,社区企业仍需要承担分红以外的社会负担的条件下,贸然进行公司化改制是不可取的。保护转制社区居民特殊利益,尊重他们的自主选择,是推行"公司化"改制的根本前提。

(3)对转制社区集体经济组织在税收上给予特殊政策,根据公共财政承担社区建设的程度确定其税负水平。在公共财政尚未承担社区公共建设的情况下,应对集体经济组织实行税收减免或返还政策,税负水平可参照既往农业税(不超过收入的5%)。若对经营非农项目达到一定规模或比例的股份合作组织以集体资产出资设立控股的"有限责任公司",在解决市场化经营中可能遇到的法人地位问题的同时,在政策上为村(居)民"有限责任公司"提供一个税收减免过渡期,在公共财政承担社区公共支出之前,将该类公司的税负控制在集体资产经营收入的5%以下,与过去农业税大致相当。

(4)规范股份合作社的收益分配。股份合作社是社区集体经济的新型组织载体,其收益分配应严格按照股份制章程执行。对当年收益较多的股份合作社,要妥善处理好积累与分配的关系,除按比例提取公积公益金外,还要适当提取任意公积金用于下一年度以丰补歉,剩余收益则可用作股东分红。对当年收益少的股份合作社,一般不实施分红,其收入转入公积公益金,待后有一定收益时再实施分红。同时,对股份合作社的分红严格限定于经营性净收益,政府、社会及企业的专项奖励或补助资金,不得作为集体收益用于股东分红。对违规的分红行为,主管部门应及时制止和纠正并追究责任。正常情况下,股东按其股份额享受分红,但在下列特殊情形下,可在一定时期内限制其股份分红,计入股份合作社公积金:一是对违反计生政策超生子女或不够间隔生育的股东,按规定处理完毕后,一定年限内不能享受分红。二是股东违反计生政策属超生而具有配股权的子女,须按有关规定处理完结并购买股权后才能享受分红。三是对涉劳教、服刑、强制戒毒案处理期间股东的身份保留及分红处理。另外,也要妥善处理各项集体福利矛盾。实施社区股份制后,原"大锅饭"的集体福利原则上应予取消,特别是那些应由社区成员承担的费用,避免造成分配不公。对于困难社员群众的补助、新型合作医疗参保补助等事项,应作为集体公益事业在分红前列支;对于助学、服兵役等具有正面导向作用的奖励事项,可由股东代表会议确定;对于老年人的劳保福利,可与股份分红相捆绑,若确实取消不了老年人的劳保福利,则可考虑对符合一定条件的老年人适当增设"老年福利股"。

(5)完善股份合作社内部管理体制。股份合作社严格依章程规范运作管理,确保股东大会及代表会议、理事会(社委会)和监事会的职责到位,真正体现民主决策、民主管理、民主监督。一要规范社员股东的权利与义务,做到责、权、利的统一。股东主要权利是民主参与股份合作社的决策、管理、监督和收益分红;而股东义务则是遵守组织章程及村规民约,维护集体利益。对违反组织章程及村规民约、不履行相应义务的,可取消其享受的部分福利。二要建立健全经营者考核激励机制。将股份合作社经济发展业绩,作为村社干部年度考核的重要内容,并与其所得报酬和奖金挂钩;同时提倡和鼓励有条件的股份合作社将经营者所得奖酬用于配设贡献股。三要规范股份管理行为。股份合作社的资产原则上要定期评估,评估结果及时向股东公布。实行半动态管理的股份合作社,要按照相关规定和程序及时做好人口股的收回注销及新股的发放工作。股权转让原则上在本社内部进行,股份合作社不得进行回购或代购;股权转让时,应由转让人提出书面申请,经理事会(社委会)同意,转让数额较大的,还须经股东代表会议通过。四要规范资产财务管理。股份合作社应依法建立健全民主理财和财务公开制度,规范资产管理和财务行为,严肃财经纪律,既要自觉接受政府集体资产(财务)管理部门的指导与监督,又要接受监事会与社员群众的监督,股份合作社的财务收支情况、预决算方案(报告)以及财务审计结果应及时向股东公开。

(6)积极稳妥地探索股份合作社终止的方式。部分社区经济合作社的终止条件是:①资产总量较少且无稳定的收入来源;②社区集体土地已全部被征用;③已彻底完成撤村建居的改制;④合作社成员已全部转为城镇居民户口;⑤被征地人员已办理相关养老保障。在征得合作社大多数成员同意的情况下,可以探索实行终止制度。目前,可先选择条件相对成熟的股份合作社进行试点,根据试点结果再确定后续工作,宜扩面的则扩面,不宜扩面的则总结经验,待条件更加成熟时再实施股份合作社终结工作。也可对基本符合终止条件的股份合作社进行分步终止的试点,即根据各股份合作社的实际情况,提取出一定数量的资产用于今后的股份合作社的管理费用、公益性开支等,将部分股份合作社资产以“减资”形式逐步向股东发放,直至最终消亡。在试点过程中,考虑到这些股份合作社尚有部分公益性资产和资源性资产,实施时须慎重而稳妥,其前提是确保社区的稳定。

(7)加强“股改”实施的组织指导。深化社区股份合作制改革亦涉及综合配套改革,情况复杂,矛盾突出,任务繁重,必须加强组织指导。根据省、市有关农村集体经济(社区股份制)改革的要求,在认真开展调研、反复征求意见和尊重群众意愿的基础上,结合实际,完善村社股份制深化改革的实施意见。同时,对一些法律无明文规定、上级政策不明确,但实施过程容易引发矛盾的内容,区属部门应及时出台相关指导意见。区府、镇街及村社之三级应当成立工作指导机构,明确权责,吃透政策实施细则和工作方案,精心组织实施。同时,要建立层级考核督查制度,区将镇街推进股份制改革工作作为重要任务进行考核,而镇街也要将其作为村社干部主要任务进行考核。区属部门要积极支持配合,依各自职责做好指导和服务工作，确保改革工作顺利进行。改制社区要成立由社区党组织负责人牵头的专门工作班子，其组成人员包括社委会(理事会)成员和部分社员代表。其在全面核实集体资产、妥善处理债权债务、明确集体资产权属关系的基础上，拟订股份制改革的具体操作方案，依法经成员大会民主表决同意，报请上级审定后组织实施。依照有关法律法规及政策规定推进股改工作，对明显违反政策、法律和法规的行为，要及时制止和纠正。对于改制的具体事项，在不违背法律和政策的前提下，可因地制宜地采取“一村一策”形式，通过民主决策方式进行解决，重大事项须经2/3以上多数股东表决通过。

4. 深化让农民自主融入城市化的土地制度改革

土地制度改革是城镇化的钥匙。该钥匙用得好，就会如当年以集体土地启动工业化一样，促进创新发展。其核心是发挥以集体土地推进城镇化的制度优势，通过政策机制创新，实现新型城镇化“人地挂钩”、提质增效的目标。

其一，扩大“三旧”改造面，让更多村庄享受到“三旧”改造政策利好。通过产业升级和“退二进三”，让村集体存量土地参与城市建设。①配合市里对全区集体用地类型情况进行摸底调查后确权登记，保障农民集体土地参与土地流转和开发的合法权利，消除“两违”建设“有(收)益无(产)权”的现象。②提请市政府给予政策支持，区属职能部门分工协调，适当放宽对遗留用地问题的处理，还清留用地政策“欠账”，在充分尊重村集体意愿的基础上，按政策优先保障落实用地指标，最终建立以村社集体为单位的留用地指标台账管理系统，结束集体留用地管理“有权无利”的无序状态。③积极引导盘活存量集体建设用地，落实集体土地流转改造收益大部分归属村社集体，政府除税费外不再直接分配土地收益。④“三旧”改造土地用于城市新社区建设或集体经济发展的，不再占用当年建设用地指标。

其二，促进集体土地与国有土地“同权、同价”。对纳入城市规划的土地：一是不随意改变集体产权性质；二是可允许村集体土地从事符合规划和城市发展的产业；三是整合原村办工业园区，落实集体留用地比例；四是创新征地改制。既要减少征地范围，用存量用地保障建设，也要对集体土地转国有的合理补偿到位。征地补偿要将市场因素考虑进去，适当提高补偿标准，参考土地级差向上限靠；区别公益性建设和经济建设征地补偿，商业开发征地补偿标准要高些；确立全区统一补偿标准，避免因区域差异引发村民不满情绪。征地要整片进行，不留“边角料”，对既往遗留未征土地“边角料”则研究解决办法。土地补偿形式可以多样化，既可现金补偿，也可实行土地作价入股的补偿形式；对地段较好的，可考虑以一定比例的土地拍卖收入作为补偿。对现金补偿的，若非能一次性付清征地款,应与村集体订立分期付款协议。在服从统一规划前提下,按土地面积比例为原村集体预留的发展用地,村集体经济组织不可出售,只许自用或置换使用。

其三,争取宅基地商品化和资本化创制试验。①全面废除宅基地福利分配制度,坚持不再新办宅基地审批及单家独户的村民住宅建设。②对于纳入城市改造发展空间的“城中村(旧村)”,按照“一村一策”的原则,以保障村民合法权益为前提,对其进行全面改造;允许集体土地建设集中居住的安置房或农民公寓,预留土地建设集体产业用房,保障转居农民安居乐业;新社区建设按照城市社区公服配置标准,在新社区内补配相关设施,实现公共服务均等化。③合理安排规划指标并给予有效调控。对宅基地换房或房换宅基地的新社区在制定人口容量、建筑特色、建筑控高、建筑形式等规划指引时,应适度提高容积率,防止新的资源浪费;对于宅基地换房、房换宅基地的新社区建设节约的土地,允许集体组织按规划要求自行开发或出让。④强化规划管控。对宅基地换房或房换宅基地的农村新社区建立审批的“绿色通道”,按规划部门核发的选址意见书、建设用地规划许可证、建设工程规划许可证实施管理。⑤制定投融资的优惠政策。一是财政加大对以宅基地换房或房换宅基地的新社区建设支持,可从建设改造贷款的贴息、改造工程适度补助、公共基础设施建设配套、奖励等方面支持宅基地换房或房换宅基地的建设;二是引导银信部门与村社互动,采取集体资产抵押、物业租金担保等多形式多渠道的信贷资金支持,缓解以宅基地换房或房换宅基地的新社区建设资金短缺问题;三是鼓励引导新社区建设可经营项目推向市场,鼓励社会资本以合资、合作等形式参与宅基地换房或房换宅基地的新社区建设。

七、落实政策的保障措施

(一)科学合理地调整社区规模与布局

应当以便于服务管理、便于居民自治、便于资源配置为原则,充分考虑居民认同感、地缘和人群分布等社区构成元素,对原社区居委会进行调整,合理新设社区,使社区布局趋于合理。对超过3000户的社区,可以重新划分社区并设置社区居委会;已实行物业公司管理的大型住宅小区,配套设施和服务较为完善的,可独立设立社区。深化社区体制改革,为居民自治奠定基础。一是要合理调整居委会规模。参考深圳市的标准做法,对部分规模较大、常住人口3000户(1万人)以上的非封闭式管理社区分设居委会,形成“一站多居”体制,实行以较大的社区工作站整合社区资源,以较小的居委会方便居民的沟通和自治。二是要为居委会直接选举创造条件。居委会的调整或设立,应以便于开展居民自治为主要标准。居委会范围与住宅物业小区的边界尽量重合,保持居民聚居区域的独立性和完整性,便于形成居民生活共同体。三是要探索建立居委会与业主委员会相互支持与配合的体制机制。具备条件的社区,应鼓励直接选举的居委会成员参选为业主委员会成员。二者的交叉任职,对双方有利。

(二)完善创新"一级统筹、三级管理"的体制

为扫除基层社会管理创新的制度障碍,应继续深化重点领域改革。一是结合简政强镇和村级体制改革的契机,适应城市化管理要求,科学划分区—街镇—村社三级的事权范围和责任归属,打破当前以行政村为单位的"单打独斗式"农村社会管理体制,在基本实现教育、社区卫生和社保的城乡统筹基础上,推进公共基础建设服务的统筹管理。加强政府对社区服务的统筹规划、分类指导和政策监管。二是推进基本公共服务均等化和主体功能区建设,完善公共财政体制,实现政府事权和财权相统一,加大社区建设的财政投入,重点对基本公共服务供给严重滞后的农村地区倾斜,实现城乡社保、医疗、教育、就业、缴费、公交等"一卡通"。政府可采取项目管理和购买服务的方式和手段提供社区公共服务,相关部门应制定社区服务项目管理和政府购买的办法,编制社区服务专项经费预算,并纳入年度预算。三是以实施积分制入户和建立新社区为突破,积极推进户籍制度改革,统一城乡户口登记管理;改进流动人口服务管理,全面推行居住证制度,探索流动人口管理新办法。四是完善社区服务体系。推进城乡社区以就业、救助、社保、治安、卫生、计生、文化、教育、体育、环保等为主要内容的政府公共服务全覆盖,完善基本满足居民不同需求的社区服务体系;根据社区实际情况与社区类别,不断创新服务管理方式,完善推广"一站式""一门式"服务与政府购买服务,政府购买社区服务在机制上可采取公共服务外包的方式;推动社区建立公共信息化服务,提高社区服务质量和管理水平。

(三)公共服务责任重心下移,创新社区服务体系

健全社区自治体系。要完善社区议事协商委员会,培育社区社会组织,增设社区监督委员会,形成"议事(社区协商议事委员会)—决策(社区居民代表大会)—执行(社区居委会)—协助(社区社会组织)—监督(社区监督委员会)"的社区自治体系。按照"议行分设"理念,构建"一会两站"的社区管理模式,即由民主选举产生社区居委会,作为对社区公共事务进行议事、决策、监督的机

构,不从事具体的社区工作,下面设立社区工作站和社区服务站专门办事机构,共同执行社区居委会的决策:社区工作站主要承担政府交办的大量行政性工作;社区服务站主要完成群众需求的社会公共服务。使社区居委会的两种角色、两种责任通过两个组织进行分化和规范。完善社区服务设施,强化服务保障功能,探索建立以服务民众为重点的社会管理机制,使居民自治组织成为基层协调利益关系、化解社会矛盾、保障民众安居乐业的有效载体。推进社区工作社会化进程,提高社区服务专业化水平,发挥社区在社会事务管理中的主体作用。加强社区公共服务平台建设,承接公共服务事项,受理、承办、代办、转办与社区居民密切相关的公共事务,办理为社区居民服务的公共事务和公益事项。

创新社区服务体系,在转制社区成立社区服务站,完善街道办所属社区服务中心,形成区、街道、社区居委会的三级社区服务网络。并对社区服务站进行“民办非企业”单位登记,使其按照产业化实体化要求,实现社区服务的社会化。强化社会工作站和社区服务中心的社区自治功能。社会工作站由具有独立法人资格的专业社区工作者构成,以政府购买社会服务的方式产生,社区工作志愿者参与,享有社区事务自治权、协管权、财务自主权利。社区服务中心作为民办非企业单位,发挥社会服务单位与社区中介作用,将适合市场运作的社会事务采取招标方式交给社会承担。与此同时,按照“议行分离”的原则,重新构建社区组织机构,培育社区自治功能,充分发挥社区居委会的主体作用,确保改革稳步推进。

(四)发挥市场机制作用,推动“村改居”社区服务社会化

资金短缺是“村改居”面临的普遍难题,庞大的管理费用和紧张的财政资金,阻碍了“村改居”工作的开展。为适当减轻“村改居”过程中政府的负担,促进改制的顺利开展,必须借助市场力量和非政府组织的力量完成。首先是把社区服务(如物业管理、保洁、环卫)项目推向市场,逐步建立以社会效益为主,兼顾经济效益的社区服务产业化发展机制。把社区服务从政府包揽的社会福利体制中分离出来,使之成为第三产业的重要组成部分。或者建立准公用品的“使用者付费”制度,通过经营性与服务性相结合的办法来解决经费投入不足的问题。其次是培育非政府组织。通过发展社会自治力量,把政府部分公共事务管理职能转移出去,减轻政府在“村改居”后的负担。此外,充分运用各种社区资源,如鼓励社会捐赠、组织志愿者服务等,促进社区服务社会化。

（五）夯实农村（城市化）社区服务体系基础

农村（城市化）社区服务体系建设，包括构建社区公共服务体系、恢复社区互助服务体系、建设社区服务业体系，以及构造“三大服务体系”的体制机制。研究农村（城市化）社区的规划、设置以及与村委会的关系。农村（城市化）社区原则上以行政村为单位规划和建设，实行“一村一社区”；同时，允许“村庄社区”“自然村社区”等多种模式；已经形成自然村“片区联创”格局（如市桥东郊西郊北郊，南村塘坳西村与塘坳东村，石壁一村、二村、三村、四村）的，可按现有的毗邻布局，形成以中心村带周边若干自然村的社区公共服务共同体；村落已经集镇化或形成中心村格局（如石楼群星、洛浦沙溪、大石会江）的，以及一个自然村中聚集了若干行政村的，应按“多村一社区”规划建设；已形成农民小区（如石基大龙社区、石楼亚运城裕丰村）的，按“社区设小区”规划和建设。

农村（城市化）社区服务设施建设投入需求巨大，若按计划分步骤建设，财政有能力承担。比照城市社区服务体系建设的要求，农村（城市化）服务基础设施应达到“十有”：有村“两委”办公楼，有村民议事活动场所，有社区事务受理服务站，有社区广播和呼叫服务设施，有警务或治安巡逻室，有卫生室或医疗站，有幼儿园，有公共体育设施，有图书室等公共文化设施，有养老院和老年活动室。开展新农村建设的部门和资金渠道应多元化，在统一规划的基础上探索整合各种支农资源，在农村社区尝试整合相关的支农惠农资源（如农业部、国土部、民政部、交通部、水利部、扶贫系统等支农扶贫等方面的资金），形成有计划、分步骤、高效率的社区建设、社会发展和社区治理机制。

1. 确保财政对公共管理和公共设施的支出。由于长期城乡二元结构的樊篱，农村地区公共设施和市政基础设施根本无法与城镇相比。为此，增加财政投入、缩减公共设施和市政设施的差距，应成为政府造福于民、为民办实事的“村改居”工作重点。本着循序渐进的原则，加大财政投入基础设施、公共设施的建设力度，把“村改居”社区纳入城市社区管理，由政府承担起原由村负责的市政基础建设、治安管理、消防等社会事务。为缓解财政压力，在资金上可视情况由居民和原村集体资产合理承担一部分，待条件成熟，再由政府统一解决。与此同时，结合公共和市政基础设施建设，由政府统一规划，尽早开展旧村改造。

2. 理顺集体资产收益分配制度。鼓励、支持、引导集体经济组织找准自身优势，以改造集体资产促增值，以推进产业转型促增收，以环境再造促区域升值的集体经济发展新路径，在做强做大集体经济的同时，积极引导集体经济组织理顺收入与分配的关系，适当将集体资产的收益向转居农民社会保障体系、社区公共设施、公共福利等方面倾斜，鼓励、引导集体经济组织实施股份分配递减计划，减少利益争议。

3. 实行同城化基础设施规划和建设。将城市化转制社区（城中村）大市政基础设施建设纳入政府财政和融资统一范围。探索农村市政管理由村社管理转向街镇管理新机制；探索农村市政公共设施的建设、维护、管理以及治安，环境卫生，社区管理等费用由集体经济组织、两级财政按比例共建、共管、共担。集体经济组织人员编制、工资收入及办公经费在换届选举前作预算，交股东大会讨论通过，由集体经济组织负担。对集体资产总量少、大部分土地被征转或已撤村建居、为大龄村民办好养老保障并建立创业基金的村集体经济，可以实行退出制度，成立清算小组，除处理账务、提取少量办公资金外，剩余部分用于建立村民就业基金。

（六）深化以集体成员权保障为基点的配套改制

通过社区股份制改革创设集体所有制结构下成员权的制度安排，是农村经济社会改制的重要产物。随着农村经济非农化产业发展和土地收益股份化分红的普及，这一制度安排趋于僵化。由此伴生的棘手问题越来越成为影响番禺农村深化发展与社会（区）和谐稳定的痼疾。故，下一步应发挥敢于并善于改革创新的精神，通过系列配套制度改革破解这一困惑难题，为农村经济社会转型发展、实现城乡统筹提供稳定、普适、可行的制度基础，严格把握深化改革创制的重点环节及规范要领，关键在于完善股份制管理运行机制、优化股权配置，克除现实的困惑与矛盾因素。于是，建议对策如下：

1. 实行以股份经济社为单位的成员权时点确权

（1）由于各村社情况千差万别，建议“一村一策”确定成员权时点，区政府统一政策部署及指导，但具体村社的时点由各村社自主确定。（2）政府指导各集体经济组织按民主程序成立专门机构，基于原土地承包关系，对历史遗留问题、村民身份变化、股东与非股东成员权利等，进行全面摸底调查、甄别情形、民主协商，提出处理建议或参考意见。（3）待各村社确定成员权时点后，改革方案报镇街备案后付诸民主表决确认，重新颁发集体成员权证（股权证），依法合理固定经济社成员，封闭其成员权资格，不再在传统村庄意义上随意扩展村民成员。

2. 依法界定享有成员权资格的成员类别及其权益保障范围

随着城市化村庄从封闭走向开放，必须锁定原始成员享有权利的范围。追溯确认享有成员权资格的成员与原实行家庭承包制时土地资产有关的权利享有或权益分配的条件。如此既可保障原集体组织成员的权益，也有利于村庄开放以后其他成员参与非集体资产相关权益的分享。继续探索“股权固化”与结构优化的股权管理新模式，重在缓解社区股权配置的矛盾——特别是在依法落实“出嫁女”及其子女权益的基础上，按照省、市有关集体经济组织管理规定及集体经济组织成员资格界定的原则精神，重新核定社区各类户籍人口，依法界定集体经济组织成员资格，甄别股东类型，合理调整优化股权配置；对居住在农村社区的复退军人等特殊人群的权益诉求，尊重村(居)民意愿，妥善给予指导。在规范集体“两确权”(集体资产产权确认和集体经济组织成员资格界定)的基础上，进一步完善股份合作经济组织运行机制，逐步突破过去股权的社区封闭性，探索股权社会化流转模式，为加快适应城市化进程及公司化改制创造条件。

3. 深化成员权和资产权相分离的股份制改革

以上两项制度安排妥当后，再对基于成员权的股份制进行改造优化。其基本思路是：(1)对集体资产进行全面量化，明确其为成员权所有者的财产。(2)组建以成员权为纽带的股份资产公司，由核定成员分享原土地和其他资产收益的福利分红。其不具体负责土地和资产经营，只是基于成员的共同委托从事对拥有成员权资格的土地分红，负责社区部分公益和公共服务的组织与提供。(3)组建以资产为纽带的股份公司，原村(居)民、外来居民均可以出资入(购)股，由出资人组建股份公司治理结构，与基于成员权的股份资产公司脱钩，以合约形式从事土地开发，也可以从事其他资产经营项目。该股份公司的经营、管理与收益分配按现代股份公司原则营运，原来的村(居)自治组织和党组织不再干预其具体经营活动。

余论：深化番禺农村治理改革暨推动村居转型的基本建议

结合省、市有关深化农村综合改革政策的基本精神及前阶段“政经分离”基层改制经验的总结认识，现阶段继续深化农村基层治理改革的主要任务是启动五项体制改革，以推进新型城镇化村居转型、“政经分离”、农村社区化治理之“三轮驱动”为导轨，并驾齐驱，彼此协调，统筹兼顾，相互配套。

1. 深化农村基层治理改革的要领

一是深化村居体制转型改革。厘清和明晰农村各基层组织(党组织、自治组织、集体经济组织等)的职能关系，基本措施在于：组织机构的分设；组织功能的界分；干部人员管理的分离；公务资产的分离；议事决策的分离。探索将“村改居”社区划分为若干居民小区，实行市场化的小区物业管理模式。

二是深化集体产权制度改革。改革步骤:(1)摸清家底、界定产权;(2)明确成员资格与股东范围;(3)股权结构优化并固化;(4)健全股份组织内部治理结构,促进集体经济规范运作;(5)探索集体经济混合所有制发展,引导改制组建公司制企业;(6)出台相应的扶持政策措施,确保改制平稳过渡。

三是深化集体土地管理制度改革。(1)探索集体土地集约节约利用方式;(2)改革农村宅基地分配制度;(3)深化征地制度改革;(4)建立城乡统一建设用地市场;(5)配合"三旧"改造统筹解决留用地遗留问题。

四是深化基层治理体制改革。(1)将不同户籍常住人口统一纳入社区服务管理体系并保障其参与自治;(2)健全村居重大事务的民主决策管理参与监督机制;(3)转变政府职能,健全基层综合服务平台(政务服务中心、社区服务工作站等)功能;(4)积极培育发展基层社会组织、"社工+义工"队伍、政府购买社会服务等社会协同治理机制。

五是深化公共产品供给体制改革。(1)厘清区、街镇、"村改居"社区各自责、权、利,持续加大财政投入,改善城乡一体化公共基础设施;(2)推动基本公共服务由户籍人口向常住人口全覆盖;(3)深化户籍制度的配套改革;(4)实现城乡义务教育均衡发展,全面实现城乡社保一体化。

2. 深化城乡统筹基层综合改革的保障措施

一要依法创制,全面厘清社区基本治理主体地位及其职能——增强社区党组织的领导核心地位;协调保障自治组织与经济组织职能分离后规范运行。

二要完善社区集体经济组织与"三资"监管制度体系建设;继续完善集体资产管理交易平台和农村财务监管平台规范运行机制。譬如,尽快研究制定"村改居"改制后集体物业产权变更登记工作指引,加快集体经济组织物业产权变更登记工作。对于只是更名,没有涉及股权变更的,免予交税。如尽快研究出台《番禺"村改居"社区股份合作制改革办法》,借以规范和统一转制社区集体经济的股份合作制改造,确保"农转居"人员权益不受侵犯。

三要全面督查集体经济组织成员资格界定情况——关键在于成员资格界定与股权设置,依法界定享有成员权资格的成员类别及其权益保障范围。凡发现存在明显违法违规的地方,必须认真予以纠正。结合本区实际情况,出台包括界定集体经济组织成员资格的实施细则,以规范基层操作。

四要深化成员权和资产权相分离的股份制集体产权改革——要求所有集体经济组织进行股份合作制改造成立"股份经济合作社",理顺内部组织管理和分配关系;改造后的"股份经济合作社"需要具备三个条件:(1)村社集体拥有一定数量的净资产和稳定的非农经营收益,确保改制后股份合作社有剩余收益可供分配及足够的资本运作;(2)社员群众有改制的普遍愿望和要求并能成为改制主导力量;(3)村社管理班子团结务实,确保改制工作有效的组织保障——积极引导设立公司企业经营管理集体资产;若以集体资产对外合作组建"混合制"的股份公司,集体经济组织应具有控股地位。

五要政府及职能部门恪守职责,理顺政社关系,公共财政延伸覆盖农村或转制社区建设——持续加大政府投入,逐步削减集体投入,拓宽社会资金,增强社区治理与公共服务的保障,完善城市化社区公共服务中心建设,推动基本公共服务由户籍人口向常住人口全覆盖。在村居转型社区,公共开支需由公共财政承接,以确保改制"公司"享受与其他工商企业同等的待遇。政企职能分开,公共财政支持居委会的职能开展,使集体经济组织专注于集体资产的运营。

六要切实加强深化农村治理改革工作的指导。(1)加强组织实施。农村治理改革是重大的综合配套改革,情况复杂,矛盾突出,任务繁重,必须加强组织指导。区、镇街及村社之三级成立工作指导机构,明确责任,严格把握政策,制定实施细则和工作方案,精心组织实施。(2)进一步完善相关政策。根据省、市关于农村综合改革(社区治理创新)工作的要求,在认真开展调查研究、反复征求意见和充分尊重群众意愿的基础上,结合番禺实际,修订完善深化改革改制的实施意见。同时,对一些法律无明文规定、上级政策不够明确,但实施过程容易引发矛盾的内容,区属部门应及时出台相关指导性意见加以正确引导。(3)坚持依法办事与因地制宜相结合。依照有关法律法规及政策规定推进改制工作,对明显违反政策、法律和法规的行为,要及时制止和纠正。对于改革中的具体事项,在不违背法律和政策的前提下,可以因地制宜,采取"一村一策"形式,引导通过民主决策方式进行解决。

第 二 篇

改革试点典型：
广州市白云区钟落潭寮采村村社治理

——创新特色农业发展暨土地整治策略

【附注】

项目来源	广州市白云区农办(农林局)2015 年招标委托课题
课题负责人暨主执笔	王权典　杜金沛
课题组成员	陈玉生　胡武贤　钟广池　王　蛟　李　建

一、背景和意义

寮采村地处广州市白云区北部，地理位置处在城乡接合部，村社治理及集体经济发展与过去相比有较大改观。但受到各种主客观因素的制约，其发展潜力并未能得到充分释放。随着整个城市发展转型升级以及农村经济发展态势的变化，长期困扰着寮采村以至整个白云区农村治理的两个“老大难”问题，需要在这轮综合改革中加以有效且可持续的突破性解决：一是村社治理创新难的问题；二是坚决遏制村社组织涣散及干群矛盾冲突多发频发的问题。在解决好上述问题的基础上，助推新农村发展转型暨乡村振兴战略实施，逐步实现村社和谐幸福的小康目标。

寮采村在过去曾经历一系列痛苦的改革徘徊过程甚至陷于困顿状态，包括村社组织派系内斗不已，导致治理荒漠化、村域经济发展滞后、集体资产流转混乱、村民增收保障困难等现象发生。为此，寮采村在白云区农办的指导下，痛定思痛，下定决心进行改革。通过近些年村社治理改革探索创新，一定程度上激发了基层治理的活力，有意识地导入现代股份合作制，探寻村社集体经济转型暨股份合作经济发展路径，对进一步提升村域经济业态层次及经营模式，以及村社治理、土地整治、产业融合发展等均取得了较好的成效。

寮采村村社治理发展改革模式前后对比的变化，引起高层的关注。2014 年 4 月，中央农村工作领导小组办公室（以下简称中农办）正式复函广东，确定将白云区列为中农办农村综合改革试验联系点，其积极意义不言而喻。经过两年多的跟踪观察，应当承认其村社治理改革和集体经济股份合作制创新较有成效，亮点突出，但要真正有效地解决寮采村这样的城郊村可持续发展的诸多政策“瓶颈”问题，还需要克服不少困难，离可供复制推广的模式或成熟经验尚远。

本项研究结合《白云区建设中央农办农村改革实验联系点试点工作方案》，针对寮采村的现实需求，着眼于长远目标与发展潜力，做出“瓶颈”问题识别及综合研析，在村社治理、集体经济发展转型以及土地整治方面提出协调性的策略建议，或给类似于白云区寮采村的乡村振兴提供某些参鉴。

二、基本内容与结构

1. 关于村社治理创新

(1)调研钟落潭寮采村村社治理转型的基本模式及其特点,总结主要经验并洞悉问题,明确创制优化的现实需求。

(2)梳理钟落潭寮采村村社治理转型中基层组织的职能定位、权责关系及运行机理,检讨传统村社体制的现实障碍及机制缺陷。

(3)考察借鉴某些社区治理模式创新的成功经验与政策工具,比较考察市内外社区治理转型的典型实践,挖掘其借鉴参考价值。

(4)结合城乡融合发展与美丽乡村建设的政策导向,探讨农村社区治理转型的政策指引模式与体制机制创新的应然性。

(5)剖析寮采村村社治理改制优化的制约因素及其对策思路;改制(体制机制创新)的基本要领、选择模式及政策指引、实施路径。

(6)设计寮采村村社治理改革优化(体制机制创新)方案,对于涉及法律政策规范协调或衔接的问题,提出前瞻性改制建议。

2. 关于农村土地整治

(1)调研钟落潭寮采村村社集体土地权利形态与利用结构以及不符合集约节约用地方针暨统一规划控制原则的突出问题。

(2)梳理钟落潭寮采村村社集体及村民的土地权利诉求,以及基层政府、企业、其他利害关系人等土地利用主张,分析土地利益格局中的矛盾冲突。

(3)梳理法律政策对宅基地、非农经营性用地指标控制的基本情况、留用地政策落实情况以及土地规模化经营的矛盾焦点,洞悉可行的政策平台及其运行中可能遇到的法律障碍及政策困境。

(4)提出该类村庄集体土地整治开发的应对策略,提出集体土地综合整治思路暨开发利益分配的模式和规制要领。

3. 关于现代特色农业发展

探讨寮采村新农村建设以观光休闲体验为特色的现代都市型农业发展模式、经营体制创新特点及品牌建设策略,提出顺应乡村振兴计划实施与城乡融合发展路径的政策优化参考方案及保障措施建议。

4. 研究框架(以村社治理为例)

(1)社区多元治理主体并存是城乡二元结构转型的产物,涉及集体经济与社会管理体制变革,需要协调多重管理及利益关系;转型改制包括协同创新、政经分离、机制调整、民主监督、“三资”管理及股份制优化等基本范畴；通过由乡镇—村组向社区型治理体制的转化，研究乡镇政府、村社自治组织、社区服务组织、民间社团组织之多元主体协调共治的新格局。

（2）新旧体制迥异，若完全沿袭传统管理体制，将导致村治流于形式或陷于混乱；城乡一体化发展，以社区治理转型为导向，以政经分离、民主自治、协同共治为核心的综合改革开启基层治理新格局，遵循法治化路径考量制约和谐稳定的基本因素，关键是夯实基层民主法治基础，改善村社议行体制与监管体制，突出公共服务保障，规范村社多元善治机制，保障村民自治及有序参与公共事务。

（3）以村社治理转型为导向，以政经分离、民主自治、协同共治为核心的统筹综合改革，重在明确基层组织的职能定位，明晰其多元治理关系，构建以党组织为核心、村社自治组织为主体、集体经济组织为支撑、社区服务组织为平台，以其他社团组织为辅助，以民主协商为根本，以配套规制为保障的基层治理新格局；理顺各治理主体间的职能权责关系与达到规范善治的目标，政府加大对村社治理转型的指导和支持，完善公共服务保障体系。

（4）传统村庄缺乏自治规范传统且相对封闭的利益共同体使村民排斥新生力量介入村社事务，这表现为：各治理主体职能未能合理定位，对政府公权与村社自治权缺乏规制，无序或冲突难以避免。健全改制规范，既要确认乡镇政府、村社自治组织、社区服务组织之基本治理主体的权责边界，也要承认社团组织的地位和作用，确保协同共治的良性互动与规范运行。

三、寮采村发展改革基础及面临的现实困境

（一）寮采村基本情况及发展基础条件

1. 寮采村的区位及人口、自然条件

寮采村位于广州市白云区北郊流溪河畔、钟落潭镇西北部。面积 5.42 平方公里（合计 5000 多亩），辖有 18 个经济社，总人口 6000 多人，流溪河环村而过，村内鱼塘成片，果树成林，空气清新，村庄宁静，基本上没有成片工业厂房，生态环境优越。

2. 寮采村获得的主要荣誉

近些年来，寮采村发展得到白云区委区政府及所在的钟落潭镇党委镇政府的特别关注和支持。2009 ~ 2012 年，寮采村被评为白云区新农村建设示范村；2012 年，被评为白云区美丽乡村试点村；2013 年，被评为名镇名村示范村；2014 年，入选广州市美丽乡村试点村，并被评为“广州市观光休闲农业—乡村示范

点”，还被农业部评为“中国最美休闲乡村”；2015 年，被国家旅游局评为“中国乡村旅游金牌农家乐”。

3. 寮采村近年经济发展状况

在多年以前，该村交通不便、经济落后，长期被列为典型的贫困郊区村。近年发生了翻天覆地的变化：如今在一年四季里，望眼都是田园风光，旖旎多姿，七彩花田，绿道驿站，稻田似画，吸引了大批游客游览观光。寮采村陆续发展建立了绿韵农家乐、绿腾淮山、绿佳水果、绿苑鲜花等农民专业合作社和世外桃源度假村有限公司，通过土地流转实行集约化经营，发展高效特色农业和生态旅游业，逐步取得了可喜成效。据悉，2011 年，世外桃源开园接待游客 11 万人次，尔后随着景区发展及项目完善，经营规模逐年攀升，其连年分别接待游客为 28 万人次、40 万人次、65 万人次、93 万人次，至 2016 年，突破 100 万人次（见图 1）；营业收入逐年实现 235 万元、483 万元、590 万元、860 万元、1330 万元、1286 万元（见图 2）。

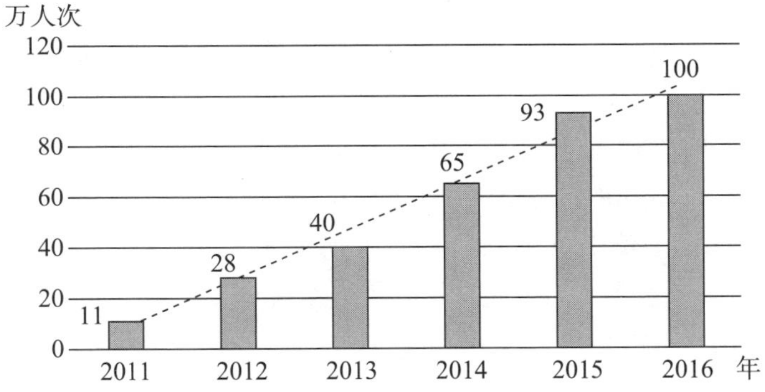

图 1　寮采村世外桃源接待游客情况

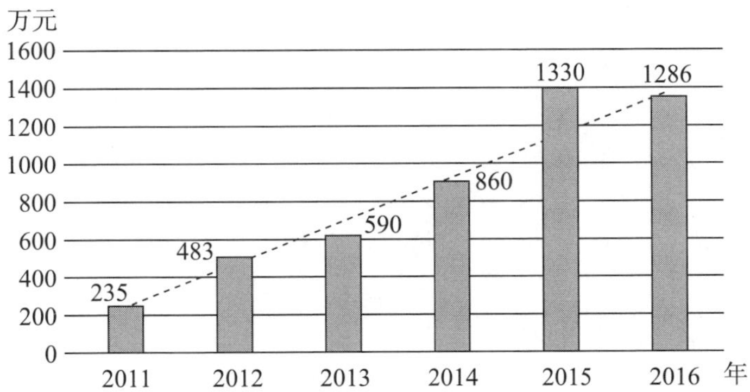

图 2　寮采村世外桃源营业收入情况

同时，寮采村村级集体收入从2010年的16万元，增至2014年的120多万元和2015年的392万元，连年实现翻倍增长，逐步改变“一穷二白”的落后面貌；2013年年底村级集体资产（不含世外桃源公司）为493万元，2014年年底村级集体资产就飙升至782万元。当初，经全村干部、党员、村民代表、老人协会等集中开会，大家一致签名同意以沿流溪河绿道布局为基础，将流溪河边600亩土地从农民手中流转回归集体统一支配，共同集资发展生态型可持续的农业项目，全村90%以上村民以2元/股的方式筹资兴办绿道驿站生态旅游景区，成立广州白云区绿韵农家乐鲜花种植农民专业合作社和广州市世外桃源有限公司，村集体作为持股股东。世外桃源公司实行全员参股、集资兴建、集体管理，惠及全体原始居民。为消除部分村民的风险疑虑，村社负责人及工作人员将发展规划带到每一户家里，为村民讲解项目潜力，直至说通大部分村民，获得了广泛的支持。景区项目经营发展在就业、地租、分红等方面直接带动了村民增收，2011年至2016年，世外桃源分别聘用43名、62名、75名、110名、175名、203名村民在景区就业，实现村民本村就业数量年均增长11.3%；景区规划用地由初始的500亩扩大到如今的2180亩，扩大4.36倍，部分村民将其承包地流转给景区统一经营，其获得的租金收益由最初每年不到600元/亩提高到了现在1500元/亩，另外村集体每年获得500干股/亩·年的收入合计超过10万元；自2010年村民认购股份每股价值2元到2014年达到2.8元/股·年，2012年至2015年，村民每年每股分红0.42元，共为村民发放分红13,361,448万元，2016年每股分红0.2元。

（二）寮采村村治基本格局及实践探索

1.寮采村村治沿革及村域社团组织

寮采村所处的“乡政村治”的农村管理体制，自20世纪80年代确立以来，经过多年的实践演变，逐步建立起独具特色的村治结构。随着寮采村域经济社会的发展，传统的村治结构越来越不适应城镇化新业态及社区化治理转型发展的需要。在一个较长时期里，寮采村延续了过去“三级所有，队为基础”的制度框架，后来在原体制框架嵌入一个村民自治制度。如今，其村治基本结构实际包括三部分：党支部、集体经济组织（经联社与经济社）和村民自治组织（村委会）。属于珠三角农村“三驾马车”的典型架构，在寮采村也同样遇到运行困境：

（1）党组织和村民自治的职能模糊。村级治理长期实行党支部和村委“二元制”管理结构，党支部和村委会权责不清，导致以“党代自治”或“自治”和“党治”“两张皮”的现象。村党支部除党务工作外，其职能和村委会重叠，共同掌控村庄的公共权力，在“委托—代理”关系中所处位置相同。党组织是稳固农村阵地的政治根基，党支部与集体经济组织之间部分实行人员交叉任职，可能有利于党支部掌握村社经济资源支配权，有利于维护党组织的权威；但随着集体资产的不断壮大，党支部直接负责或包揽集体经济管理可能出现问题。

(2)村社两级集体经济管理虽由经联社与经济社在负责，但经联社与经济社运行未必契合，社委会、经理层和监事会之间的权责划分与行使失范，导致集体资产经营管理运作不畅。

(3)村民自治制度的实施，导致农村治理结构由“委任制”向“选任制”转变，但实际操作过程存在一些障碍，如民主决策行为不规范，民主管理制度不完善，民主监督不给力等。局部村庄治理出现危机，村社班子换届选举成为农村基层的头等大事，选举成本越来越高。有时发生要求罢免村干部的群访事件，引发骨牌效应而危及村社稳定。村“两委”运行的种种问题，其实就是执行主体做出有违政策初衷和委托方的行为选择，即存在“激励不兼容”——问题源于村“两委”处于双重“委托—代理”的关系，导致执行主体追求自身利益最大化的行为选择。故有必要摆正村党组织和村委会的职能关系。一方面，村民将村庄公共权力委托给村“两委”，期望他们管理好村社事务，为村民服务；另一方面，镇级党委政府委托村“两委”代行行政事务，配合镇党委政府的工作。其中存在两种激励约束组合方式，决定两种行为选择。村“两委”成员一般是乡村精英，其行为选择比较理性，趋于自身利益最大化。随着城镇化推进，城乡产业结构转型趋势明显，农村发展创新力在增强。

为此，寮采村比较重视民主参与决策机制建设，为了充分调动全村各方力量参与村社事务管理，除了村“两委”和党员、村民代表、民主监督小组之外，该村较早就自发形成四种类型的社团组织：一是老人协会，由60岁以上的1000多人中推选代表23人组成；二是妇女协会，由妇女代表39人组成；三是退伍军人协会，由退伍军人113人选出代表7人组成；四是商会，由村社在外经商的村民81人选出代表9人组成。村社重要事务先由“两委”取得一致意见，再提交上述多个社团代表开会讨论，通过后方能实施。如涉及重大事项，还要在全村公示后才可付诸实施，并由监督小组全程监督实施(见图3)。

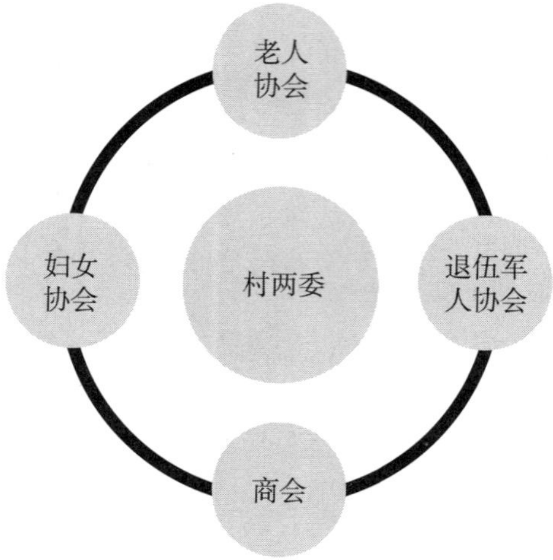

图 3　寮采村社团组织结构

2. 寮采村村治基本架构(见图 4)

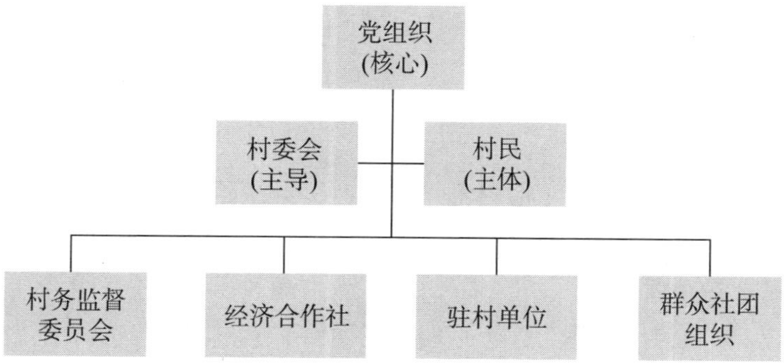

图 4　寮采村村社治理基本架构

寮采村着力健全村社治理架构,完善以村党组织为核心,村委会为主导,村民为主体,村务监督委员会、经济合作社、驻村单位、群众社团等协同参与的新型村治架构。明确村党组织书记主持“两委”联席会议制度,加强对村社事务的统筹领导;提高村“两委”班子成员交叉任职比例,支持村党组织班子成员通过依法选举当选村委会成员,也可通过法定程序把村党组织负责人推选为村委会或者经济联合社(股份公司)经营管理负责人;优化村务监督体制,村务监督委员会自觉接受镇、村两级党组织的领导,监委会主任参加或列席村“两委”会议,坚持监委会向镇党委、村党组织和村民代表会议报告工作制度。具备条件的,推行村委会与集体经济组织职能分离和分账管理。

3. 寮采村村民理事会的形成及其运行机理

2013 年，寮采村入选白云区“美丽乡村”试点之初，为了更好地推进美丽乡村建设，提高村民民主自治意识，由村党支部和村委会牵头组织酝酿，经党员和村民代表大会表决通过，组建成立村民理事会。理事会的 15 名初始成员由党员和村民代表大会票决产生，村“两委”在重大决议草案起草前，首先召集理事会成员开会，商讨拟决议的事项，充分听取村民理事会的讨论意见，特别是其成员的异议，商议形成议题（案），再提交党员和村民代表大会审议表决，议题表决通过后即向所有村民公示（告）。村民理事会在讨论时，成员有权就拟决议事项提出异议，甚至可集体表决不予支持，使拟决议事项暂时不予形成待表决的议题；即便是大会表决通过的议题，也要接受村民理事会的实施监督，村民理事会成员随时可向村“两委”提出意见或建议。

如今，村民理事会已经发展成为集党务、村务、财务监督为一体的监督委员会，其成员由过去的 3 名老书记、2 名老村长、老人协会会长发展成为党员选出的 4 名党员代表、村民代表选出的 4 名村民代表以及村德高望重的 21 人乡贤代表（见图 5）。村党支部每月组织监督委员会成员对党务、村务、财务进行统一审议和监督，尔后将相关的文件报表张贴在公告栏，接受村民监督。

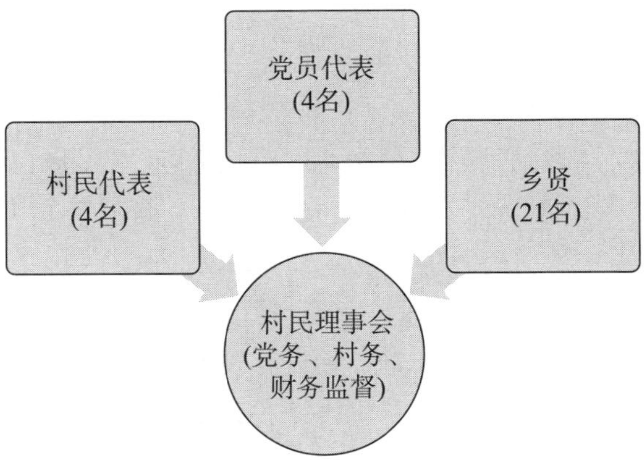

图 5　寮采村村民理事会成员来源构成

村民理事会形成和现实运行的机理如下：

（1）加强和创新村社治理，协调好组织主导与群众主体的关系。村社治理转型过程中，组织主导与村民主体是村治的“两条腿”，不可偏废。通过培育和发展村民理事会，落实基层民事、民办、民治，让群众在“共谋、共建、共管、共享”中，成为推动村社治理建设的自觉拥护者、忠实实践者和有力推动者。

（2）加强和创新村社治理，注重发挥乡贤代表的作用。村民乡贤代表大多见过世面,接受过现代化信息的影响,有利于提高农村的建设水平、管理水平与农民的思想意识水平。大多数乡贤代表具有广泛的群众基础、社会资源和强烈的反哺意识。寮采村通过培育发展村民理事会,将游离于体制外的乡贤人士聚集融入村民自治和社区治理,使其成为村社多元共治的重要力量。

(3)加强和创新村社治理,为民事民治效能发挥提供载体。只要有载体,民事民治才会有抓手、有活力。寮采村结合农村各项工作,持续为民事民治效能发挥提供集体资产经营项目、村级公益事业建设"一事一议"筹资或者财政奖补项目载体,赋予其广阔的发展空间,最大限度地发挥其积极作用

诚然,在传统的村庄治理架构中,农村基层既然已经有了"村两委"及集体经济组织,再建一个村民理事会,是否多此一举而有叠床架屋之嫌?如果农村依然是改革开放前相对封闭的状态,当然就没有建立村民理事会的必要,也难有建立村民理事会的诉求与尝试。现实问题是,随着改革开放的深入,特别是在新农村和新型城镇化建设乃至推进乡村振兴的时代背景中,农村社会呈现开放性、流动性、复杂性和多元化的特征,村社事务、利益关系随之变得繁杂交织且往往具有外部性特征。现有的"村两委"基层组织难以完全容纳村(居)民的利益诉求,必须创设新的组织形式来承载;否则,这类诉求或其矛盾冲突会游离于可控范围,可能以"异端"力量甚至破坏性的负面形象来展现其存在。与此同时,由集体资产处置、公益建设、征地拆迁、利益分配等引发的基层社会矛盾冲突,往往根源于村"两委"少数几名干部罔顾村民普遍意愿和多数人的利益、滥用自治组织的公权力进行"黑箱"操作。因此,必须经由民众自愿参与及民主选举的途径,找到一种矫正当前农村自治权力结构失衡的平衡力量,而村民理事会就可能成为这样一种平衡力量的载体。

这样一个村民自治组织的称谓并不重要,"村民理事会"只是区域约定俗成的惯称之一,也有称作"乡贤理事会"(如云浮农村)或"村民议事会"(如四川部分农村)的。关键是,要看到设立类似村社自治组织的现实必要性及其功能定位。通过观察寮采村村民理事会的运作成效及比较云浮、南海部分农村类似的组织,可以总结出其具有两大现实功能:一是让各方面群众代表有机会参与协商本村重大公共事务(相当于基层社会的"小政协");二是有助于拓展群众参与民主监督村"两委"的渠道和方式。这是加强村社治理正大光明的有效举措,当然能为群众所接纳。如果没有后一项功能的发挥,那么村民理事会就可能只是一个临时性组织。譬如,有的地方为修路建桥筹资筹劳,组建一个相当于筹委会的村民理事会,路桥修好,大事告成,这种村民理事会也就完成使命。但民主监督村"两委"的功能设定,则有使村民理事会常态化、制度化的内在需求。

4.寮采村民主决策、执行和监督的基本程序

近年来,寮采村为了充分调动全村各方力量参与村事务管理,不断完善民主决策、执行民主监督机制,推进其制度化建设。逐步建立起多层次、立体化的、完善的村社民主自治机制。规范民主选举,试推村委会“自荐直选”制度,广泛组织动员村民参与村社选举。健全以村民理事会协商议事为基础的民主决策机制,凡涉及群众切身利益的公共事务,都付诸协商于民、集思广益,健全自下而上的议项形成机制,落实民主恳谈会、利害关系人听证会、理事会议案及跟踪监督等制度。推进民主管理,健全自治章程,强化村民自我管理、自我服务、自我教育、自我监督。完善村务公开制度,推进村务管理从结果公开向全程公开转变。完善履职考核制度,健全以村民知晓度、参与度、满意度为重点的工作评价体系。

村社事务先由“两委”取得一致意见,提交各社团讨论后再提交村民理事会,讨论通过后方能实施。重大事项要在全村公示后才能实施,并由监督小组全程监督。监督小组全程监督大小村务决策事项,从而使党务、村务、财务得到公开、公平、公正、透明的处理,使广大村民心中有数,及时明白“两委”过去做了什么、现时做着什么、今后准备做什么,从而凝聚共识,支持搞好村社各项工作。这体现了以下四大机制的创新:

(1)在民主决策方面——寮采村党总支部不断完善相关制度,实行了村“两委”联席会、村民(代表)会议、党员会议、村民理事会等机构“民主议事”,民主理财小组、村民理事会等还负责“跟踪督事”的议事程序:村两委在重大决议、草案起草之前,先召集由村的老书记、老村长、老人协会成员和部分党员、村民代表组成的监督小组开会,商讨具体的事项,再提交党员和村民代表大会讨论通过,然后向所有村民公告。村党支部牵头指引,成立了党务村务财务监督小组、老人协会、妇女协会、退伍军人协会、商会等组织,共同监督村社事务。寮采村党支部积极推进和完善村社民主管理机制,规范村内事务的议事程序,希望做到即使党支部换届换人,村内的事务也能按现时公平、公正、公开的民主程序进行表决。村社重大决策都经过联名提议,经过村“两委”会议研究讨论,再经全体党员、全体村民代表会议通过,每次会议都在《村级事务民主决策会议记录本》上做记录。行政决策及民主监督的运作架构如图6所示。

(2)在民主议事方面——寮采村党总支部经常组织党员和村民代表召开座谈会,引导献计献策,谋划寮采村发展思路。为此,在寮采村党总支部的引导下,寮采村先后成立老人协会、商会以及妇女协会、退伍军人协会等社团组织,

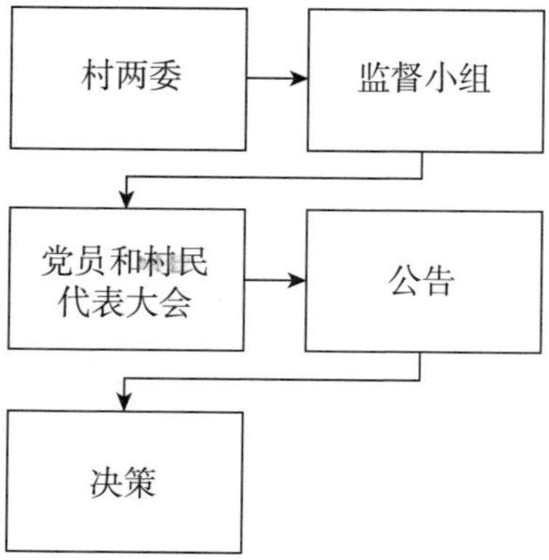

图 6　寮采村民主决策程序

合力形成一套寮采村的民主议事程序：村两委在重大决议、草案起草之前，先召集村的老书记、老村长、老人协会成员和部分党员、村民代表开会，商讨具体问题，再提交党员和村民代表大会讨论通过，然后向所有村民公示或公告。在村集体经济发展过程中，党总支部切实服务党员群众，经常开会总结经验和征询意见，使党员和群众对村集体发展状况心中有数、脑中有谱。

（3）在民主管理方面——村民理事会的决议，要由村委会主任去执行。我们调查询问了寮采村的村委会主任、村支书是否愿意搞这个制度，难道不怕村"两委"权力被削弱吗？他们的一致回答是：我们太愿意了，以前我们自己拍板，自己做决策，村民未必都认可，有人反对就去告、去上访，哪怕修一条 50 米的路，三五年也修不起来，总是有人反对或设置障碍。现在所有的重大公共决策都要形成村民理事会的议案来讨论，共同投票，投票通过之后，村主任无条件执行，村主任只不过是执行了村民的意志而已，因而有公信力。如果哪个村民有什么不同意见，你可以找别人代表你（相当于你选出来的"议员"）去反映，甚至可以提议通过合理的程序罢免你们的代表（理事）。这个机制很好，解决了村"两委"的尴尬局面，也提高了村民自治管理的民主性。

（4）在民主监督方面——寮采村"两委"牵头指导成立了老人协会、商会、妇女协会、退伍军人协会等群众团体，引导其共同参与村社事务；成立党务、村务、财务监督委员会，监督委员会成员由过去的 3 名老书记、2 名老村长、老人协会会长、党员推选的 4 名党员代表，村民代表推选的 4 名村民代表，以及德高望重的乡贤代表 21 人组成。村党总支部每个月组织监督委员会成员对村的党务、村务、财务进行审议和监督后，并将相关的文件报表张贴于公告栏，接受村民监督。监督委员会全程监督村社大小决策事务，使党务、村务、财务等均能得到公开、公平、公正、透明的处理，使广大村民心中有数，及时明白两委过去做了什么、现时做着什么、今后准备做什么，促使广大村民热心参与村社事务，容易形成共识，齐心协办好事。当年在"一事一议"村容整洁的基础上，寮采村注重营造民主氛围，坚定村民发展经济的信心，为发展休闲农业、建设美丽乡村提供支持后盾。2016 年寮采村民主协商决策事项基本情况汇总见表 1。

表 1　寮采村民主协商决策事项基本情况汇总表（2016 年）

协商议题	协商事件缘由	协商次数	协商时间	发起人	协商形式	协商结果	协商成果落实情况	协商效果
重建萧氏大宗祠	寮采村萧氏是周边其他村庄萧氏的发源，却没有大祠堂	1	2016 年 2 月 22 日	×××	召开会议	同意重建萧氏大宗祠	成立了重建萧氏大宗祠筹建委员会	推进中
世外桃源申请 3A、4A 景区	为了世外桃源有更大的发展空间和发展前景，需申请国家 3A 或 4A 景区	1	2016 年 2 月 22 日	×××	召开会议	同意世外桃源申请国家 3A 或 4A 景区	由世外桃源公司联系相关旅游部门进行申请	推进中
加强“两学一做”学习教育	开展“两学一做”学习教育活动	1	2016 年 5 月 11 日	×××	召开会议	全体党员进行两学一做学习	制订“两学一做”学习教育计划	完成
推选出席镇党代会党代表候选人	根据镇的相关文件精神，召开“两推”会议	1	2016 年 6 月 11 日	×××	召开会议	通过党员和群众代表的推选，产生 5 名党代表候选人	产生 5 名党代表候选人，已报镇党委审批	完成
镇新一届党委成员到村调研村的情况	钟落潭镇新一届党委成员通过选举产生，到各村了解调研情况	1	2016 年 7 月 19 日	×××	召开会议	通过对镇和村的了解、沟通，对今后的工作有很大帮助	通过对镇村了解、沟通，对镇村今后工作有很大帮助	完成
2016 年第 4 号台风防御工作	根据镇相关精神，召开两委治保人员生产社社长会议布置相关防御工作	1	2016 年 8 月 1 日	×××	召开会议	根据会议精神，落实工作	通过精心安排的防御，在 4 号台风过程中，我村没有造成大的损害	完成
将村委旁健身路径附近的水塘砌围栏	该水塘位于小学附近，原来用铁丝网围闭，不安全	1	2016 年 8 月 1 日	×××	召开会议	围绕水塘砌石围栏	现已完成	完成

续表

协商议题	协商事件缘由	协商次数	协商时间	发起人	协商形式	协商结果	协商成果落实情况	协商效果
如何使二社土名册田200多亩的土地达到更好经济价值	该地块已统一流转,目前空置,需商讨一个方案使其达到最大的经济价值	1	2016年8月1日	×××	召开会议	种植苗木,在苗木下养殖芦花鸡	推进中	推进中
讨论对×××违纪处分问题	×××同志违反相关纪律,需召开党员会议讨论对其的违纪处分问题	1	2016年8月15日	×××	召开会议	通过表决,一致通过给予×××留党察看处分	根据党员大会表决结果,村党总支部决定给予×××留党察看1年处分	完成
人大选举工作人员会议	布置人大选举相关工作	1	2016年8月23日	×××	村民代表会议	确定相关工作人员、场地等	已顺利通过选举产生5名镇人大代表、1名区人大代表	完成
传达区党代会的精神和学习相关文件	书记传达区党代会的精神和学习相关文件	1	2016年9月30日	×××	党员村民代表会议	与会人员学习相关会议精神	通过学习,与会人员对区委区政府取得的成绩和未来的规划有一定的了解	完成
表决通过重建幼儿园相关事项	村幼儿园因危房停办多年,村民对此意见很大,亟须重建	1	2016年9月30日	×××	党员村民代表会议	通过表决,与会人员一致通过重建幼儿园的相关事项	由村委会落实、跟进相关事宜	推进中
表决通过改造中联队旧商铺	中联队旧商铺砖木结构,属危房,效益差,需改造,改善村容村貌,提高集体收益	1	2016年9月30日	×××	中联队社长和村民代表会议	通过表决,一致通过改造中联队旧商铺的相关事宜	由村委会落实、跟进相关事宜	推进中

续表

协商议题	协商事件缘由	协商次数	协商时间	发起人	协商形式	协商结果	协商成果落实情况	协商效果
商讨重建幼儿园、改造旧商铺相关事宜	召开两委会议商讨重建幼儿园和改造旧商铺的相关事宜	1	2016年10月8日	×××	召开两委会议	通过表决，一致通过同时改造中联队旧商铺和重建幼儿园	由村委会落实、跟进相关事宜	推进中
讨论对×××的违法违纪处分问题	×××同志违反相关法律，需召开第二支部党员会议讨论对其违法违纪处分问题	1	2016年10月16日	×××	召开会议	通过表决，一致通过给予×××开除党籍处分	根据第二支部党员会议表决结果，支部决定给予×××开除党籍的处分	完成
党的十八届六中全会精神党员学习日	学习党的十八届六中全会精神	1	2016年11月25日	×××	召开会议	学习及投票表决是否接收预备党员对象×××	深入学习党的十八届六中全会精神及通过×××为预备党员	完成
党的十八届六中全会精神党员学习日	学习党的十八届六中全会精神	1	2016年12月2日	×××	召开会议	学习外，商讨幼儿园建设相关事宜	定方案：(1)幼儿园设15个班，建筑面积约3800平方米；(2)出资方全带资建设，寮采村按3500元/平方米计工程款给出资方；(3)幼儿园建成后，出资方以12元/平方米·月返租，抵扣工程款，收回所有工程款后幼儿园归寮采村委；(4)出资方每年需支付幼儿园租三社的地块租金(6万多元)和村委管理费(1万元)；(5)一致通过将幼儿园出租给承租办学单位或个人年限40年	完成

续表

协商议题	协商事件缘由	协商次数	协商时间	发起人	协商形式	协商结果	协商成果落实情况	协商效果
2016年基层党建考核和民主评议考核	2016年基层党建考核和民主评议考核	1	2016年12月30日	×××	召开会议	评议后，商讨幼儿园建设相关事宜和世外桃源分红问题，并投票表决4位预备党员转正的问题	1. 商讨幼儿园建设投标事宜，现场举手表决通过：（1）幼儿园的其他建设，均交予承建方建设；（2）幼儿园的投标方式：以承建3500元/平方米与返租12元/平方米联动的方式，即反租每升1元/平方米，承建的3500元/平方米下降150元/平方米。 2. 2016年度世外桃源的分红，现场表决通过分红0.2元/股，可收现金，可按2.8元/股增持股份。 3. 对×××、×××、×××、×××四位预备党员转正投票表决	完成
幼儿园招投标相关事宜	幼儿园重建事宜已提交至镇三资管理中心，但上三资平台需时间，几位有意投资方均表示希望能将此事尽快落实	1	2017年2月7日	×××	召开两委会议	通过表决，与会人员均举手同意在2月11日召开的新春座谈会上交与会人员讨论	由负责这项事宜的×××通知有意投标人于2月11日参与座谈会，如果与会人员通过，会进行现场投标	完成
幼儿园现场投标	幼儿园重建招投标事宜交予大会讨论	1	2017年2月11日	×××	召开党员村民代表、商会、老人协会代表会议	通过表决，与会人员一致通过统一进行现场投标	经现场投标，已有投资方中标，并交给村委会10万元作为中标押金，后续相关事宜稳步推进中	完成

（三）当前寮采村村治转型所面临的主要障碍

以村“两委”为主导的农村基层治理结构模式确立以来，村社民主自治在各地也有所创新探索，在保障村民群众主人翁地位、激发村民群众参与基层治理、推动村社治理现代化进程等方面取得了积极成效，寮采村也经历了“由乱到治”、逐步恢复正轨且有积极的探索创新。但当前基层民主自治的各地发展进程不均衡，自治体制机制的某些深层次问题尚未彻底根除；随着城镇化快速发展和乡村振兴战略即将实施，城郊型村社治理会出现一些新问题、新动向，原有的农村基层治理模式出现许多不适应之处。新老问题交织，转型未能协调同步，农村基层治理面临着更加复杂的新挑战。通过据实分析如寮采村这样的传统村社潜伏的不稳定因素及显化的制约因素，其治理呈现下列阶段性特点（见图7）：

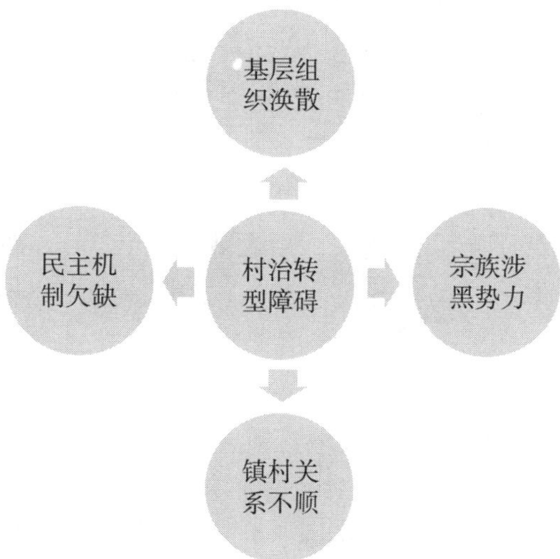

图7　乡村治理转型的主要障碍

1. 基层组织班子涣散或断层现象依然存在

在国家暨地方政府近些年持续有力的支持下，基层组织建设逐步恢复完善，其凝聚力、引导力得以提升。但基层组织人员团结不足、年龄老化、知识水平低、缺乏主动性、协作带动能力不强等问题依然突出，农村“两委”成员中，50多岁的居大多数，40多岁的属年轻成员，30岁左右的只占极小比例，30～40岁的村“两委”负责人更是稀缺，梯队结构不合理，后备有生力量不足，上下都抱有“能人带动”或“个人英雄主义”的情结。因此，持续加强村级基层组织梯队建设，是适应乡村振兴战略提升村社治理水平、创造新活力而必须解决的首要问题。

2. 民主自治机制欠完善,行政化倾向突出

村(社)务事务公开不全面、欠彻底,村民(股东成员)大会或代表会议、村(社)监会未能并行不悖,政社(企)不分,村民(股东成员)未能实现常态化有序参与村治或集体经济监管,村委会经常代替股东成员主体地位,村"两委"干部管治意识大于服务意识,基层群众政经分离机制运行欠佳。村"两委"内部一言堂现象不同程度的存在,"两委"干部兼任村监会、财务监督负责人,村内治理组织叠床架屋,一套班子多个名称,自身难以监督自身,徒有其名,未必发挥实效,村社内部难以形成对村社干部的有效监督制约。随着国家支农惠农政策力度的加强,各种资金、项目等投入农村,村级组织承担越来越多的政策落实任务。村"两委"的主要职责从主要向村民(代表)大会负责,完成村民(代表)大会议决的主要事项,转为向上级政府负责,主要完成区镇下达的命令任务。村组织从村民群众的自治代理人,可转变成为政府职能的延伸,成为准行政组织,其主要职能是执行行政命令、履行行政职能、完成行政任务的行政化趋势明显。

3. 镇(政)村(治)体制关系有待理顺

如今,乡镇对村社管控力虽有所减弱,但农村在行政化趋势强化的同时,也出现新形式的"皇权"不下乡的迹象。后农业税时代,一方面,乡镇干部不再经常下乡;另一方面,作为较早接受民主和法治意识教育的"精英"群体、"两委"干部,知晓村委会由村民选举产生,乡镇无法直接罢免,而且乡镇领导当选有赖于乡镇人大代表即村"两委"群体手中的选票。因此,在多种因素的影响下,镇村干部关系比较微妙。除乡镇党政主要领导外,一般乡镇领导干部对村支部书记、村委会主任缺乏足够的威慑力和管理手段。乡镇与村两委逐渐由"领导+指导"关系,转变为"指导+合作"关系。村干部在镇村关系纽带中处于主要地位,乡镇通过村"两委"干部管理农村,不直接参与农村治理。甚至出现部分村"两委"干部影响大于乡镇干部,村级话语权大于乡镇的非正常局面。乡镇与普通村民群众的关系隔膜日益增长,政府对基层的管控能力和动员能力受到挑战,基层群众对乡镇基层政府的认可度受到影响。

4. 基层矛盾呈现群体性、长期性及复杂性

村社矛盾纠纷直接影响到群众生产生活,涉及面广,容易引起具有相同利益诉求者的共鸣。由于村社集体收益分配经由民主表决机制,当任村社干部或多数人意见决定了村民表决方向,表决方案往往忽视少数人或特殊群体的正当诉求。其涉及利益分配的村规民约或表决方案难免引起部分成员的不满以致多宗纠纷产生,甚至有的纠纷涉及人数不少。寮采村前些年就存在因宅基地分

配、村道整修、公共卫生设施建设等产生的群体矛盾僵持着,近年来又因土地确权及流转、股权配置、集体资产管理及产业经营方面(如世外桃源股份公司经营状况)的村务公开等引发不明就里的部分群众上访。当前村社治理矛盾涉及改革发展的深层问题和当前法制调整滞后的现实,一旦形成就难以在短期内解决。譬如,在寮采村,由于农村改革发展历史遗留问题及部分村社干部过去不依法依规办事引发的土地承包、宅基地分配调整、征地补偿、集资收费、土地流转、股份配置及分红等纠纷或异议不断,累积叠加而未能及时化解。该类纠纷往往与其他众多矛盾交织一起,主体、事由及诉求混杂。由于村社自治面临人员流动性强、观念意识不统一、凝聚力不强等转型期的复杂特征,目前无法有效整合全部资源和人力,实现多元善治的难度大。其主要原因在于,居住在这些村社人员的自发性、无序性以及数量庞大,随着城镇化进程人员迁居及外来人口的涌入,村落传统的格局开始受到内外变动因素的冲击和影响。

5. 村民理事会的规范运行机制有待完善

在寮采村实践探索之初,村民理事会与村"两委"将会发生什么样的摩擦乃至冲突,谁也无法预见。换言之,设立村民理事会的初始动议或设想未必尽善尽美,却要通过实践检验发现问题或形成经验认识,更要通过实践修正,方可走向成熟。不过,厘清村民理事会与村"两委"的功能界限是必需的,没有一个框架机制加以规范,难免出现无序失范(彼此"争权夺利"或相互倾轧、扯皮);同时,与运行多年的"两委"体制运行相比,村民理事会稍有"出轨"也是正常的,但应借鉴既有的经验,从实体与程序、权利与义务等方面形成基本的规范,既然形成一个常态化组织,就应当制定一个组织章程,确保其照章运作;政府如果需要在面上推广该村社治理创新模式,宜制定一个规范指引。如此,便能获得较高的逻辑起点和行动指南。而在有的地方如安徽、江西等省部分农村,始有考虑以地方立法或规范文件形式明确村民理事会的法律地位和运行规则。

(四)寮采村现代特色农业发展现状

1. 寮采村以股份制形式培植现代农业经营主体

从白云区发展总体规划布局看,其实,区委区政府早就有计划将流溪河湾打造成为现代农业示范园区的意图,试图通过建设和提升流溪河沿岸都市农业生态带的功能,全面启动水乡花田生态农业示范区规划建设。

寮采村有效捕捉并积极跟进实施区的战略行动。其地处流溪河湾水源保护区域,辖区内基本没有工业厂房,在历次工业发展浪潮中均未沾边,因而具有现代产业特征的村社集体经济比较落后。即使到了 2012 年,集体经营年收入一般也只有十几万元，且主要是出租部分农地获得有限的租金，属于白云区的相对贫困村。为此，寮采村新任班子上台之初就积极谋划发展思路，结合该村域鱼塘成片、果树成林、空气清新、村庄宁静、环境优美的优势，同时充分利用广州市在寮采村建设绿道驿站的契机，借鉴顺德、清远和三水等发展"农家乐"乡村旅游的成功经验。2010年，经全村干部、党员和村民代表、老人协会等社团代表集会商议，一致同意在保护自然生态的基础上发展休闲农业，走出一条可持续发展的强村富民之路。寮采村正是借助省市推行绿道规划建设的契机，充分发挥其自然生态区位及资源优势，成立股份合作制的世外桃源有限公司，致力于发展休闲农业。在筹资方式上，以发行内部股份的形式向村民筹集资金，积极发动广大村民自愿参股，每股2元，自负盈亏，并由村、社两级集体参股。村民入股热情高，踊跃参股，全村1430户村民自愿入股且发放股民证达到1280本，入股村民已占全村的90%。没几年工夫，发展休闲农业就成为全村村民凝聚共识且共享成果的重要追求。

2. 寮采村村域农业产业化逐步扩大

寮采村以绿道沿线为骨架基础，初始将流溪河边800余亩零星土地从农民手中流转回集体集中，统一规划种植花卉、水果、蔬菜等，不但节约了劳动成本，而且有利于农产品安全监管，逐步创立品牌，改善土地资源配置效率，激活农村剩余劳动力的转移。就其基本做法而言，寮采村根据实际情况，集约化流转土地，划分不同的功能区，着力发展休闲农业，逐步实现农业的产业化和规模化经营，创新集体经济发展，带动村民共同致富。2014年，生态旅游区主要着眼于建设和完善桃源驿站、水上乐园、滨水沙滩、七彩花田等4个项目，还有草莓庄园、樱花林、紫薇林、岭南果林、养生花苑等的开发建设工作。2015年，随着2014年项目投入运营，度假村客流量实现翻一番，为迎合旅游的消费需求，继续重点扩建水上乐园，开发大棚科普农业和园艺基地，完善滨水河畔项目，重修车公庙、观音庙及村内古祠堂、古书舍等文物古迹，开发旅游资源。通过2015~2016年的开发提升，度假村项目组合越来越科学且多元化，不同模块的项目均有明确的客户市场。譬如，七彩花田以情侣游客为主，田园体验区和农业观光区以家庭亲子游客为主，未来的养生花苑将以老年游客为主，科普教育项目以学生为主，各年龄段的游客前来游玩都能乐得其所。世外桃源将可能在引领大都市郊区乃至珠三角城镇化区域乡村度假、休闲及体验型旅游市场中扮演重要的示范性角色。

随着工业化、城镇化、信息化和农业现代化的进程加快，农业机械化、专业化水平和种植技术的不断提高，大量农村劳动力从传统耕作中解放出来，向城镇和非农产业转移，农村土地开始向耕作经营者转移，地块逐步集中，经营规模逐渐扩大,催生了种养大户、家庭农场、农民专业合作社等新型经营主体。主要类型及发展模式:一是种田大户集中经营。农民按其意愿,选择性地将其土地以转包、转让、出租等形式,流转给种植大户进行专业经营。通过其引用新品种、运用新技术、使用机械作业,降低生产成本,提高作物产量,每亩纯收益比普通农户高出300~500元以上。二是以承包地入股合作经营。这种模式以入股组建注册合作社的形式,通过带地、带机、带资金、带技术入股等方式,将分散生产的农户组织起来,统一生产、统一经营,提高农产品的市场竞争力和农民收入。三是龙头企业带动经营。主要依托农业龙头企业,以"公司+农户"的形式发展"订单农业"。这种模式既为企业解决土地、劳动力、原料问题,也为农民解决生产投入、粮食销售等问题,实现农民与企业双赢。四是家庭农场经营。近些年开始兴办家庭农场,经过探索实践,创建以"两自""四到户"(生产费、生活费自理,土地到户、农机到户、核算到户、盈亏风险责任到户)为主要特征的大农场套小农场的统分结合双层经营体制。家庭农场成为自主经营、自负盈亏、自我发展、自我约束的市场经营主体。家庭农场种植面积一般在15亩以上,实行"七统一",每亩收入平均比单个农民种地高出300元。五是非农人口承包经营。近些年,有一定经济基础、对农业感兴趣的某些城镇人口开始投资农业领域,他们利用手中的资金,在偏远农村或城郊地区承包土地,购置农机具,雇用专人从事多样化农业生产。

基于股份合作制的集体经济创新发展模式和组织形态,在白云寮采村均有体现且初步呈现多种经营主体和业态融合共生的格局。

3.取得的发展成效

经过多年的共同努力,寮采村全体村民投入资金累计达4000万元,初步建成世外桃源生态旅游区,包括农家美食、河堤休闲公园、亲耕农场、水上乐园、鲜花观赏、钓鱼、自行车运动等项目,通过吸引游客前来观光游玩,有力地推动了传统集体经济转型及实现村民三个方面增收:一是增加了股份分红收益。仅2012年,村民得到股份分红21%即0.42元/股。二是带动村民就业。目前已投入营运的项目已带动该村村民200余人就业,邻村数十人就业。当生态景区全部项目建成时,预计可安排该村村民就业超过500人。三是增加地租收入。随着该景区的扩建以及其他配套项目不断得到完善,生态景区的优美环境和丰富的旅游资源,直接带动促使周边土地的附加值得以提高(地租由原来的每亩500元提高到1500元)。村民向实现共同致富创收的目标又迈进一步,尝到了集约化产业化集中流转土地、发展新型合作经济的甜头。因此,寮采村农业产业化发展模式及其成效受到了上级组织的积极肯定。

2009～2012年,寮采村被评为白云区的新农村建设示范村;2012年,被评为白云区美丽乡村试点村;2013年,被评为名镇名村示范村;2014年,入选广州市美丽乡村试点;2014年8月,由市委农办、市农业局评为"广州市观光休闲农业示范村";2014年10月,由国家农业部评为"中国最美休闲乡村";2011年,世外桃源景区获得由广州市农业局农家乐服务质量等级评定委员会颁发的广州市农家乐服务质量等级三星牌匾;2013年,获得由广州市农业局观光休闲农业示范园和特色农庄评定委员会颁发的广州市特色农庄牌匾;2014年5月,被省农业厅、省旅游局评为"广东省休闲农业·乡村旅游示范点"。

(五)寮采村土地利用及综合整治面临的问题

1. 一般性问题

(1)农业规模化和产业化经营需要土地集中以及公共服务政策的支撑,目前突出问题是农地稳定流转难且规模经营面临着制度性障碍。

放活农地经营权,重在实现土地规模型经营和集约化利用,但现实中主要面临这些问题:

一是制度缺陷导致土地流转不规范。土地流转存在二轮延包不完善、确权基础不扎实等制度安排缺陷,是当前导致土地流转不畅的根源。农户间自发性且零散的土地流转多为口头协议,土地流转管理服务组织缺位,造成双方主体资格不明且多次转手,引致土地纠纷个案多发频发。

二是农地经营权入股制度安排不清晰。目前农村土地流转形式占主导地位的仍然是转包和出租,约占流转形式的80%。尽管政府鼓励土地承包经营权入股,但同时强调土地用途管制,使得农民入股收益保障的空间有限,一旦出现经营风险,农民权益无法得到有效保障。世外桃源现有集中经营的土地也基本上同单个农户租赁而来的,尚不存在农户以土地承包经营权入股的情形。

三是农村社会保障体系不完善。当前农村社会保障制度存在管理分散、覆盖面窄、保障层次低、保障水平低、筹资方式不公平等问题。最低生活保障制度建设缓慢,养老保障的社会互济性低、保障能力弱,农村合作医疗持续发展面临困境。农村社会保障制度未能全面构建,无法替代土地所负载生存就业等保障功能。新型经营主体扩大规模进行相应的投入,希望土地流转能够规范、稳定且集中连片。然而,只要土地的社会保障和就业缓冲功能未被制度化的社会安全网替代,劳动力大量转移仅为土地流转和集中创造必要条件而非充分条件。经营大户普遍反映,农民宁愿让地荒了,也不愿流转给他们,造成"有地的不想耕,想耕的没地"的现象。事实上,各地家庭承包地流转面积比例远低于农村劳动力转移的比例。由于流转关系不稳定,大户们对土地投入动力不足,“怕变”“不敢投入”成为一种普遍心态。

(2)坚持集约节约用地,探索从传统分散型单门独户向现代社区集中型公寓转变,实现农村宅基地集约型盘活利用。

其一,严格宅基地审批政策。广州早已全面终止新增宅基地审批,对有住房需求的农村居民,指引其通过以宅基地换房或以房换宅基地的形式,由农民公寓、经济适用房、公租房统一安置,或者进行货币化补偿。拆除宅基地腾出的建设用地空间扣除政府周转指标后,可返还村集体作为发展留用地。通过集体建设用地复垦整理项目(补充耕地)、城乡建设用地增减挂钩项目、土地综合整治项目,能有效促进农村宅基地退出。本着鼓励农民将空闲宅基地退出的理念,在土地出让收益中拿出相应费用作为对退地农民的补偿。宅基地退出是既保护耕地也保护农民权益的积极举措。实行宅基地有偿退出机制是善举,但需要严格把好政策关。一是把好退出质量关。国土部门接到集体建设用地复垦申报后,以二调成果资料为基础,经实地调查认定退出宅基地的面积和房屋状况。二是把好复垦验收关。房屋拆迁复垦后,国土部门组织相关部门对退出宅基地复垦情况进行验收,必须达到当地同等地域耕地的质量标准才能认定合格;验收合格后,将所形成的空间指标安排到村社建设上来。

其二,宅基地收回制度不配套,缺乏可操作性。对宅基地使用权实施收回是宅基地退出的重要途径,现行《土地管理法》第 65 条确立宅基地收回制度,并原则规定宅基地使用权收回的几种情形,但对宅基地收回涉及的具体政策界限、收回程序等却无相应的规定,更无明确宅基地收回补偿标准等相关问题,致使实际中真正收回宅基地的寥寥无几。现行宅基地收回制度基本失效,并使农村宅基地的使用长期处于增量供应状态,存量盘活利用几乎为零,出现农村“人减地增”的现象。首先,宅基地无偿无限期使用和限制流转性,造成农户退出宅基地的动力不足——既往的宅基地是基于村民成员特殊身份,通过申请方式无偿取得且长期使用。一方面,宅基地取得的无偿性、使用的无限期性以及无留置成本性,使村民倾向于尽可能多占宅基地,而非集约型高效用地。另一方面,宅基地流转限制特别是禁止城镇居民购买宅基地,使本已准备移居城镇或他乡的村民不能通过让渡宅基地使用权实现财产权益,使这些宅基地长期闲置而加剧“空心村”的现象。其次,缺乏对农村村民主动退出宅基地的补偿和激励机制,使村民缺乏退出宅基地的意愿和动力——农民传统的理财观念以及房屋产权保护意识使“空心村”宅基地不会轻易退出,必须给予一定的经济补偿。但这部分补偿资金如何解决,是制约宅基地退出的重要因素。是由村集体补贴还是地方财政解决,或者在土地出让金收入中解决,都是值得探讨的问题。再就是实操困难——按照国土资源部《关于规范城镇建设用地增加与农村建设用地减少相挂钩试点工作的意见》的要求,实施城乡“增减挂钩”必须在国家下达指标以内且连同项目整体报批。每年村社会有一定数量的宅基地退出,相当分散零星,不能达到时空上的相对统一,面积数量也达不到上报要求。对零散的宅基地退出后进行集中整治,操作起来较为困难。

(3)农地承包经营权确权试点并不顺畅。

根据2015年1月27日,原农业部等6部门联合发布的《关于认真做好农村土地承包经营权确权登记颁证工作的意见》,土地承包经营权确权登记的基本环节包括:

其一,开展土地承包档案资料清查。依据农村土地所有权确权登记发证材料、土地承包方案、承包台账、承包合同、承包经营权证书等相关权属档案资料进行清查整理、组卷,按要求进行补建、修复和保全,摸清承包地现状,查清承包地块的名称、坐落、面积、四至、用途、流转等原始记载等。

其二,开展土地承包经营权调查。对农村集体耕地开展土地承包经营权调查,查清承包地权利归属。重点是做好发包方、承包方和承包地块调查,如实准确填写各项调查表,制作调查结果公示表和权属归户表。以集体土地所有权确权登记结果为基础,以第二次全国土地调查成果为依据,充分利用现有的图件、影像等数据,绘制工作底图、调查草图,采用符合标准规范、农民群众认可的技术方法,查清农户承包地块的面积、四至、空间位置,制作承包地块分布图。调查成果经审核公示确认,作为土地承包经营权确权的现实依据。对公示内容有异议的,进行补测核实。

其三,完善土地承包合同。根据公示确认的调查成果,完善土地承包合同,作为承包户取得土地承包经营权的法定依据。对没有签订土地承包合同的,要重新签订承包合同;对承包合同丢失、残缺的,要进行补签、完善。实际承包面积与原土地承包合同、权属证书记载面积不一致的,要根据本集体通过的土地承包经营权确权登记颁证方案进行确权。属于原承包地块四至范围内的,原则上应确权给原承包农户。未经本集体成员协商同意,不得将承包方多出的承包面积转为其他方式承包并收取承包费。土地承包合同记载期限应以当地统一组织二轮延包时点起算,承包期为30年,本轮土地承包期限届满,按届时的法律和保持现有土地承包关系稳定并长久不变的政策规定执行。

其四,建立健全登记簿。根据这次确权登记颁证完善后的承包合同,以承包农户为基本单位,按照“一户一簿”的原则,明确每块承包地的范围、面积及权利归属,由县级政府农经管理机构建立统一规范的土地承包经营权登记簿,作为以后不动产统一登记的基础依据。

其五,颁发土地承包经营权证。根据完善后的土地承包合同和健全的土地承包经营权登记簿,在确保信息准确无误、责权利明确的基础上,按规定程序和修订后的土地承包经营权证样本,向承包方颁发土地承包经营权证,原已发的土地承包经营权权属证收回销毁。

可见,土地承包经营权确权登记的核心是确权,重点在登记,关键在权属调查。农地承包经营权确权登记颁证是健全农村治理体系的基础性工作,在有利于保持土地承包关系稳定的同时,促进土地经营权流转、发展农业适度规模经营。近两年来,白云区的土地确权工作在政策指引下积极开展并取得一定成效。确权发证的要旨:依法确认和保障农民的土地物权,还权赋能,促使农地承包经营权能够依法流转、进行抵押,最终实现农民完整的土地产权。通过土地确权登记颁证,解决承包地块面积不准、四至不清、空间位置不明、登记簿不健全等问题,为开展土地经营权流转、调处土地纠纷和抵押担保等提供了重要依据。农地承包经营权确权登记颁证工作下一步将按照完善农地承包经营合同和承包经营权登记簿、提交经营权证颁证申请、完成证书审核颁发、完成信息平台搭建等工作依次开展。同时,引导村社结合确权工作实现土地整合,促进规模流转,夯实现代农业发展基础,并促进完善乡村治理机制建设。然而,广州白云城郊属于经济较发达地区,农民非主要或唯一依靠耕作获得收入,而是通过各种途径增加收入。部分村社进行土地股份制改革,部分农民将其承包地交由集体经营或流转后外出务工,但也不排除个别选择继续自己耕种的农户。单一确权模式难以满足其确权需求,必须灵活地将确地与确股相结合。具体采用何种模式,主要考虑到村社是否实行股份制改革而组建土地股份合作社;其地形地貌、土地矛盾、土地流转率是否影响确权确地等,综合选择按地或按股进行确权。再根据各村社实际情况,如农业从业人口、人口流动率、耕地丢荒率等来选择是确权到户还是到社。

2. 寮采村的特殊情况

寮采村位于钟落潭镇流溪河畔,全村行政面积 8150 亩,其中农用地面积约 4700 亩,户籍户数约 1300 户,户籍人口数约 5900 人,共有 18 个经济社。村域范围内土地承包经营方式在各经济社之间略有差异,主要形式可概括为村民自耕地和流转地(包括已由集体统筹经营的承包地、机动地和集体留用地)两种类型,其中流转地占绝大多数,土地小调整期限 3 ~ 15 年不等(见表 2)。

表 2 寮采村各社土地基本情况统计

社名	土地总面积(亩)	其中耕地面积(亩)	社员人数
1 社	380	340	430
2 社	270	250	360
3 社	310.88	237	268
4 社	230	160	314
5 社	215.4	211.9	308
6 社	323	200	319
7 社	305	190	261
8 社	308	240	264
9 社	400	170	350
10 社	300	310	285
11 社	300	230	272
12 社	无土地证,不知道	700	500
13 社	不详	193	292
14 社	150	90	120
15 社	160	120	135
16 社	—	60	—
17 社	—	90	—
18 社	208	108	145

资料来源:寮采村提供的数据。

该轮土地确权外业测绘面积 4700 多亩,颁证面积近 4500 亩,颁证户数近 1200 户。其主要包括两种类型:一是农民分散承包型。该类承包经营主要是指根据国家法律和政策,由分散农户进行承包经营,土地基本分散在个体农户手中。这在白云区农村较为普遍。二是集体经营与农民承包混合型。这种承包经营主要是指村集体将其中部分土地收回集体,由合作社统一经营;同时,还有部分土地无法流转到合作社,仍由农户分散经营。在这种产业化经营中,合作社转包给公司价格明显高于农户个人的转租价格。同时,还有部分土地由农民分散经营。然而,民意调查表明:一是在确权方式选择上,虽然选择确权确股不确地的较多,但并未占绝对多数,相当一部分民众希望能确权确地;二是在确权期限选择上,各个期限选择相对均衡;三是在确权调整上,不少人希望能定期调整;另外,仍有诸多农民对于土地承包经营权确权不理解,故确权工作需要加强土地承包经营权确权法律知识与政策宣传。

寮采村于2014年下半年被确定为白云区农村土地承包经营权确权登记颁证试点村，在区、镇的关心和指导下，该村积极推动、主动作为，各经济社和中介作业机构相互配合，各项工作进展顺利。寮采村第五经济社率先完成签字确认后待审核颁证，其他经济社陆续推进公示分布图和归户表等工作（见表3）。

表3　寮采村各社土地承包及流转情况汇总

社名	社员长期承包面积（亩）	年限（年）	机动田面积（亩）	年限（年）	企业承包面积（亩）	年限（年）	集体承包给外村村民（亩）	年限（年）	其他承包
1社	约230	无	约110	5	约60	18、30	无	无	无
2社	约50	无	约50	5	150	18、30	无	无	村委会承包40亩
3社	约70	10～15	约50	5	约90	30	无	无	无
4社	约40	30	约12	5	140	30	无	无	无
5社	约30	无	—	—	约120	30	4	15	“农家乐世外桃源”约20亩
6社	—	—	—	—	—	—	—	—	10亩
7社	约100	无	无	5	70	30	无	无	“农家乐世外桃源”约13亩
8社	约190	无	20	5	100	30	约30	1	“农家乐世外桃源”约20亩
9社	约100	30	无	3年一调	60	30	10	30	无
10社	约200	无	约70	5	约40	30	—	—	“农家乐世外桃源”约10亩
11社	约30	15、30	20	5	约70	30	无	无	无
12社	约600	无	无	无	约100	30	无	无	“农家乐世外桃源”约10亩
13社	约100	3	无	无	约50	30	无	无	无
14社	约40	无	无	5年1调（用钱补）	无	无	无	无	“农家乐世外桃源”约20亩
15社	约40	10～20	10	1	20	30、50	20	10	无

续表

社名	社员长期承包面积（亩）	年限（年）	机动田面积（亩）	年限（年）	企业承包面积（亩）	年限（年）	集体承包给外村村民（亩）	年限（年）	其他承包
16 社	约 20	无	29	5	无	无	约 8	1	“农家乐世外桃源”约 20 亩(含私人转包)
17 社	约 20	30	无	无	约 10	30	60（外租种花）	1	“农家乐世外桃源”约 20 亩
18 社	约 100	15	无	无	无	无	无	无	“农家乐世外桃源”约 30 亩

资料来源:寮采村提供的数据。

3. 结合白云区的要求,采取灵活且务实的土地确权政策

白云区根据其农村实际及城镇化趋势,明确土地确权的总体思路是采取“确权确地”与“确权确股不确地”相结合、村社民主决策的方式。对于集体统一经营型、主导经营型、集体经营与农民承包混合型这几种由村社集中经营的尤其是土地属于村社的,考虑以“确权确股不确地”的方式完成确权;鉴于部分村社已通过土地股份制等方式集中于村社统一经营,可以“确权确股不确地”的方式完成确权更便利;而对分散承包型的承包经营形式,则根据承包台账、合同、证书为依据确认承包地归属并确权颁证。据调研表明,寮采村土地承包经营各社情况不同且关系复杂。在全面确权之前应当理顺基本情况和利益关系,但现实情况非常复杂,有的农户承包地不是一块,零碎化比较明显,有的地块就是一棵树的位置,这样是否需要颁好几个证呢?类似情况难免给确权工作带来实际困难。

(1)确股范围的界定

农地承包经营权确权登记涉及的重要问题就是成员资格的界定。为此,白云区虽出台有《关于集体经济组织成员资格认定及其股份配置的意见》(云委发〔2007〕27 号)等文件,对集体经济组织成员资格认定进行了规范,但现实存在国家政策文件与村规民约等自治文件的矛盾与冲突,这可能给土地承包经营权确权登记工作造成影响,其中尤其是农转非、外嫁女等。据我们调研所知,白云区四个镇存在三种基本情况:一是完全不给“农转非”人员分享这种权利,如人和镇的雅湖村、江高的鹤岗村;二是给予“农转非”人员部分权利,如人和镇建南村给 50% 的分红;三是完全享受同等待遇,如江高镇的鹤岗村。寮采村也同样

存在类似情况,不同村规民约产生村民权利的差异,引发部分村民的诉求,甚至部分村民借助上访等方式,希望无差别地获得土地承包经营权。如何在尊重法律政策和村规民约的基础上,尽可能地满足村民诉求,保护他们合法权益,值得研究。

(2)确权期限的选择

通过走访调查,土地承包经营期各镇村的情况大致相同。在二轮延包开始后,白云区没有遵循土地承包经营权30年不变的政策,而是遵循"大稳定、小调整"的原则,采取几年调整一次的方式。譬如,钟落潭镇一般是5~6年调整一次,其他镇村还有3年调整一次的。大部分村民都接受小调整的方式,对于有承包地的村民,他们倾向于确定更长期限;而对于结婚生育等导致家庭人口增加的家庭而言,他们倾向于减少承包期限。寮采村的土地承包经营年限也是3~5年、10年、20年、50年不等。大多数村社干部反映推行固化很难做到,最好5年调整一次。因而在进行土地承包经营权确权时,期限到底如何确定是需要慎重考量的问题。

(3)确权补偿的压力

在既往"一村一品"发展指引下,寮采村农户除选择传统的荔枝、龙眼等果树种植外,还有一些选择柠檬、火龙果等水果。由于这些水果类作物一般有较长的收获期:一是土地不容易流转;二是一旦要流转确权,农户就会要求经济补偿,而这些果树的补偿有些一亩可能高达几万元,村社集体无法承受这种经济压力。在此情形下,村社集体只能维持现状,无法进行土地承包动态调整,必然会影响这次土地承包经营权确权登记。

(4)确权可能引发的纠纷

一是历史记录不清引发的纠纷。在二轮土地承包中,由于少数乡村干部对承包政策操作不规范、落实不到位等原因,有的地方承包地块、面积、合同、证书未落实到户,存在承包地确权面积不准、空间位置不明等问题。地方变更登记也未普遍开展,农户实际承包地块、面积与土地承包合同、土地承包经营权证书记载的信息不一致。如果确权工作准备不充分的话,农户可能就这些四至、面积不清的土地"寸土必争",引发纠纷。

二是承包权固化引发的争议。调研情况反映,有些村社固定田是包死的。二轮延包时仍健在的人可分享固定田+家中去世或外嫁女的固定田+机动田,而新增人口只能享有机动田均分部分(但大部分村委留的机动田非常少)。如1~4社同志反映,这几个社对外嫁女大多采取外嫁后,下一轮重新发包开始后便取消其分田资格,但保留独女留地政策,及家庭独女或多女选一女保留分田资格。借助此次确权机会,有新添人口的家庭可能会要求村委重新分配土地。如何解决这部分新添人口的利益诉求,是政府面临的又一困难。

三是土地调整带来的纠纷。依国家法律规定,承包地不允许进行大调整。但寮采村3~5年做一次调整的情况普遍,导致实际土地承包经营状况全部发生变动。因而在确权过程当中,由于土地调整带来的纠纷问题可能会非常突出。

四是土地流转(含统筹)带来的纠纷。农地流转在广东已经非常普遍,白云区也不例外。经过多轮流转、农户间互换田块、集体统筹用地、公益性建设占用农田等,要对土地承包经营权进行清晰界定可能变得非常困难。尤其是一些农田上违规建造了建筑物,这些建筑物并没有任何法律证书,仅处于灰色状态,若确权登记使之有所变化,如何协调各利益方将是一大难题。

五是家庭内部矛盾带来的纠纷。大部分家庭在分家时没计算田地的大小好坏,若要进行实地测量,有些人将要求重新分割田地。确权工作只能等这家人把内部问题解决之后,才能继续深入,确权进程可能无法按计划推进。

(5)土地经营权信息不明导致确认技术难度

一是界址不清。在一轮承包时,由于测绘、交通等技术水平及特殊历史条件的限制,寮采村农地承包不同程度地存在地块模糊、四至不清、位置不准等信息不明问题。随着劳动力流动性加剧,就成了历史遗留问题,进而增加了土地测绘、现场指界、信息登记和录入、制作地块图等确权工作的难度和操作成本。

二是面积不实。在征收农业税费的历史时期,部分农民为了规避税收而选择少报、瞒报土地面积,造成实际耕种面积与账证面积不符的现实问题。随着农业补贴等惠农政策的实施以及土地价值的不断攀升,耕地面积成为农民获取经济收益的依据,农民开始对登记确权的土地寸土必争,从而导致实测土地面积变动和重新确权问题。

三是权属不明。首先,由于时间久远和保管不善,部分村集体和农民已无法提供清晰、完整的土地承包经营原始合同。其次,在二轮土地承包中,少数乡村干部对承包政策操作不规范,落实不到位,致使部分村压根就没有土地承包合同,也没有土地四至界线等信息,这类权属不明给确权登记发证带来一定难度。

四是地界变动。有部分社集体农田以社集体的名义承包给公司企业,进行高科技农业生产等土地流转规模经营,改变了原先的沟、渠、路、坝,导致原有"四至"界线变动或消失,此类"小调整"增加了确权登记的额外成本。

(6)确权工作中的其他不稳定因素

寮采村属于二轮延包继续实行家庭承包经营并颁证的村域,此次确权的实质就是明确农民对土地享有的长期而稳定的承包经营权。可能产生的不稳定因素牵涉对历史遗留问题的厘清和解决,包括农村土地多轮流转、农户间互换田块、公益设施建设用地占用农田、农转非及婚丧嫁娶后土地未做调整等土地纠纷问题,能否在此次确权颁证工作中得到公平、合理、有效的解决。在实行固定田包死的社,社员普遍认为个人承包地是自己的,因而便在农田上种树或建筑,构成既成事实,未建者持观望态度,村民也知道这样做不对,但在没有强力阻止措施的情况下,这种认为土地归己所有并改变用途的情况较为普遍。实行固定田包死、机动田调整的社经过多年人口增减形成了严重的不公平现象,有些家庭人均耕地大增(如多女儿且外嫁),而有些家庭人均耕地锐减(如多个儿子娶妻生子)。若上述问题未能有效化解,农户之间以及农户与村集体之间的矛盾容易被激化,从而引发集体闹访等群体性事件,使农村土地确权工作陷入困境。

4. 寮采村土地确权须克服的工作障碍

(1)宣传发动问题。宣传发动是能否调动群众主动性和创造性、确保工作顺利推进的关键性因素。村工作领导小组为此开展了大量的工作,确保宣传有力、户户知晓、人人参与。一是工作方式主要采取领导小组会议、领导小组和群众组织扩大会议、领导小组和社员代表会议的形式,逐级逐步扩大宣传和讨论范围,达到基本摸清民意、保障群众知情权和调动群众积极性的目的。二是媒介上采取会议为主、宣传材料为辅的形式,主要是多次召开各类会议宣传、摸查和讨论,通过拉横幅、贴宣传画、发放封信等形式进行宣传。三是内容上以宣传确权对农民权利保障的好处为主,同时提倡自耕地和流转地分区域集中,实现规模整合;提倡适当给予特殊人群的利益维护。

(2)人口增减问题。人口增减问题,表现为承包权的"生增死减",这是一项长期、普遍、现阶段有利于保持农村稳定的基本做法,也是群众最为关心的内容之一。寮采村主要采取登记内容不变,按小调整年限调利不动地的做法,即此次确权登记证书的内容(主要是人口和承包地块信息)在承包期内不再变动,增减人口所对应的土地承包收益,在小调整期限内也不变,在达到小调整年限时,则相应增加或减少人口变化对应的土地收益。

(3)特殊群体利益分配问题。特殊群体主要指"外嫁女"和居民户籍的村民,这部分人群利益的处理,对于保证农村和谐稳定具有重要意义。寮采村采取"界定身份、适当给予"的做法,即农业户口且从未迁出的外嫁女以及1983年(第一轮土地承包时间)后转为居民户籍且现时户籍仍在该村的村民,提倡给予50%的承包权;迁出过户口(无论是否回迁)的外嫁女以及1983年前转为居民户籍的村民，均不再享受承包权。

（4）规模流转地块确权问题。寮采村内连片大面积流转地块主要是升威地块（约 1500 亩）和世外桃源地块（初始约 1000 亩，近期将扩至 2000 亩），这两片区域由于已连片整体规模化经营，内部界线不明显。寮采村的实际操作是以流转合同为依据，各经济社按照大地块中原权属土地的大致位置，沟通协商，在确保面积足额的前提下，明确各经济社土地“四至”界线，随后按面积确权到户。农村土地流转已形成多年，但流转手续比较简单。近些年，随着法律规制的完善，参与土地流转的双方大多有书面的协议，但协议中存在权利和职责不明确、签订的合同中条款不完善等不规范行为。一旦发生土地流转纠纷，农户的合法权益难以得到有效保障。农村土地流转是推进农村土地实现集约化、规模化经营和实现有效管理的重要手段，也是促进农民不断增收、提高土地资源利用效率的重要途径。

5. 土地整治所面临的政策困惑

城乡建设用地增减挂钩政策在优化用地结构、盘活存量土地、提升城镇化和促进新农村建设等方面较有成效，积累了有益经验。然而，其作为土地整治新政，在贯彻集约节约用地方针及有效规制层面存在某些困惑或者难题：

（1）“挂钩周转指标”的政策安排与“耕地先补后占”的用地原则不符。十七届三中全会《关于推进农村改革发展若干重大问题的决定》指出：推进土地整理复垦开发，耕地实行先补后占。这是坚持最严格的耕地保护方针、坚守 18 亿亩耕地红线的必然要求。基于此，2009 年国土资源部《关于全面实行耕地先补后占有关问题的通知》强调：报批用地前先行完成补充耕地，做到先补后占。而“城乡建设用地增减挂钩”通过周转指标的政策安排管控试点规模。国土资源部向试点地区下达“挂钩周转指标”，允许地方在指标控制范围先行占用耕地，并限期用复垦的耕地归还。该政策安排可能造成实际的“先占后补”，与中央决定中“先补后占”的方针精神相左。

（2）规划指引与协调落实乏力。开展“增减挂钩”必须符合土地利用总体规划、城乡建设规划及产业发展规划的要求——实质是以空间换效率，以布局优化促进统筹规划。由于城乡二元分割，缺乏整体和长远部署如主体功能区规划、土地利用总体规划、村镇规划等对区域间人口流动增减、资源承载力、产业布局等统筹不足，故宏观上缺乏对全域空间规划的指引，纵向的规划体系不完整或落地难，村镇规划缺位或定位不明，标准不高，缺乏统一有效、循序渐进的管控措施，规划执行力不足。由于区域土地利用总体规划不同，产业发展等专项规划普遍缺位，项目区实施规划与土地利用总体规划及村镇建设规划不衔接等问题存在，缺乏整体和长远规划的指导，使“增减挂钩”试点区域工、农、商、住等功能区分不明显，未能优化城乡建设和产业空间布局，难以突破城乡分割“壁垒”，导致用地集约化低、投资建设强度低、投入产出率不高。

(3)留用地指标“空挂”比例大且布局分散。留用地开发利用由于前期落地程序烦琐，以及政府部门办事效率低等问题，白云区留用地落地情况不够理想。据悉，到 2016 年年底，白云全区 5,316,700 平方米的留用地仅有 1,168,053 平方米的留用地取得建设用地批准书，占待落实留用地面积的 22.35%，绝大部分留用地的落地手续办理被长期搁置，严重损害村集体的利益。留用地大多选择在本村内落地，这就决定了留用地的布局分散，呈现碎片化的格局。留用地的开发利用向来是各村独自发展、各自为政，导致镇政府难以统筹规划，各村之间难以实现统一招商合作的局面。同时，各村之间彼此信息不互通、不对称，地方政府对项目引入的标准没有给出一个统一、科学的指导意见，容易造成在土地、资金等方面的浪费。在留用地安排过程中，政策虽然允许异村落地，但由于村民思想保守，都认为“眼见为实”，觉得留用地只有落在本村才安心，要求留用地在本村范围解决，一般不愿意接受外村留地。这就使一个村一个“小规划”，留用地地块零散破碎，较大限度地限制了后续产业引入与发展，不利于实现区域规模经济。

(4)责权利不对称，且缺乏资金保障机制的约束。责权利相对称是现代法治的重要原则，也是保证政策良性运行的关键。政府既有推行“增减挂钩”政策的权力，也有维护相关主体利益的责任。地方政府拥有建设用地管控调配权，是“增减挂钩”的主要受益者。“增减挂钩”涉及政府、农民及企业等主体的责权利关系需要明确——实质是界定公益性还是经营性，公权行使与私权保障协调统一，使资源集聚的土地级差收益分配惠及城乡居民。然而，一些地方政府为谋求额外的用地指标，不顾相关利益主体之权益保护，滥用权力，强制挂钩，硬逼农民上楼；或将集约化改造的土地转手给开发商，赚取级差利益，忽视对农民的合理补偿；有的地方政府与开发商勾结，开发商运作获得高额利润包括为政府的寻租成本；有的地方政府对开发商进行非法干预，迫使其为保全利益而向政府寻租。当然，政府也有行政成本，但若抽取“手续费”过高，剩留给农民的不足“上楼”用，于情于理都不通。因而导致“城乡建设用地增减挂钩”政策走样，其根源在权责利不对称。所以，不能放任地方政府与民争利，肆意滥用权力，强买强卖，未尽保护公共利益、兼顾公平、促进社会和谐的责任。另外，“增减挂钩”政策本身隐含的意思即要发挥级差地租杠杆作用，最低限度地动用政府公共资金，利用城乡建设用地的收益剪刀差及相关优惠，实现项目区内资金自我平衡,从而推动城乡用地结构优化和空间布局合理化。对于发达地区城乡接合部而言,这种可能性是存在的;但对于农村边远地区来说,资金能否自我平衡,特别是启动资金的来源保障,都是相关政策未明确的现实难题。

(5)涉及建设用地与农用地转用审批手续和变更登记问题。“增减挂钩”双向存在一个环节——先确定的项目区建设安置拆迁农民集中居住的住宅可能占用一些农用地,由此产生农用地转用审批问题;或将拆旧地块农民迁留的住宅拆除并付之复耕,从而转变为农用地,与建新地块占用的农用地进行等量置换,故而产生农民迁出的建设用地(宅基地)被复耕为农用地的用途变更登记问题。《土地管理法》(第44条第1款)虽有规定:建设占用土地,涉及农用地转为建设用地的,应当办理农用地转用审批手续。但由于该环节被占用的农用地将通过与后续从另一地块上农民迁出并被复耕后由宅基地(建设用地)转变成的农用地进行等量置换,同一项目区内农用地总量并无变化,应否办理农用地转用审批手续,似无必要。同样,《土地管理法》(第12条)规定:依法改变土地权属和用途的,应当办理土地变更登记手续。但因原宅基地被复耕后变成的农用地用于对另一地块被占农用地的等量补偿,同一项目试点区内农用地总量终无变化,再为此办理建设用地转为农用地的用途变更登记手续,并无实际意义。鉴于相关政策文件均无明确要求,实践如何协调操作,恐难以简单定论。

(6)配套政策与规制滞后。“增减挂钩”是一项系统工程,涉及诸利益关系的协调和平衡,需要各方面通力协作;而处于“边实践、边总结、边规范”的监管机制、保障制度、财政政策等亟待系统完善。要认真研究引导扶持农村建设用地整理的政策措施——先行下拨启动周转用地指标;全额留用挂钩指标的耕地开垦费、新增建设用地有偿使用费;征地留用地特殊保障;建设农民公寓及配套设施免缴耕地占用税;新增用地指标一定比例用于经营性用地出让,确保投资者收益回报;等等。再如,国土资源部对收益分配仅有指导性意见,未明确合理的分配机制。挂钩收益优先于支持农村集体发展生产和农民改善生活,而部分地区对其收益并未合理分配使用。土地出让收益纳入当地财政参照一般土地出让收入统一管理使用,未安排专项资金用于支持挂钩项目区集体经济发展和改善人居条件。另外,如今城乡二元结构下农民工流动呈现家庭化和长期化,不少农民工在城市有了稳定的工作,部分甚至拥有房产,但由于无同等待遇的政策保障,农民难以在城市“稳住”而不敢“双放弃”(放弃承包地和宅基地),必然导致农民工家庭在城乡“双占地”。由此也成为城镇建设用地大量增加、农村建设用地未必减少的重要原因。另外,留用地项目的开发建设从招商引资、产业定位、建设运营、管理等各个环节是以镇街等基层组织自主把握为主,缺乏合理规划依据。在留用地安排过程中,一般都要求各个村社在更高、更长远的角度去思考如何进行产业布局、建设规划、公共基础设施、社会和环境综合效益的对接。事实上,政府没有给出足够的产业政策规划指引及非农用地指标保证。由于留用地开发利用的配套政策不完善,诱发一些土地违法违规开发的现象。

6. 乡村土地整治的意义

近些年,政府逐步认识到要从根本上转变长期延续的"以农支工"的发展路径的必要性和紧迫性。党的十七大指出,我国总体上已进入以工促农、以城带乡的发展阶段进入加快改造传统农业、走中国特色农业现代化道路的关键时刻,进入着力破除城乡二元结构、形成城乡经济社会发展一体化新格局的重要时期。随着国家对村镇发展的重视,村镇规划处于大规模的实践探索阶段。21世纪初开展了社会主义新农村建设、"千村示范、万村整治"的村庄整治工作。之后,国家继而推出新的《村镇规划标准》(GB 50188)和新的《城乡规划法》,将村庄规划纳入法定规划体系。然而,目前开展的村镇规划工作还存在诸多不足,主要表现为:现有规划体系中缺乏村镇建设用地再开发专项规划,城乡规划重城轻乡、市镇脱节,乡镇规划、村镇规划过于迁就居民点规划,忽视其他利用空间的安排;在规划过程中,所采用的主要引导手段如空间管制、四区划定等适用性不强;目前,规划全覆盖是以城镇为中心的规划覆盖,侧重于城镇建设用地覆盖,忽视农业用地、乡镇产业用地规划及生态保护用地的覆盖,影响了农村土地规模经营以及集体建设用地流转或盘活利用。

从乡村规划资源配置的角度来看,土地问题是乡村治理的一个关键问题。在农村现代化进程中围绕着土地开展的一系列乡土行为调整,包括推动农业生产的发展、村落土地的集中保护,社区治理与外部交往等,以及以村社活动为中心培育新的社区文化等。随着乡村社会发展特别是乡村振兴战略的实施,村社需要更多的空间资源满足多元化发展,"土地整治"作为公共干预平台在村庄居住条件改善、农村基础设施建设、农业产业化发展和乡村环境治理中发挥重要作用,可以有效地缓解人地矛盾。土地整治是乡村发展的核心动力。人地关系的变化深刻影响乡村社会关系的变迁。当前我国乡村土地整治为乡村规划工作提供了可靠的地情普查基础,同时乡村规划也为土地整治工作提供了科学发展的空间。因此,以"村社发展"为目标的土地整治有利于规避既往土地利用整治不善造成的规划困境,如传统建筑的拆迁、村落文化机理的破坏、乡村景观的消逝、社会秩序的紊乱等。同时,以村社发展为目标的土地流转,能加强市场与村民的平等对话,规避市场风险,培育村庄共同体意识。

寮采村属于广州白云北郊区域传统型村庄,村庄发展建设受城市化和工业化影响较小,基本保留着农村的生产生活方式。从村民收入来源看,大多数村民长期收入低微,来源单一,主要依靠外出打工和种植业,从事非农产业机会较少,多从事一些住宅混合的临街商铺或简单的作坊式加工,村集体分红普遍较少。旧村庄景观演进速度较慢,传统特色虽有所保留,但较为萧条和没落,呈现没落的"乡村型"景观特征:原建筑布局紧凑而混乱、缺乏规划且紧依公路的新建房屋,小组团排列整齐而错落有序的20世纪70年代的旧房及倒塌或废墟版的20世纪50年代的旧房独立成群,还有新旧混杂、极不协调的建设景观。从土地利用情况来看,因自然条件和历史原因,村集体合法用地布局分散、零碎,合法用地上多是一些粗放加工、低端制造类企业,档次低、经济效益差;局部农耕格局遭到破坏,旧村空置现象突出,浪费了宝贵的建设用地标准;村庄用地结构比较单一,建设用地主要是农村宅基地及公共设施用地,工业用地较少,商铺一般临路和住宅混合使用。因此,其建设用地蔓延化,主要体现在村民宅基地的违法用地;其村庄建设用地和小规模零散的工业用地,但村庄公共服务设施和市政基础设施配套比较缺乏。有限的经营性建设用地的开发和收益权,村集体及村民受到上级政策的规定和束缚,不能对集体建设用地实施有效的自主规划和开发。

(六)城镇化和乡村振兴进程中寮采村村社不稳定因素的凸显

随着现阶段城镇化持续推进及下一阶段的乡村振兴战略实施,传统单一的农业耕作的重要性会降低,城乡二元体制逐渐松动,持续变化的城乡经济社会融合发展态势会显现,即对农村基层治理带来深刻的影响。在此进程中,农村社会发展动能将被激活,亟待创设符合现代治理理念的机制与模式。然而,农村治理现代化转型的内生动力不足,外部引导缺位,机制建设缺乏顶层设计,导致村社基层治理问题层出不穷。部分地方或者领域虽有所探索创新,但未从根本上改善农村治理欠稳定非规范的态势。

1. 根源于农村资源盘活诱致的矛盾冲突

随着城乡一体化持续推进,二元体制禁锢必将被打破,大量的农村资产资源潜力被释放。农村资源所蕴藏的巨大利益备受农村内外资本的青睐及社会各界的关注,农村传统社会的封闭性将被外来资本及市场机制介入,村社治理结构卷入全社会结构变动之中,地处广州市郊区的寮采村首当其冲。在该背景下,将有大量的资产处置及复杂的经济运营管理活动随之产生。原本侧重于农村内部管理自行调整的村级治理模式,已经不适应新形势发展需要,必须加以转型创新。然而,变动中的农村社会不稳定因素源于利益纠葛所引发的矛盾冲突，部分农民利益受损或其诉求被忽视，往往诱致矛盾显化。

（1）公共利益与农民利益的冲突。随着城镇化进程，土地流转价格越来越高。由于集体土地不能随意集中流转或者变更用地性质强行开发，土地交易或开发利用均要通过有组织的协商途径或者基层政府引导，若政府或集体组织从农民手中收购或"赎买"土地的价格与"卖"（租）出的价格形成"剪刀差"，会影响农民土地收益，从而可能导致群体性的利益诉求。

（2）个人与集体的利益冲突。城郊农村集体经济收入主要以地租为主，由于集体收益的单一性，近年来收益率明显下降，农民分配越来越低，难以保障基本生活需求。以寮采村为例，近五年来村委会先后组织实施多条村道改造、河涌清淤工程、无害化公厕建设（7 座）、文化休闲广场、排水系统建设、公交站场建设、村庄园林景观绿化工程以及路灯工程等 20 余项基础设施或公益建设。据测算，2014～2017 年，除了区、镇两级政府安排财政投入 750 万元以外，集体经济年均投入社会公共服务费用总额约 30 万元，占年均收入的 30%，相当于每个成员需要分摊 50 元/年，村社集体经济发展和集体成员收益受到影响。

（3）少数人与多数人的利益冲突。随着社会经济的不断发展，村社集体内部利益关系变得日益复杂化，部分群体为利益分配极易与其他村民产生冲突。比较突出的有外嫁女群体与村民之争、农转非（或自理口粮）人员与村民之争、退伍军人与村民之争等，矛盾集中在承包地分配、集体收益分配、征地补偿利益分配和部分公共建设或公益发展项目上。寮采村的特殊群体主要是"外嫁女"和具有居民身份的村民。若以承包地分配为例，对于这部分人群利益的处理，其主要采取"界定身份、适当给予"的做法，即对于成为外嫁女但从未迁出户口的农业户口给予 100% 的承包权，以及 1983 年（第一轮土地承包时）后转为居民的，提倡给予 50% 的承包权；对于迁出过户口（无论是否回迁）的外嫁女及 1983 年前转为居民户籍的居民，均不再享受承包权；居民迁出户口时收回承包权，迁回户口后在小调整期限时重新获得 50% 承包权。另外，寮采村多年来有少部分村民一直因就"世外桃源"股份公司经营管理状况提出公开查账的诉求未得到满足，牵连其他的公共建设或公益发展项目，诉访不断，时而爆发小规模冲突。

2. 内在的因素

（1）民主法治基础薄弱，组织涣散，有待改善。现代治理的基本特征就是民主法治。虽然民众的民主法治意识普遍提升，但囿于农村经济发展、人才培养、管理水平等方面的限制，农村居民的民主法治意识水平相对较低，对民主法治运作方式的运用欠缺训练。故在寮采村也经常可见，一方面，群众维权意识高涨，各种针对现任村社"两委"班子某些项目的上访、投诉不断；另一方面，疏于维权或将个人其他事务的维权演变为群体性事件的矛盾现象时有发生。农村内部缺乏孕育更高程度民主法治治理的基本因素，其基础薄弱成为影响农村理性规范良好治理的重要障碍。当然，既往部分领导素质不强，公信力不足，发展集体经济能力不够，甚至腐化谋私利、财务管理混乱、集体收支不透明等，引发村民既有的猜疑、不满甚至上访。例如，原党支部书记、经联社社长，多次伙同少数经济社干部在村集体土地征地补偿过程中，通过扩大补偿亩数等方式虚构补偿合同，侵占集体资金，严重损害村民群众利益；因股份公司管理欠公开透明，部分村民将企业管理混同村务管理产生严重质疑，时而引发部分群众不信任甚至群体性上访事件。

(2)依法监管的滞后。一方面，相关立法在保障农民(集体)的法律主体地位方面乏力，表现为：农民未完全拥有自由交易其宅基地或自主开发利用其承包地的权能，使农民必须依靠集体运作。既往现实中出现个别村干部为谋私利，在村社集体“三资”交易过程中故意规避有关程序，私下盖公章签订交易合同的情况，而根据《合同法》，其所签合同仍属有效，即使村集体将该类私签合同行为诉诸法院，法院也难以做出合同无效的判决，造成集体难以挽回的损失，影响了农村基层社会稳定。另一方面，《刑法》解释虽对村干部贪污腐败情形进行了界定，但在具体执行时，缺乏明确的实施细则，打击查处的责任落实不到位。

(3)诉求渠道不畅。当前的法律制度对农民利益诉求表达缺乏有力保障。例如，村民对村干部擅自以集体名义对外签订的协议有异议，诉至法院一般不会被受理；基层社会矛盾调解机制不尽完善，农民某些诉求难以顺利表达。制度化诉求渠道不畅通，农民就转而追求非制度化的表达，如上访抗议、围攻政府、拒不配合公共建设等激进方式。

3. 外在因素

(1)农村人口外流频繁却伴有融入城市的无助失落感。近年在国家以工哺农、以城带乡政策号召下，惠农支农力度在加大，各类资源逐步向农村回流汇集。但农村资源外流现象并未根本改变，其中最重要的人口外流从未停止。这虽是城镇化发展的必然趋势，却也是造成农村治理发展不足的原因之一。人口外流导致农村各项事业无人可用，部分村社治理即使偶有好转，但也面临后继乏人的窘境。农民在城镇化进程中，社会流动性增强，而脱离土地的农民习惯于农村悠闲，不适应城市节奏，容易产生失落感。农民依靠土地为生的传统生存方式并未随着土地权属功能的调整而调整，他们不能完全从原农地格局中脱离，“离乡不离土”的转化方式，难以给进城农民群体提供持续的发展保障。农民极易产生对土地征转的被剥夺感、对利益分配不均的不满情绪,从而引发矛盾纠纷。例如,目前寮采村土地已被流转的有2000多亩,其中流转给外来企业升威实业有限公司的有1500多亩,流转给本集体股份公司世外桃源1000多亩;除了公益建设用地与宅基地以外,全村现可流转农地仅剩1000余亩,现有从事农业种植、养殖的村民尚有1000人。涉及该两区域集中流转地块确权问题,由于其连片经营、内部界限不明,寮采村在实操中,以流转合同为依据,各经济社按照大地块中原权属土地大致位置,沟通协商,在确保面积足额的前提下,明确各经济社土地四至,随后按面积确权到户。

(2)惠农政策重物质轻机制。现有国家的支农惠农政策囿于引导激励机制方面的因素制约,相对比较注重"短平快"的物质方面项目帮扶投入,在改善农村基层自治现状、完善自治机制等治理软实力提升方面,却因见效慢、容易得罪人等种种顾虑,而不愿为、不会为、不善为,成效寥寥。外部引导乏力,惠农政策畸重畸轻,成为制约农村基层治理转型发展的重要因素。

(七)传统集体所有制格局下成员权资格界定的困境

从土地包产到户到集体返租地再流转规模经营的产业化,农民的土地权益分享从承包权转向股权,但集体所有制的核心安排——成员权制度不仅未能削弱,反而更加强化。村社两级的股份制安排均以集体成员权为基础,土地出租流转的分红也是以成员权为基础的。这种土地股份制有助于保障农民在城镇化进程中的土地收益,但也暴露出集体成员权制度"内卷化"的缺陷。在农村土地确权登记中,一个重要因素就是成员权资格暨分配资格的界定。为此,虽然白云区出台《关于集体经济组织成员资格认定及其股份配置的意见》(云委发〔2007〕27号)等文件,对集体经济组织成员资格认定进行了规范,但现实中存在国家政策文件与村规民约等自治文件的矛盾与冲突,对土地确权登记已造成影响,尤其是以农转非、外嫁女等。寮采村跟白云区其他村社都存在类似情况:一是完全不给农转非分享权利;二是给予部分权利;三是完全享受同等待遇。部分社对外嫁女大多采取外嫁后,下一轮重新发包开始便取消其分田资格,但保留独女留地政策,以及家庭独女或多女选一女保留分田资格。借此确权机会,有新添人口的家庭可能要求村社重新分配土地。如何解决新添人口的利益诉求,也是面临的困难。不同村规民约产生村民权利差异,引发部分村民的诉求,甚至部分村民借助上访等形式希望能获得土地承包经营权。

1. 土地收益分配福利化倾向增强

集体组织为了化解集体成员对土地收益的质疑,不断强化公共福利和公共事业投入,而不是将资金用于扩大生产投资。近些年,村社筹资用于公共福利和公共事业的开支持续增多。为了解决土地收益福利化问题,必须不断对土地股份制进行改革,既有固化股权、增强股份流动的改革,也有将以土地福利化为纽带的股份分配与资产为纽带的股份分配相分离的改革,还有以户为单位替代以集体成员为单位的股份制改革。然而,迄今为止,这些改革集体成员权股份制的改革或限于个别村庄,或推行一段后再回复原成员权股份制,一直未走出集体成员权为纽带的股份制困境,对农村向更高阶段发展造成困扰。

2. 由成员权制度引发股权争议

农村股权争议是牵扯基层党政领导的精力并长期困扰有关部门的难题。随着城乡经济发展,农村股权争议由过去少数股份合作社的争议发展到现在多数股份合作社的争议。农村股权争议的地域范围不断扩大,呈蔓延增长态势。股权争议从原农村出嫁女及其子女的股权争议演变为农村出嫁女及其子女、"非转农"成员以及居住在农村社区的城市居民、外来人口的争议,争议的人员结构从单一结构向多元化转变。

深究由成员权所致股权争议,源于集体所有制的模糊性。法律虽明确农村集体产权归集体经济组织支配行使,但囿于以"三级所有、队为基础"的传统体制模式,法律并没有清晰地界定所有权行使主体,对集体成员范围也无明确的资格界定,导致农村人口变动引发股份合作组织股东人数变动。另外,农村股权初始配置普遍采取无偿配给,农民既不需要投资,又不需要承担风险即可享受集体经济成果分配。农村股权普遍存在浓厚的以成员权为依据的福利分配色彩,其本质是基于成员权的经济利益分配,由此必然诱导股权争议的长期存在。譬如,寮采村主要是以定向募集村民出资入股而非以农户土地承包经营权折股或以集体资产量化的个人股份,组建股份制企业市场化运作方式建设和经营世外桃源景区,其组织架构是以经济合作社加上股份公司形式与农民入股及土地流转利益联结起来,通过整合资源规模化经营和主体创新,有利于景区项目开发经营专业化运作和资源资产专业管理,有利于农业生产的组织化、集约化和标准化,这种创新突破在广州白云较有示范性作用,但其内部产权关系及其表现的股份利益分配关系需要进一步规范化理顺,特别是股份制企业(公司)在组建成立之初,出于筹资运作的方便,可能存在由几个发起的自然人被核准办理注册登记为股东的情形,但随着景区发展和企业规模扩大即增资扩股,其股本结构、股东名册、估份价值、红利分配或增配股方案、代持股份的模式以及股东知情参与权利保障方式等,应该在制定一个比较完善的股份组织章程的基础上,进行系统化、制度化,适时或定期需要组织召开股东大会或股东代表大会,决议有关增资扩股、收益分配、项目投资合作等重大事务。否则,目前的资产股本结果过于封闭、企业治理的“内卷化”而无法实现突破和创新,反而因村民股东与经营管理者之间信息不对称而导致村社群体性的上访诉求或纷争不断甚至出现一定程度的分化、对立,长此以往,既不利于世外桃源景区可持续经营发展,也不利于村社和谐治理。

四、寮采村发展转型的路径与综合施策的做法

(一)村治转型基本趋势及创新原则

村落是传统农业社会农民聚居的空间主体。基于传统农业生产所孕育的熟人社会关系和村落文化形态共同塑造了村庄的生活形态和聚居方式。随着新时期人地关系流动的加剧,城乡异域社会交往活动和利益诉求范围扩大,乡村社会成员的异质性增强,传统乡村社会文化维系力降低(如血缘、地缘关系的弱化),亟须新的社会关系纽带。社区(community)是以地域为基础的社会生活共同体,突破了传统“关系”下的小范围特殊认同,可以有效地解决当前乡村居住空间迁并和重组过程中带来的社会组织涣散、社会治理成本升高等问题。从“村落”到“社区”的转变不仅是由传统的分散居住向集中居住方式的转移和转变,这种转移和转变还意味着社会管理基础单元、社会日常生活支持网络、社会资源和社会机会配置机制的总体转换。

由于现行村社体制可能导致信息不对称及滋生腐败问题,危及村社和谐稳定,成为干群矛盾的诱因,村民上访、控告干部违法违规的情况时有发生。加上农村固有的矛盾纠纷、发案形式、潜在问题等复杂化,因土地发包出租、征地拆迁、收益分配、公共建设筹资等引发的矛盾有增无减,群访群闹事件间或发生,加剧基层矛盾冲突。加上村社人员流动性增强、观念意识不统一、凝聚力不强等转型期的复杂因素,村社自治无法有效整合资源,协调处理利益关系的难度大,成为和谐稳定的重大隐患。

若从国家制度实践的乡村民情来看,寮采村高达50%左右的人口常年在外,在较大程度上冲击着村治制度实施的社会基础。村民自治从选举到日常公共事务管理都需要村民有效参与,但大规模的农村人口滞留在外,并不能确保时时顺利。也正是这种制度设计的内在冲突和制度运行的外在条件变化导致村民自治“有民主形式,无自治内容”。农村基层治理模式的改革选择,必须立足农村基层治理的现状,围绕着农村经济社会发展转型的基本趋势,以构建能

够融合现代法治理念和传统德治观念,兼顾夯实国家治理基础和实现村社有效自治的双重需求的科学治理机制为目标,加强系统设计,积极稳妥推进。

1. 认知乡村社会发展态势及弘扬传统的村治优势

当前农村处于资源输入及城镇化发展的活跃期,其波及面影响度将越来越大。村治机制的创新完善,必须立足且切合该特征需求。从行政渠道来看,国家通过粮食直补、扶贫开发、新农合或新农保、产业扶持、基础设施建设等项目,对农村的投入持续加大。从市场渠道看,征地补偿、土地流转、工商资本投向农业综合开发、集体建设用地入市等机会越来越多,大批资本项目将向涌向农村。村"两委"组织处于外部资源输入农村的关口,村社组织负责人处于历史上权力最大、监管最少的阶段,农村内部人控制、权力寻租、农民利益被侵犯的风险持续增大。既有的二元主体治理机制,既不能有效防范村级腐败风险,又难以持续激发村民参与自治的活力,已经不适应形势发展需要。改善农村基层治理,必须跳出村级治理主体懒政不作为或者擅权乱作为的"两个怪圈",围绕着规范村社班子励精图治、积极作为、规范用权、盘活资源、维护好村民利益进行规制设计。乡村自古以来重视精英治理,村"两委"班子就是当今农村为数不多的精英分子,十九大已经吹响乡村振兴的集结号,村"两委"是一线排头兵,要勤勉的履行执政为民、服务乡邻的职责。首先,要密切关注农业、发改、财政、土地等部门陆续出台的相关政策,用足、用透政策红利。其次,要用好大学生村干部等相关政策,并给他们提供良好的工作环境和生活环境,使其在工作中锻炼成长。最后,就主动和大专院校、科学研究机构、农口实体企业"结对子",引进智力、科研成果及资本,同时为他们提供科研试验基地及合作项目,谋求共同发展,互利互惠。

2. 明确改善农村基层治理模式的原则

基于对农村基层治理现状的综合分析,其治理模式改革方向应当体现如下原则:其一,顺应行政化趋势。行政化趋势既已形成且不可避免,应当进一步顺应该趋势,强化国家在农村基层社区的影响力和控制力,为农村基层输送更多资源,提供强有力的公共治理服务。其二,以民主法治理念重塑基层治理模式。当前的农村治理模式是长期实践发展选择的,具有一定的合理性。只是无法适应发展转型的新形势要求,因而可运用现代化治理中的民主法治理念对现有治理模式进行重塑。其三,以防范村社治理主体权力独大为重点,完善村社监督机制。在充分发挥村社党组织领导核心作用基础上,理顺各方主体职责,激活责任意识和监督意识,落实村民平等自治权利,保障其平等参与村社事务治理、平等分享村社发展成果。其四,在不增加现有村社治理资源和治理成本、不增加财政和村民负担的前提下，对原有治理资源进行整合，重构更加科学合理的农村治理架构。

3. 创设新型农村基层治理机制

贤能治村固然有助于村庄发展，但具有短期性、高风险等缺陷，不符合农村可持续发展且稳定治理的需求。必须以常态化规范机制建设为抓手，重构农村基层治理机制，推动其向制度化、规范化、稳定性方向发展。当前农村基层治理框架的主要症结是既有村社组织主体自治角色与行政角色混乱，在积极履行行政职责时，难以忠实履行村民自治代理人的角色；在忠实履行村民自治代理人的角色时，则难以兼顾行政职责。未来农村治理机制可将既有村社组织的行政化职能剥离，在现有村“两委”组织外，单独设计一方主体承担村社行政职能，使现有村社组织摆脱角色混乱的困境，从而构建职责划分清晰、权责明确的新型三元主体治理模式。要想实施好乡村振兴战略，必须在乡村治理组织体制结构上着力优化，因为乡村基层组织是架构在农村与上级政府之间的桥梁，乡村有效治理是实现农村农业现代化目标、贯彻新发展理念、盘活农村资源、挖掘潜力的组织机制保障。

（二）治理探索经历实践创新与机制创新的过程

由于寮采村位于限制工业发展的水源保护区域，既往以来集体经济基础薄弱，基础设施落后，农民增收困难，基层组织建设松弛，人心涣散，内部矛盾纠葛复杂，属于白云区相对贫困且内斗不已的后进村。虽然农村改革使村民生活得到了改善，但矛盾纠纷频发，打架斗殴、上访闹事、群体对立等事件时有发生。而现届“两委”班子上台以来，在村级精神文化建设中，以乡村文化为主体，以村民为主角，通过培育开展社团暨村民理事会议事活动、立村训、亮村规等活动，调动各路能人、“闲人”的“参政议政”意识，村规民约立起来，祖训村风传承下来，逐步把传统社会所提倡的道德观念和现代社会价值追求与人们的日常生活紧密联系起来，该村初步实现了一个由“乱”到“治”的局面。近些年来，“两委”班子重抓凝聚村民共识，唤醒村民民主参与共谋出路的意识，利用绿野碧水促发展，探索建立“村干部 + 村民代表 + 协会代表”的议事协商机制，主要是引导村“两委”班子依托村民各类群团和先进分子，组建村民理事会等议事协商平台及保障运行的配套制度，形成“议、审、决、管、监”一体化的决策制度和运行机制，完善村社治理和民主监管机制。

新型多元主体协同参与基层治理模式，符合现代治理的理念，具有实践可行性，具有推广价值，必将为完善农村基层治理模式探索出一条科学高效的路径。在此前提下，通过民主协商途径，进行规范有序的谋划拓展创富思路：一是在土地确权的基础上促进土地经营权流转，开展股份合作，促进资金、土地等生产要素规模集聚，协同努力发展城郊型观光休闲农业；二是立足于村域的自然资源优势，由村集体出资并发动村民自愿参与融资组建世外桃源度假村有限公司，加强村庄规划、资源盘活和项目市场化运作，促进集体经济转型、发展生态旅游和美丽乡村统筹建设。

（三）持续化解村社矛盾的基本思路与创新举措

1. 树立集思广益、兼听则明的理念

探索构建村社全面稳定发展的长效机制，农地承包经营权确权颁证稳步推进，农业经营体制机制改革步伐加快，农业生产专业化、规模化水平逐步提升。其中需要配合白云区开展农村地区综合改革的措施，如固本强基、发挥基层民主自治的活力，逐步厘清村党组织、自治组织、经济组织的职责，并为社团组织及少数持不同“政见”者、其他利害关系人提供“参政议政”建言和提出异议的机会。

2. 加强对村社集体经济创新发展的指导扶持

例如，对征地补偿款的保值增值，留用地规划利用，集体产权股份制改革，培育新型农业经营主体，发展农业规模型经营，促进一、二、三产业融合，村民转型（再）就业技能培训等方面加强统一规划、统一安排、统一指导、统一监管，以确保村社经济健康持续发展，强化村民共谋发展创富开源的思想。

3. 强化矛盾纠纷排查化解工作

配合镇综治信访维稳中心建设，配齐配强村社治理班子及服务人员。加强基层社区矛盾纠纷的排查，组织村社班子对社情民意进行深入调研，摸清底数，全面掌握矛盾纠纷隐患和历史遗留问题。采取党员干部对口联系沟通、村社法律顾问协调、上级联络干部或驻村干部出面等多种措施帮助解决实际问题，化解矛盾冲突，稳定群众情绪。

4. 严格对村社干部的素质要求

加强对优秀人选的推荐工作，物色政治过硬、作风正派、能力出众、公信力强且被群众拥护的候选人，通过政策资源、项目工作等方面的支持，提高他们在群众中的威望。将能力、作风、服务精神作为“两委”干部的任职要素，力争让优秀的年轻人充实村社“两委”班子。

5. 健全制度体系，扩大民主参与度

完善村社民主管理制度及运行机制，完善村民理事会的议事及监督机制，自创形成以“村党组织为领导核心、村民会议和村民代表会议为决策机构、村委会为执行机构、村民理事会为监督机构”的村社民主自治架构。定期开展“三资”清查,并将“三资”(包括股份公司资产积累及经营管理)情况及审查结果向村民公开,接受群众监督。对少数村社干部涉及违法违规的情况反映,及时提请有关部门查处或澄清是非真相。

(四)寮采村村治转型路径暨创新做法

面对日益发展的新局面以及回应广大村民的强烈要求,寮采村对村庄治理进行了变革创新,具体的基本做法主要有:

1. 由老村干部社团、党员社团、妇女社团、退伍军人社团、青年社团等各群体自主推选代表组建村民理事会,作为村级民主协商的议事咨询机构,并从中产生6人监督委员会。该自创组织非限于“一事一议”,已经成为寮采村“两委”决策和管理机制的辅助参谋,成为发挥村民自治活力的有效“法宝”。

2. 调整和规范村委会的职能。在村社民主协商型治理机制下,村委会的自治管理与公共服务的职责予以规范调整和适当限制:一是对村民(代表)会议和村民理事会负责并报告工作,执行村民(代表)会议和村民理事会的决议;二是承接政府委托和购买社会管理及公共服务的部分职能;三是组织办理该村公益事业、调解纠纷,协助维护社会治安等村社自治事务。

3. 创建合作经济管理体制及运行机制——将合作经济组织逐步剥离于村委会而成为独立市场主体,由于寮采村域土地所有权基本属于经济社的,经营物业产权也归属于经济社,村委会支持各经济社自主经营集体资产,由村委会收取1%的管理费。不过,存在两种例外的土地集中经营模式:一块1300余亩农地由村集体归并集中流转发包给升威实业有限公司经营,为期30年(2002年开始);另一块2000余亩集中于由村委会、部分经济社及多数村民合股组建的股份公司(世外桃源)发展经营生态旅游与观光休闲农业,村民以自愿集资入股的形式筹集资金,其股份数由2012年的5,915,202股扩至2015年的16,105,787股,入股村民现占全村的90%。

4. 2008年以来,新的“两委”班子首先组织实施以村容整治为主要内容的公共基础设施改善,由垃圾清理开始,集中两年进行了24条村道等改造,按照村委出资三成、经济社出资四成、村民出资三成的比例集资,再加上争取动员部分村民自愿捐资、上级政府项目资金,近四年共筹资约900万元。

5. 强化村党组织对村民理事会的领导。村党组织对村民理事会的领导主要体现在:一是由村党组织书记兼任村民理事会的召集人,主持和召集村民理事会会议;二是村党组织负责接受和审查村民理事会、村民小组议事会的议题,对不符合村民自治权限和违反政策规定的议题或者非议题提出人真实意思表示的议题,不予上会;三是对涉及该村长远发展和农民群众普遍关注的重大议题,村党组织在提交理事会议表决前,先行召开党员(代表)大会讨论,提出建议方案;四是对在表决前讨论阶段的所有议题事项,特别注重听取少数异议人的意见或看法,并作为形成决议方案的重要参考。

总之,地处白云北部城郊的寮采村,区农业主管部门有计划地推动农业园区建设、农业电商和民宿经济等结合转型发展现代都市农业;国土规划部门计划重点建设高标准基本农田,探索以城乡建设用地增减挂钩为核心的农村土地综合整治;民政部门计划完善村民议事制度与议事平台。其中,在民宿经济暨生态旅游产业方面,寮采村积极筹划发挥其自然环境的优势,探索民宿经济与生态经济融合的可行性,利用该村的历史文化资源与生态资源优势,持续建设完善一批较有岭南特色的民宿产业、生态农业及休闲度假设施,不断提升园区经济收益。广州市白云区农林局也协调整合多个职能部门的政策资源,重点打造寮采农村改革综合试点村。近些年,该村通过治理创新平台机制,凝聚了人心,干群同心,众志成城,积极发动群众参与政府扶持和村社自筹的各项村级公益事业建设,变“代民做主”为“由民做主”,短时期高效建成了进村牌楼、文体活动中心、幼儿园、党群服务中心等,实施了电网和自来水入户、水塘、道路、环卫设施等改造工程,推进了村庄“美化、亮化、绿化”工程,全村基础设施得到极大改善,群众幸福指数得到较大提升,该村也从一个问题村变成了远近闻名的秀美乡村示范村。

(五)寮采村新型村社治理有效的特色机制

寮采创新型多元主体农村基层治理模式及架构,主要是在现有基层治理结构中增设村理事会之议事监督主体,并完善村支部领导组织制度、村民(代表)会议决策制度、村委会委托管理制度、理事会议事监督制度等协同共治制度,形成“村党组织为领导核心、村民会议和村民代表会议为决策机构、村委会为执行机构、村民理事会为监督机构”的村社治理机制,变原有村“两委”主体为多元主体协同共治,构建相互协调配合、相互监督制约的新型村社治理体系(见图8)。

1. 村党组织领导核心地位凸显,凝聚力战斗力显著增强。新型村级治理机制,通过理顺村“两委”关系,促进村党组织领导方式的转变,增强其公信度、凝聚力,突出其核心领导的作用,并组织发挥党员的表率作用。

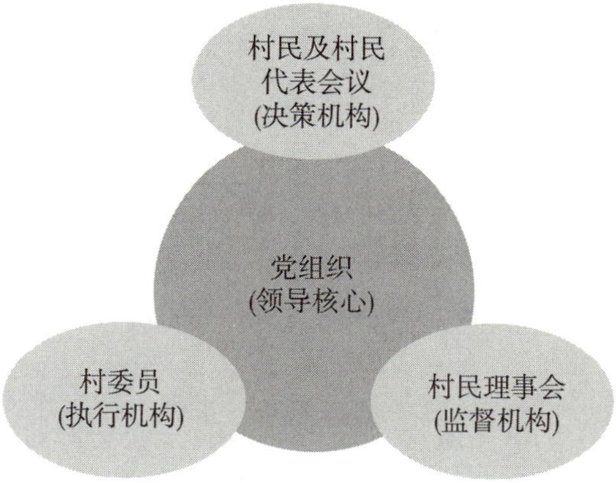

图 8　寮采村新型村社治理架构

2. 村民自治得到有效实现，基层民主活力焕发。乡村的振兴发展，从乡村村民自治组织的角度看，必须充分发挥村民自身参与的积极性，必须以村民为主体，发挥他们的主观能动性，这样才能获得广泛支持的效果。创建乡村治理体系，必须提高村民自治水平，激发社会活力，促进政府治理和居民自治良性互动。建立新型村级治理机制后，村民理事会成员既是议事决策的主体，又是村社各项事务的具体参与者，有着广泛的代表性和较强的公信力。由他们组成的议事会议事决策，改变了村级事务由村"两委"几个人说了算的状况，也提高了决策效率。更为重要的是，村民理事会调动了村民参与村级公共事务的热情，形成"大家的事我关心，集体的事我参与"的良好民主氛围。为培养农民的"公民意识"，对基层民主向纵深发展起到了助推作用。实践证明，寮采村民理事会对搞活基层民主具有明显的功能优势：一方面，村民理事会成员都是村民推选出来，且是村社群众中比较有威望的代表人士，深得村民的信任，便于其开展工作及联系群众；另一方面，村民认为理事会成员和自己在统一战线，所推进的工作也经过充分酝酿和商议，村民觉得其代表自己在行使话语权、谋事做事，自然会给予支持与期待，认同并拥护理事会的动议事项。

3. 构建化解村社矛盾的有效机制，农村社会趋于和谐稳定。一方面，村民理事会搭建起运用民主协商调解农村社区矛盾的制度性平台；另一方面，村民理事会的常态化运行，增强了村级公共事务决策、执行的透明度以及监督的广泛性、实效性。

4. 理顺村治主体间的关系，为村民自治搭建持续运作的制度框架。探索"村民议事"民主决策的具体实现方式，优化多元治理结构；探索"上下联动"推进制度创新的道路，增强制度创新的动力。在寮采村级民主协商型治理结构中，村民理事会作为监督机构，其运作有效制约了村“两委”的权能行使，提高了村“两委”决策管理的合理性与办事效率，融洽了干群关系。

5. 抓住法治的根本。法治是调节社会利益关系的基本方式，更是市场经济社会治理的基本准则和有效手段。当前，虽然国家层面已形成与市场经济相适应的法律体系，但基层社会的法治意识、法治思维尚未根深蒂固。譬如，有的群众在遇到问题时，不是首先寻求法治的方式来解决，而是奉行“信访不信法”“大闹大解决、小闹小解决、不闹不解决”等信念，指望以违法上访、聚众闹事、造势威吓等方式达到其不正当目的，使问题更加复杂，矛盾更加激化；再如，有的基层干部及执法人员在化解矛盾、协调利益关系、分配资源时，存在有法不依、执法不严、威逼利诱、“和稀泥”等问题，甚至还出现权大于法、言大于法、徇私枉法等行径。针对这些问题，要实现乡村有效治理，根本是弘扬法治精神，强化法治保障，遵循依法依规按程序办事的原则。

（六）寮采村产业发展及村庄整治的初步成效

寮采村现保有耕地4800亩左右，近年来在政府部门的大力支持下，已完成3500亩的农田标准化建设，其余1300亩将积极配合区政府争取市农业局等上级部门的立项支持，继续推进标准化建设。

1. 推进村庄规划落地及分步实施

寮采村作为广州市第二批美丽乡村试点创建村，2012年开始美丽乡村示范村庄的规划编制。历经多途径多次征询村民意见，美丽乡村发展规划经白云区政府审批通过。寮采村的初始规划定位为打造以生态旅游、农业观光、休闲度假为特色的生态旅游观光村。根据市领导指示和区政府安排，接着由市规划院开展村庄规划深化方案编制工作，该规划深化方案成果2013年3月经寮采村村民代表大会审议通过，同年先后经过专家评审、区属相关职能部门召开寮采村建设项目审查与“两规”衔接会议及规划国土联席会议通过、区规划局公示等程序，于2014年9月经区政府审批通过。目前，寮采村美丽乡村建设项目基本上按照审定的规划实施。在美丽乡村建设进程中，寮采村经常召开村民理事会与村民代表会议讨论美丽乡村建设项目，充分听取村民的意见和建议，激发村民的责任感和积极性，让大家共同参与监督美丽乡村建设。寮采村已将美丽乡村项目融入村规民约当中，确保美丽乡村建设实现共谋、共建、共管、共享的目标。

2. 众筹自力改善村容村貌

从2010年开始，寮采村“两委”就为美丽乡村建设打基础，逐步整治村容村貌，发展休闲农业、旅游业等。为做好村庄环境整治，村社班子协调采取一系列措施，其包括：一是自筹资金建立环卫保洁队伍并制定落实上门收集垃圾制度，落实门前三包和地段责任制；二是发动村民踊跃捐资，将全村 90% 的主干道改造成水泥路面，并自筹经费安装了环村路灯；三是在村内建有两个污水处理池，接纳处理村民的生活污水。寮采村通过各项村庄整治工程，使村民出行条件和居住环境得到改善，促使寮采村域宜居环境的打造跟自然生态更加协调。

3. 推进“三资”管理改革

一是完善“三资”管理组织机构设置。以农村集体“三资”管理服务中心作为钟落潭全镇“三资”管理机构的实施平台，其机构、人员、职能不变，内设财务代理部、交易监督部、合同审查备案部，其中财务代理部要扩大职能，在保持原村级代理会计职能的同时，可以增加经济合作社会计代理职能，全面推行村、社两级会计代理制和会计电算化。

二是推进寮采村集体资产的清理核实工作。根据 2016 年中央国务院《关于稳步推进农村集体产权制度改革的意见》及省委全省基层工作会议关于“抓紧推进农村集体资产清产核资和建档管理工作”的工作要求，依照依法清理、实事求是、民主公开、分类指导和查缺补漏的原则，全面推进寮采村社集体资产清理核实工作。由集体经济组织开展自查，后将由区统一组织复核后汇总上报，再由上级组织对农村集体资产清理核实工作进行考评。清产核资，即为推进农村集体产权制度改革摸清家底、创造条件。不过，寮采村的“世外桃源”股份公司及其他合作经济实体中若存在集体股份或集体收益，其集体股权价值或预期收益也应属于集体资产清产核资的范畴。

4. 夯实公共基础设施建设

寮采村持续开展升级村域社区道路工程、村道路灯安装、通信影视“光网化”工程、休闲公园、无害化公厕改造及建设公共服务站、户外休闲文体广场、文化站、宣传栏等“七化”“五个一”工程项目，完善村庄基础设施和公共服务设施。目前，已基本完成村域范围主干道硬底化、农村路灯光亮化。同时，加大村庄的卫生保洁力度，制定卫生管理制度，聘请卫生保洁员，完善环境卫生长效管理机制。另外，也涉及高标准农田改造、农业产业化、小型水利工程、生活污水处理设施等统筹建设。后续既要争取涉农资金加大投入和公共资源的整合，也要加强财政和村社自筹投入建设项目管理和维护。

（七）寮采村村社治理转型创新的启示意义

结合既有探索和实践考察，寮采村在城镇化进程中的村治转型创新，促进乡村振兴、社区善治及和谐稳定具有一定的启示意义。

1. 坚持党政一元化领导、规范管理运作,加强基层组织建设

基层组织既是涉农不稳定因素产生的重要源头,也是化解农村维稳问题的第一道防线。必须健全具有较强能力和灵活性的村社基层组织,来应对城市化转型过程中可能出现的各种问题、风险和危机,从源头上预防和化解涉农不稳定因素。推进乡村治理,首要发挥基层党组织的引领作用,不断增强村党组织的战斗力,强化基层党组织的堡垒作用。

(1)加强与改善党政领导。村社组织是在党委政府领导下的群众自治组织,党委政府要把村社组织建设摆在重要位置,加强对村社组织的领导和监督,引导和推进村干部直选制度,将素质高、能力强、作风硬的人选拔到村干部岗位,提高基层组织的战斗力、公信力,并有效贯彻落实基层党建的各项任务。

(2)完善基层民主自治机制。健全完善日常工作管理、党员议事会、村民代表议(理)事会等制度,强化党务公开、村(社)务公开等制度,扩大群众基层民主,增强村民自治的生机和活力,牢固农村基层组织的根基,从源头上减少农村不稳定因素的发生。在抓好基层党建的基础上,健全基层民主自治制度,大力培育社团组织,构建村社"两委"、经济组织和社团组织以及其他社会力量的联动沟通机制,充分调动各基层组织和其他社会力量参与基层治理的积极性,实现"协同共治"。

(3)规范"三资"管理。"三资"管理是村社治理问题集中的领域。要对"三资"情况进行全面清查,核实产权、建立台账并向村民公开;规范涉及"三资"经营事务的民主决策程序,防止擅权滥用;完善"三资"监管机制,利用审计监督规范"三资"的产权交易、承包经营等事项;可以探索将村社集体"三资"归口收镇政府统一管理,村社组织通过合法程序予以使用,防止"三资"滥用。

2. 注重民生、保障权益,助推农民逐渐融入城市化进程

涉农维稳问题说到底就是农民权益问题,只有维护好农民权益,才能从根本上解决农村社会稳定问题。

(1)发展农村社会民生。大力推进公共服务,推动城乡公共服务均等化,广泛开展帮扶服务,积极帮助和引导农民融入城市社会,真正解决城乡二元结构问题。近些年来,通过逐年投入、系统推进,实现了教育、就业、医疗卫生、社会保障等一体化和均等化,特别是基层注重落实解决部分民生实事,赢得了农民群众的信任。

(2)推动失地农民再就业。失地农民因封闭、技能落后等而导致就业难问题,以致失去立身之本而无法融入城市。故政府要重视解决其再就业问题,针

对失地农民现实情况，积极开展再就业意向调研，出台农民创业再就业激励政策，鼓励其学习一技之长和通过劳动创富，减少因农村资源逐渐匮乏带来的利益之争。近年来，随着“南粤春暖”“春风行动”等就业服务活动开展，解决了一批失地农民再就业问题。

(3)合理解决历史遗留问题。外嫁女、股权分配等历史遗留问题与农民利益息息相关，久拖不决，极易造成矛盾问题的叠加影响。基层党委政府要督导村“两委”敢于担当、勇于负责，对这些历史遗留问题要组织成立专门工作小组，通过查找资料、征询意见、多方协调等方式，依照政策，有理有据、合理合法地处理好各方利益冲突，彻底解决涉及农民权益的历史遗留难题。

(4)依法办事、规范管理。鉴于法律已经赋予农民(集体)的财产权利，保障集体经济组织成员权利，改革推行股份合作制，建立农村产权流转交易市场，推动农村产权流转交易公开、公正、规范运行。这就要求依法保障农民的主体地位，使集体经济活动与农民土地使用权相分离，给予农民更多的经济自主权。可将现有的村社集体权益份额配股给村民个人，村民自愿决定是否加入股份合作组织。试行将传统集体经济改造为股份制公司(如世外桃源)，允许股民自由交易股权，使集体经济形式向市场经济主体转化，解决集体收益分配多元结构问题。加强农村法制教育，增进规范意识。强化农村法治主体培育，创新法制宣传教育形式，通过法制宣传栏、法制案例讲解、法制文艺节目等形式，提高农民法制教育水平，增强其法治主体的意识、知识和能力。重点开展对村社干部的法制教育，宣传农村政策和法律法规，不断提高其法治化管理水平。注重加强农村法律实施监督。对于基层腐败、职务侵占等问题，明确职能机构的管辖职责，落实监控责任，加大查处力度，防止推诿现象；同时，严厉打击损害农民经济利益、破坏基层民主等违法行为，确保农村民主法治的健康发展。

3. 完善村治民主运行监督机制，畅通利益表达渠道——践行群众路线，拉近干群关系，畅通农民诉求渠道，妥善化解矛盾纠纷

(1)建立民意收集反馈机制。结合党的群众路线教育实践活动，深入开展村社农户走访活动，加强与农民的沟通交流，广泛收集民意、了解诉求，掌握农民的所急、所需、所想，及时予以回应，增进政府与农民之间的沟通与互信，减少涉农不稳定因素发生。

(2)健全基层大调解机制。建立以综治为主体，信访、村社法律顾问、社区民警等组成的大调解中心，充分发挥基层调解的作用，积极调处化解农民群体的利益诉求。坚持领导带班，规范管理，集中办公，对重大疑难案件，按照统一受理、归口定向的程序，严格落实“五包”责任，即包掌握情况、包解决困难、包教

育转化、包稳控管理、包依法处理，确保快速化解矛盾纠纷。

(3)引入第三方的协调机制。面对重大涉农矛盾时，政府往往处于首当其冲的位置，不利于调处沟通。要将基层政府定位于为规则和程序制定者及仲裁者的角色，鼓励矛盾各方通过购买法律服务，引入第三方力量化解矛盾，既可以防止升级转化，又有利于引导双方通过法律途径解决问题，实现以法律治理为主导的维稳工作机制。

4. 着眼于维护群众权益，深化集体土地管理制度改革

(1)分类有序地开展村庄改造提升。结合村庄整治、农房改造和名镇名村建设，对符合城乡规划、地理位置优越和经济基础较好的村庄，可适当发展现代服务业；对历史文化积淀深厚的村庄，可在保护传统风貌的基础上，通过完善文化旅游配套设施，建设富有自然生态和岭南历史文化特色的旅游景区（点）；对建设规模适度但发展条件欠佳的村庄，以综合整治为主，改善村庄整体环境品质；对零星住宅以及位于生态敏感地区的村庄，在条件成熟时纳入“旧村”改造范围，逐步搬迁和复垦复绿。鉴于寮采村兼具上述特征，其改造整治要围绕着“乡村振兴”战略实施的要求，争取国土、规划、住建等方面的扶持政策，合理规划部署，积极有序地推进改造提升计划。

(2)落实征地留用地政策，支持村社产业发展。探索一次性补偿和逐年支付补贴、置换物业、土地换社保等征地补偿安置模式。完善征地留用地制度，进一步落实征地留用地的政策安排，规范留用地处置的方式，探索以统一安排留用地、留用地作价入股、货币收购、物业抵顶等多途径多方式兑现征地留用地，探索建立平等协商的土地增值收益共享办法。对于遗留的征地留用地“历史欠账”，按照征地时及善后补充政策的有关规定，争取限期，分类有序地落实解决，以保障村社非农产业发展的用地需求。

(3)完善农村宅基地政策。在尊重历史、维持现行宅基地政策原则不变的前提下，发挥城乡规划的统筹引领作用，对规划确定的不同功能区域，实行差别化的宅基地调整制度；政策明确由政府主导、村社集体及社会资金参与，统一规划建设村民居住小区，引导农民住宅集中布局，也可试推农村宅基地置换城镇住房，鼓励村民退出宅基地而迁转进入城镇区域居住。

(4)用好用足支持农业农村发展用地政策，并完善其供给管理机制。根据国土资源部、国家发改委《关于深入推进农业供给侧结构性改革　做好农村产业融合发展用地保障工作的通知》的精神，农村产业融合发展应有相应的用地保障政策支持，特别是以乡村旅游、休闲农业等为代表的新产业新业态发展用地，被列入政策支持范畴，争取政策允许将集中连片整理及新增的耕地，部分可

用于完善农田配套设施;对符合设施农用地政策的如大棚种养、观光农业配套设施、农产品加工、田间冷链仓库、农产品临时存贮、分拣包装场所、农业技术试验以及农业科普教育场所等用地按农用地管理,其中涉及现代农业发展重点规划的项目确需建设用地指标的,争取区、市有关部门给予统筹安排保障。地方政府需要出台切实可行的落实措施,如允许以长期租赁、先租后让、租让结合支持相关项目用地;鼓励村社集体以建设用地使用权、联营等方式,甚至农户以承包土地经营权入股的方式,以股份合作或与社会资本共同开拓具有一定规模的乡村旅游发展项目。

5. 改革村治模式,完善新型村治结构

村社治理创新面临的核心问题是社会组织动员,即如何将处于不同社会圈子、不同利益群体和不同治理主体的村民组织起来,为了同一目标而行动。基于对农村基层治理现状及障碍分析,其治理模式改革体现如下原则:一是顺应行政化趋势;二是以民主法治理念重塑基层治理模式;三是以防范村社治理主体权力独大为重点,完善村社监督机制;四是在不增加村社治理资源和治理成本、不增加财政和村民负担的前提下,对原有治理资源进行整合,重构更加科学合理的村治架构。

未来农村治理机制可将既有村社组织的行政化职能剥离,在现有村“两委”组织之外,创设主体承担村社行政职能,使现有村社组织摆脱角色混乱的困境,从而构建职责划分清晰、权责明确的新型三元主体治理模式。

6. 完善村治运行机制及建章立制,从源头治理基层腐败

促进村社建章立制,组织拟订“三资”管理与交易、财务管理、民主议事管理、合同管理、公章管理等规制范本,全面指导村社修改完善村规民约,既使常规措施以村规民约的形式固定下来,也可通过村规民约使授权部门、镇落实监管措施。完善村社组织民主自治机制——按照“一般事项领导班子集体商议决定,重大事项社员民主讨论决定”的原则,全面贯彻民主决策制度:一般事项由集体组织领导班子(党组织和理事会)集体商议,重大事项广泛征求组织成员意见,经集体组织领导班子(党组织和理事会)、监事会集体商议,再提交民主表决,并将决议和实施结果及时公布,逐级上报备案。完善集体经济内部治理机制,组织章程要明确成员大会、成员代表会议、社委会(理事会)、社长(理事长)和民主理财监督小组(监事会)的职责及制衡工作机制,强化自律性约束监督机制——明确社长及社委会成员违反民主决策与管理原则、违法违规行为应承担的责任,列明自动终停职的条款及确认程序与补选程序等。进一步完善村民理事会运行机制,嫁接引入增城下围村“民主议事厅”的村治创新模式,充分保障

村务决策民主性和阳光性。

村社集体资产与财务监管规范化重在完善基层民主决策与民主监督机制，涉及财务公开、民主理财、资金管理、合同管理、债权债务管理、资产台账、资产处置、票据管理、会计档案管理、财务开支审批、干部经济考核及离任审计、薪酬标准等一系列制度建设。通过完善制度体系，增强村社民主决策与监管程序的严谨性，促进“两委”“三会”权力制衡与良性运行。制度建设涵盖村(社)务管理和村(社)务监督两个基本范畴。在村(社)务管理方面。出台村社议事决策规则，明确议事决策程序，凡涉及村民利益的重大事项，必须履行“提议—海议—决议—公布—执行—监督”等民主议事与决策程序。譬如，南海早年出台《南海区推进村改居工作实施方案》，率先推进以“政经分离”为重点，深化村级管理体制改革，主要是明晰自治组织、集体经济组织各自职能。其有关“两平台”(集体资产管理交易平台和财务监管平台)建设与“政经分离”的改革举措被奉为示范经验已在全省范围推行。其注重构建改革制度体系及实施细则，先后制定“1 +9”系列政策文件，将改革系统设计到位。针对基层腐败多发易发的集体经济管理领域，需要明细“三资”管理及交易的程序规范，确保“两平台”常态化运行，重在完善集体经济组织与“三资”监管细则，完善“两平台”规范运行机制。在村务监督方面，明确村(社)务监督委员会的工作机制，促进村(社)务监督的常态化、制度化。

五、推进寮采村一、二、三产业融合的都市型现代农业建设

农业农村发展不平衡不充分是现阶段比较突出的问题：一方面，工业化城镇化水平发展较快；另一方面，一些乡村衰落问题不容忽视。其主要表现为：一是农村空心化，农村房屋大量闲置，农村家庭空巢率持续上升，某些传统村落凋敝甚至走向消亡，乡村记忆消失，文化流失明显；二是农民老龄化，许多农村地区支撑农业生产活动的主体是 50 岁以上的老年人和妇女，是“386199”部队，“谁来种地”的矛盾突出；三是农业副业化，虽然近年来现代农业不断有所发展，但其只是存在于一些区位条件好、资源优势突出的局部空间和点位，大量面积的则是小规模、一家一户的传统农业、兼业农业、老人农业；四是农村产业结构失衡，传统的农业生产即种养业所占比重相当大，以农产品深加工为主的第二产业以及第三产业发展延伸不足，未形成第一、二、三产业衔接融合发展的产业链。

不过，新时代实施乡村振兴战略已具备良好的基础条件。经过多年的工业

化,政府财政实力普遍增强,不仅不再需要农业为工业化提供剩余,而且也不需要通过城乡要素不平等交换的方式为财政做出贡献。同时,近年来农村的新型农业经营主体蓬勃发展,现代农业加快发展,农村一、二、三产业加速融合,乡村旅游、休闲农业、康养产业、创意文化产业、农村电子商务、农产品冷链物流业、农村服务业等新产业新业态茁壮成长,农村基础设施和公共服务的改善明显,表明乡村振兴已经在市场机制作用下出现了良好的苗头。随着人民生活水平的提高和城市人口的增加,传统的农村乡土文化、田园风光、农业景观可能成为稀缺资源,广大农村特别是都市圈周边农村将成为部分人口返乡旅游、居住和创业的热土。

鉴于寮采村的地理位置、自然生态、土地利用现状、发展基础以及自身条件的优劣等,走一条适应高端化、多元化市场需求,以发展"高端、高效、高辐射"的都市型现代农业为主目标,较为有利于其扬长避短,拓宽传统耕作农业转型发展思路,应当积极探索形成具有鲜明特色的"一、二、三产业融合"之路。具体来看,寮采村的未来发展之路,定位于通过大力推动"一、二、三产业融合",建设和提升以都市型现代农业为轴心的局域产业体系较为客观,也较能将自身发展潜力充分转化为发展动能。

(一)寮采村产业发展的优势与劣势

1. 寮采村产业发展的基础优势

(1)地理位置优越

寮采村地处广州市郊区,离中心城区不远,道路交通网络便利、发达,只要自身产业发展较有特色,市场前景及客源问题基本不用担心;而且背靠具有强大科技实力以及广阔消费市场的广州市,寮采村可资利用的科技力量以及市场资源具有无可比拟的天然优势。

(2)已有良好的发展基础

世外桃源项目通过多年的滚动式发展,已经初具规模,也有了一定的品牌效应,在周边同类项目中,具有较好的声誉。不仅项目本身得到了发展,而且通过几年来的不断拓展和积极探索,无论在筹资入股、经营运行、发展规划、土地确权方面,还是在村治体制机制等方面的建立上,都取得了一定的成就,也获得了上级领导、市场客户以及广大村民群众的认同。

(3)对自身股份合作与外来资本合作发展更有科学愿景和前瞻信心

寮采村的发展在过去也走过一段弯路,单纯依赖外来资本投入对村社土地的控制并实行封闭式的经营,不能为村民以及集体带来长久和可持续增长的福利，只有主要依靠自身股份合作的力量，通过自身滚动式积累，再加上外来力量的合作扶助，才能真正建立起符合自身实际的发展模式。寮采村发展模式的选择，是多年经验教训基础上总结出的科学愿景，也给村民以实实在在的发展信心。

2. 寮采村发展的劣势

(1)寮采村可集中流转利用的土地面积有限

寮采村的地理优势也在一定程度上决定了其可利用土地面积的劣势。由于城镇化的快速发展，与其他城郊村一样，土地面积并不宽裕，要像远离城市的农村腹地那样的村庄，依靠超大面积的农地规模化来实现所谓现代农业发展，是不现实的。土地面积有限就必须走集约、向单产要产出以及土地多功能利用方向发展。

(2)现有发展现状离可挖掘的产业发展潜力仍有较大距离

寮采村的特色产业得到了发展，但发展仍然远远不够，离其可挖掘的产业发展潜力和空间仍有较大差距。由于在村治运行、拓展集体经济发展转型、收入分配、资源整合等方面依然尚有较多需要改进提升的余地，产业多元化发展的潜力与活力远未得到释放，改革发展的步伐需要进一步加大。

(3)自身制度性障碍在约束发展

正如我们前面所阐述的那样，寮采村得到了发展，但发展潜力仍然释放不足。来自外部合作乏力欠佳以及自身的观念保守、制度性障碍都是其中的重要原因。譬如，自身存在的治理转型问题以及外部关于土地利用方式的问题等，都在较大程度上对寮采村的产业创新发展构成制约因素。

3. 都市型现代农业符合寮采村现有发展条件及未来发展趋势

对于快速城镇化的城市边缘地区来说，都市型现代农业具有与传统农业以及城郊农业无法比拟的优势，而且在众多对比指标中，均占有绝对的优势。因此，寮采村只要条件和基础符合，就应向都市型现代农业建设方向靠近(见表4)。

表4　都市型现代农业与传统及城郊农业的对比

类比因子	传统农业	城郊农业	都市型农业
城乡关系	联系少	城乡结合	城乡融合
空间地域	农村地区	城市郊区	全部范围
经济结构	一产业为主	一、二产业为主	一、二、三产业融合
农业功能	生产农产品	提供副食品	多元化

续表

类比因子	传统农业	城郊农业	都市型农业
关注焦点	经济与社会效益	经济与社会效益	经济社会生态效益
本质特征	农村自养	服务城市	服务城市与依托城市
社会经济条件	差	较好	好
农业设施	差	较好	好
投入重点	人力、畜力与物化技术	资金与物化技术	资金、信息与智力
技术哲理	顺应自然	改造自然	人与自然的和谐
技术类型	生物技术	工业化技术	工业化生物信息技术
劳动生产率	低	较高	高
土地生产率	低	较高	高
生产力水平	低	较高	高

都市型现代农业具有旅游休闲功能、教育和人才培养功能以及生态功能。从寮采村发展的客观环境判断，我们认为，走一条依靠一、二、三产业融合之路，实现都市型现代农业发展是符合该村实际的。这主要在于寮采村的现实村情大多数符合都市型现代农业的主要特点：

（1）区位特点。

都市型现代农业的发展空间位于都市市区、市郊和交通要道的两侧，一般地价较高，交通便捷，离市场近，运距短，人流量较大。

（2）技术特点。

都市型现代农业的科技含量高。主要是技术力量较强，劳动者素质较高，基础设施好，品种新，不仅保护地生产面积比例大，而且滴喷灌等新技术普及率高。

（3）景观特点。

都市型现代农业的景观要求高，除市区的绿化、美化工程外，市郊和沿线的农业景观资源也有较高的功能要求，有的甚至具有观光、休闲、体验、科技实践、科普教育的功能。

（4）效益特点。

都市型现代农业因有区位优势，信息灵，社会反响大，要求经济效益、社会效益、生态效益的协调，因而对稳定都市农产品市场价格、改善生态环境和提高居民的生活质量都发挥着积极的效应。

(5)农工特点。

都市型现代农业有很多农业工业企业。除农用物资与工业的交叉外,还有如肉品加工厂、蛋品厂、果品厂、奶制品厂等,成为发达的农业产业链的一环,体现都市农业有较高的工业化程度。

(6)资源特点。

都市型现代农业除了土地、自然资源条件以外,还拥有比传统农村农业更多的社会资源,拥有较多的高新技术人才、市场营销人才及市场信息、文化价值。

(二)寮采村都市型现代农业定位必然要求一、二、三产业的融合

“乡村振兴”战略发展中的产业兴旺,就是要形成现代农业生产体系、产业体系、经营体系,农业成为规模化、集约化、产业化、组织化的有竞争力的产业;乡村一、二、三产业融合发展、全面发展,休闲农业、乡村旅游、康养产业、创意文化产业、农村电子商务、农产品冷链物流业、农村服务业等新产业新业态涌现,促使乡村产业释放出强大的发展活力。

都市型现代农业作为一种新型的农业形态,是伴随着城市化、工业化的高度发展和城市与农村进一步相互融合而产生的,融多种功能为一体的可持续发展农业,其实质是生产力发展到较高水平时,城乡之间差别逐步消失,农业同工业乃至服务业进一步结合过程中的一种发达形态的农业。从寮采村目前的发展水平以及周边市场对其需求来看,走都市型现代农业完全符合自身的发展需要。这主要体现在以下几个方面:

1. 都市型现代农业是多功能农业,不仅有经济功能,而且还具有生态、文化、社会诸多方面的功能,这与为城市提供充足的副食品作为唯一功能的简单的城郊农业完全不同。都市型现代农业反映了工业化、城市化和农业现代化高度发展之后,人类对新时代农业的一种期盼和探索,它深刻地表现了城乡关系的新变化,由原来的相互排斥、对立,变为互补、融合。新型农业及其新业态的出现,已经成为健全、优美的城市生活品质追求的一种客观需要。

2. 都市型现代农业高度集约化是农业同工业进一步结合过程中产生的一种发达形态的复合型农业。工农业的融合是一个浅层次向深层次逐渐演化的过程,实现农业(第一产业)与工业(第二产业)的融合。

3. 都市型现代农业高度的市场化,使其对服务业(第三产业)的依存度空前提高。城市往往是一个区域的商业、交通、通信、金融、文化、教育、科技、信息等方面的中心,第三产业相对集中。都市型现代农业对城市商业经济的依附,很

大程度上就是对第三产业的依附与融合。

根据国内外的发展实践经验，农村一、二、三产业融合发展，指的就是以农业为基本依托，通过产业联动、产业集聚、技术渗透、体制创新等方式，将资本、技术以及资源要素进行跨界集约化配置，使农业生产、农产品加工和销售、餐饮消费、休闲旅游、科普教育以及其他服务业有机地整合在一起，使农村一、二、三产业之间紧密相连、协同发展，最终实现农业产业链的延伸、产业范围的扩展和农民增收。因此，从寮采村都市型现代农业的发展内涵可以看出，实现三产融合，是寮采村都市型现代农业发展的内在要求；同时，也是寮采村都市型现代农业服从乡村振兴战略目标方向的基本途径与主要手段。

（三）打造休闲农业，将其作为寮采村都市型现代农业的发展优势

休闲农业是利用农村自然环境、田园景观、农业生产、农业经营、农耕文化、农业设施、农家生活等资源，为城市居民提供观光、休闲、体验等多项需求的农业经营活动。它是以农业为基础、以休闲为目的、以服务为手段、以城镇市民为服务对象，贯穿农村一、二、三产业，融合生产、生活和生态功能，紧密联结农业生产、农产品加工业、服务业的新型产业形态和新型消费业态。

1. 以休闲农业为发展具有坚实的基础条件

将休闲农业定位在寮采村都市型现代农业发展极位置上，理由主要有：

首先，是因为休闲农业本身就是一种都市型现代农业形态，发展休闲农业可以整合广州城郊的诸多优势，广州有发展休闲农业所依托的消费市场、技术支撑、信息平台、资金支撑，休闲农业产业链可以迅速联结而形成产业高地。

其次，发展休闲农业与广州的农业现代化发展目标相统一，能够使长期以来的城乡极端分离状态逐渐终结，农业既是乡村振兴的产业基础，同时也是广州农村产业高级形态的有机组成。

最后，寮采村的世外桃源项目运作已久，且颇为成功，其定位本身就是休闲观光农业，具有不可多得的基础条件，也必然对寮采村的整体发展带来积极效应。地处广州市郊的寮采村，其休闲农业可以通过区位条件的优势，通过吸引和辐射作用，形成扩散效应，带动周边村庄的经济发展。

2. 休闲农业具有强大的产业融合属性

已经建成并成功投入商业经营的世外桃源项目，是典型的休闲农业。无论从休闲农业的内涵还是表现形式均可看出，休闲农业是结合生产、生活与生态三位一体的农业，在经营上表现为集产、供、销以及旅游休闲服务、科普教育等三级产业于一体的农业发展形式，是现代农业发展的一个重要途径。这种在现

有业务的基础上,向上游或者下游方向发展形成供—产、产—销或者供—产—销一体化,使现有业务范围扩大的企业行为,在产业一体化理论中被称为“纵向一体化”。

在休闲农业区,游客不仅可观光、采摘、收获农产品,体验农作,了解农耕生活,接受农事训练,享受乡土情趣,而且可住宿、度假、游乐,甚至部分劳动过程可以让旅游者亲自参与体验。休闲农业可以增加农业与农村发展的功能,增进民众对农村与农业的体验,提升旅游品质,并提高农民收益,促进农村发展。休闲农业还可以通过寓教于乐的形式进行科普教育,让参与者更加珍惜农村的自然文化资源,激起人们热爱劳动、热爱生活、热爱自然的兴趣,进一步增强人们保护自然、保护文化遗产、保护生态环境的意识。除此之外,各种深加工农产品,也由于游客身临其间的现场了解,而增加了销量。

显然,将寮采村的休闲农业定位在都市型现代农业的发展位置上,使其具有多元素资源的整合优势。休闲农业是都市型现代农业中最能体现城乡统筹、资源融合、产业融合的部分,也是最能体现都市型现代农业发展水平和发展方向的部分。

(四)实现休闲农业三产融合的内容

推进一、二、三产业融合发展对休闲农业的创新性、资本以及其他要素要求会变得更高,但总体来说利大于弊。在农村一、二、三产业融合发展的大环境下,休闲农业必将走上一个新的高度。寮采村的休闲农业——世外桃源事实上已经在三产融合方面做了积极的探索。

1. 休闲农业与第一产业(农业内部其他领域)的融合

第一产业就是传统的农、林、牧、渔业生产,这是休闲农业最根本的产业基础,在都市型现代农业中,就是以籽种农业、设施农业、有机农业为代表的特色、高端、高效、高科技农业产业。休闲农业与高科技农业相结合,产生出科技型休闲农业,建设农业生态园、农业新产品展览馆、现代农业博览馆、农事训练基地,为游客提供了解农业历史、学习现代农业技术、增长现代农业知识的休闲活动,主要类型有观光休闲教育园、农业科技教育基地、少儿农业教育基地和农业博览园等,用以满足人们猎奇、尝鲜的心理,其效益远胜于传统农业种养产品收益。

休闲农业的兴起,吸引市民走进农村,实地体验、观察到农产品的生长环境、生长过程,从而激发起强烈的购物消费欲望。除了购买初级农产品之外,深加工农产品、农村手工艺品的市场也甚为可观;除了现场有得看、有得吃、有得玩以外,还要有得带、有得教、有得乐。

2. 休闲农业与第二产业的融合

这方面在建筑业体现得较为突出。休闲农业的发展需要既保存乡土特色,又要具备现代化设施与功能的建筑。这些建筑既不同于传统的农居建筑,也不同于城市的休闲设施,主要包括高科技农业设施、生态餐厅、特色民宿等。由于农村土地性质用途的限制,这些建筑还必须考虑到选址、提高用地效率与新型建材的运用。随着低碳概念的深入人心和休闲农业本身所蕴含的生态诉求,生态建筑、新能源建筑在休闲农业中占有越来越重要的分量。公共设施建设方面,进村的道路,不能简单地看做交通通道,必须按照景观通道、体验通道的要求进行规划建设并绿化、美化;村内的道路,也要按照旅游区的标准,沿途设置一定数量的休憩设施、停车场所、运动场地及公共厕所等;农家建筑要考虑发展旅游与休闲产业的需求,整体要保证乡村风貌不被破坏,保留农耕或乡村文化的符号。

3. 休闲农业与第三产业的融合

在都市型现代农业的框架下,第三产业主要是指农村服务业。休闲农业以第一产业为基础,第三产业则是其本质属性,其中交通运输、住宿餐饮、文体娱乐业是其内在的组成部分,这里主要分析休闲农业与其他类型的第三产业的融合。

(1)与信息传输及网络的融合

休闲产业是信息密集型和信息依托性产业,这一特点决定了信息技术与休闲农业产业之间的深层次互动关系,两者相结合,将为休闲农业产业发展提供一个充满活力的广阔空间。一方面,休闲农业依托于农业,春赏花、秋品果,时令性极强,必须依靠互联网实现信息的快速传递;另一方面,休闲农业依托于大都市的消费市场,消费距离短、频次高、自主化与个性化强,休闲农业企业信息处理量大大增加,需要建立强大的信息网络进行支撑,信息化成为休闲农业产业驱动力。

(2)文化创意产业的融合

休闲农业发展必须且必然要求更加主动地与文化创意产业相结合。创意不是对传统文化的简单复制,而是依靠人的灵感和想象力,借助科技对传统文化资源内涵的再提升。农村蕴含着丰富的民俗文化、农业产业文化。这些丰富的"原材料"必须经过文化创意产业的加工,才能发挥出应有的价值,在休闲农业产业的发展中承担起支撑产业文化内涵的作用。例如,传统的食用农产品加工、农田水利灌溉、农村传统手工艺、乡村非物质文化遗产传承等,必须经过文化创意的注入，导入符合现代都市人的审美趣味与消费习惯的时尚元素进行再创作，才能获得新生。

(3)与教育业的融合

在休闲农业体验活动中，对自然生物界知识性的探索，是任何群体游客的主要兴趣。休闲农业园区其本质上是一种人们对生活的美的享受和体验，是实施自然教育最理想的场地。

(4)与会展业的融合

休闲旅游与会展，是密不可分的两个产业。农业会展是以农业耕作和农产品加工贸易为主要内容，以会议、展览、展销、节庆活动等为主要形式，以一定的场馆设施和展示基地为基础的商贸经济文化活动。大都市郊区的休闲农业园，其本身就是举办农业会展活动的绝佳场所。一方面，休闲农业园根植于农业种植、养殖，直接链接着农产品；另一方面，休闲农业园的经营面向大都市，也就是面向农业会展业的市场主体。休闲农业园还具备一定的餐饮、住宿、会议、展览设施，是乡土与都市的交汇结点。

寮采村可以在农业节庆方面多下功夫，将节庆活动与休闲旅游结合起来，使其不仅仅成为业内人士的市场采购活动，更是成为以本地特色农业产业文化为核心的观光、体验活动，成为“农民的节日、市民的狂欢”，不但能取得更多的经济效益，也有利于塑造本地农耕文化、特色农产品的良好形象，进而不断打造资源品牌，形成新的短途休闲、旅游目的地。

(五)培育与强化“双驱动”引领的发展主体

寮采村人口较多而土地相对不足，农户单干受制于土地经营规模的原因，产出效果并不理想。故此认为，通过培育发展农民专业合作社、村办股份制企业“双驱动”寮采产业发展的路子是科学和恰当的。

1. 农民合作社的领头。寮采村以都市型现代农业的产业链建设中，农民合作社的兴办，有利于从生产、加工和流通，与主体产业链相连接和延伸，最终要形成一、二、三次产业融合发展的态势。这主要包括有合作社办加工模式、农超对接模式、农社对接模式等，建立集农产品生产、加工、销售于一体的产业综合体。农民通过合作社载体实现产业链条延伸和产品增值，并通过合作社分配机制分享到增值收益，是一种良好的产业融合模式。寮采村已经培育的 4 家农民专业合作社发展的势头不错。

2. 股份制公司企业的领头。依靠“村社能人”发起、倡导村民自愿参股并合作控股的世外桃源，其创建对于促使寮采村产业规模化和传统集体经济的发展转型，具有深远的示范意义。它不仅对使寮采村整合了优势资源，而且把分散的资源元素集中起来，形成合力，进而把自身的劣势有效地进行削减和转化。把这个村庄极其短小的产业链既向前进行了延伸，也向后进行了扩展。打造并形成了自身的产业链条，建立了生产休闲基地与农民合作之间的利益共享机制，将产业链条覆盖了该村的生产、加工、销售和服务全过程，最终形成一、二、三次产业融合发展的态势。更重要的是，股份制企业重塑了该村的价值链。如果说合作社注重产业链条的延伸，那么股份制企业则更强调价值链的完善，即处理好企业与农户的利益关系，让农户分享到产业化的成果。其本质是通过企业向农业导入先进要素并与农村土地和劳动力资源结合，实现对农业现代化的引领和农民合作经济的带动。这种产业融合模式比较普遍，具有较强的生命力和可复制性。

（六）世外桃源现代农业园区发展模式及特点

世外桃源项目作为寮采村近些年来着力打造的一个重大的自营发展项目，经过不懈的努力，已经具有一定规模、一定档次以及一定影响的优良高品质项目。从目前来看，该项目具有以下几个特点：

一是布局区域化（功能区域化）——以1000余亩农地集中连片经营园区为载体，有效配置各种资源要素，通过整体规划功能分区，按5~10年分步实施，逐步建设和完善桃源驿站、水上乐园、滨水沙滩、七彩花田等项目，还有草莓庄园、樱花林、紫薇林、岭南果林、养生花苑等包括农家美食、河堤休闲公园、市民亲耕农场、水上乐园、鲜花观赏、钓鱼、自行车运动等项目；不同模块的项目均有明确的客户市场，譬如七彩花田以情侣游客为主，田园体验区和农业观光区以家庭亲子游客为主，未来的养生花苑以老年游客为主，科普教育项目以中小学生为主，各年龄段的游客前来游玩体验都能乐得其所。该功能布局发挥了产业规模效应，初步呈现了“一、二、三产业融合”发展的态势。

二是合作投入多元化——村委会初期以类似于发行内部股份的方式动员广大村民自愿参股，并由村、社两级集体参股，每股2元，立足村社内部筹集资金，联户委托持股，村民入股热情很高、踊跃参股，全村1430户村民以自愿的方式入股，累计投入资金3000多万元，初步建成了世外桃源生态旅游区。村委会主导园区配套基础设施建设，经营项目建设和产业开发由股份公司主导积累投入，近年来争取到政府部分资金的补助，下一步拟以现有基础，发挥品牌效应，谋划引入社会资本进行合作经营，拓展市场，提质升级。

三是产业链条化——围绕着农业种植、游客亲耕体验、果林采摘、农产品包装营销、农家美食消费、鲜花观赏、钓鱼、自行车等运动养生、住宿度假等项目集为一体的产业链为主线，不断完善各链条环节，深化整体规划建设，持续积累，扩大融资，突出各链条环节的无缝对接，实现多点盈利，创造综合经济效益。

四是生产标准化——实施“村社支持、村民参与、企业主导、政府助推”的合作发展模式，把现代特色农业的产前、产中、产后各个环节纳入标准化生产和管理的轨道，确保园区产品暨服务品质稳定，引进“外脑”技术专家不定期进行技术指导，不断引进新品种，改进技术，促使生产科学化、标准化。

五是产品品牌化——在生产标准化的前提下，实施品牌化经营策略，通过注册商品商标、地理商标、服务商标，积极争取绿色食品、无公害农产品认证等方式，提高园区产品的品牌化认识度，实现同类产品的区域差异化经营。

六是服务社区化——以世外桃源现代农业园区建设为标杆，积极拓展村域新农村建设，着力改善园区周边延伸至村落社区道路、人居环境条件，提高村民生活质量。为股份制企业服务，组织农民进行现代农业产业经营培训，将他们由传统自耕农民变成现代农业工人，实现本地就近就业，提高经济收入，实现增收。

总之，世外桃源现代农业园区建设奉行的是由单一的第一产业向一、三产业共存融合发展模式，借助农业园区发展平台契机，大力发展休闲、观光式农业生态旅游，通过都市型农业创造优化生态旅游环境，再通过生态旅游提升农业发展品质。该发展模式为都市型现代农业与城郊村治转型注入新的活力，更是依托社区型股份合作制、嫁接生态旅游新业态而实现集体经济转型发展的成功范例。

六、寮采村都市型现代农业结构优化及提升思路与规划

（一）指导思想与基本原则

1. 指导思想

围绕全面建设和谐小康社会、服务与服从广州市现代农业发展格局与规划，以服务广州、改善生态、优化环境、提高效益为宗旨，依托广州市经济、科技、信息、人才优势和农业资源、产业优势，优化、整合农业区域资源，综合开发该村农业经济、生态、生活、社会功能，大力发展优质高效农业、绿色生态农业和休闲观光农业，加强农业和农村社会化服务体系建设，保护和改善农业生态环境，建设美丽乡村。拟通过 8 ~ 10 年的努力，基本建成与广州城乡一体化发展相协

调，具有明显岭南特色的都市型现代农业示范点。

寮采村乃至整个白云区就是要着力发展都市型现代农业，也就是一、二、三产业相融合的产业，让广州区域现代农业多功能性得到充分的体现。近些年，广州市以优化农业的生产、生活、生态功能为重点，全面推进产业结构调整、生产方式转变，完善产业体系，大力发展生态农业，取得了一定成效，助推了农业增效、农民增收、农村增绿。然而当前，广州农业发展又面临着新旧动能转换的新时期，绿色生态可持续农业处于提升阶段，一、二、三产业融合度不高尤其是农产品深加工偏弱，低收入农户增收面临着产品优质不优价、转型层次不高等问题，需要进一步突出重点，推动农业供给侧结构性改革，不断激活市郊农业的要素、市场和主体活力，加快培育农村发展新动能。寮采村可以争取发挥其排头兵或示范点的作用。

2. 发展思路

（1）用创新理念加快发展都市型现代农业，与广州市工业化、城市化建设相结合，全面提升该村农业农村的经济、生态、生活、社会功能，让农业农村在建设生态型、园林型的大都市中找到位置，发挥作用。

（2）进一步强化三产融合，通过农业核心竞争力的培养，带动农业增效、农民增收。着力构建以休闲、观光农业为发展极的都市型现代农业产业体系，按照三次产业相互渗透、相互促进、互动发展的原则，推进农业向第二产业、第三产业的发展，延伸产业链条，实现一产跨二产，一产跨三产，一、二、三产联动。

（3）新业态带来都市农业发展新动力。近年来，广州白云区大力发展都市型现代农业，培育新业态，有效拓展了农业产业链价值链，成为农业增效、农民增收的新增长点，大力发展观光休闲农业和乡村旅游业。近年来，观光休闲农业和乡村旅游业已成为广州近郊都市农业发展的新动能。为适应该趋势，应当重点发展寮采村的花卉、蔬菜、林果等名特优种植的传统优势产业，做强做精，延伸农产品加工业发展和农产品电商市场体系建设；大力发展以不同人文和自然景观为特色的生态休闲观光农业。

（4）加强该村生态环境保护和建设，围绕点源污染、面源污染进行强力控制，特别要加强对该村的污水排放和农村畜禽粪便、生活垃圾以及化肥农药污染的防控，加强景观农业建设，大力发展农业循环经济，构建农业资源节约和循环利用的生产方式。

3. 基本原则

（1）统筹规划、分类指导、分步实施的原则

立足于建成与广州城乡一体化发展相协调，具有明显岭南色的都市型现代

农业示范点的要求，对发展目标、重点建设内容、保障措施等进行统筹规划，并按照不同空间布局和产业发展特色，有针对性地分类布局，对重点建设任务和建设项目提出分步实施的时序。

(2)因地制宜、发挥优势、突出重点的原则

立足该村资源特色，充分发挥比较优势，突出产业发展重点，在休闲农业发展方向的选择上充分考虑发展基础和市场潜力，因地制宜地确定，结合自然条件、区位优势和资源禀赋等综合考虑，加快和优先扶持重点发展项目。

(3)经济建设、社会发展、生态保护相协调的原则

坚持经济、社会与人口、资源和生态环境的全面协调、可持续发展，围绕构建都市型现代农业发展蓝图，在进一步优化和改善村庄治理、土地整治基础上，加强该村的生态环境建设，培育村民社区合作精神，实现经济效益、社会效益、生态效益的统一，实现城乡社会和谐与可持续发展。

(4)市场运作、项目支撑的原则

尊重市场经济规律，充分运用市场机制，优化资源配置，鼓励和调动村民及社会资本积极参与该村都市型现代农业的建设；坚持以项目支撑促发展，加强项目的设计、开发，并向有关部门积极申请支持帮助。重点发展世外桃源现有基础雄厚、优势明显或市场前景好、经济效益高、技术含量高、有较强竞争力的产品。

(二)发展目标与发展战略

1. 发展目标

基本实现空间布局合理、功能多元表达、产业优化发展、市场目标明确、经济效益显著、生态环境安全、城乡社会和谐，具有显著岭南特色和核心竞争力的都市型现代农业。在一、二、三产业融合上有新突破，在发展模式上有新创新。

一是实现郊区农业单一功能向多功能转变。加快实现农业由单一生产型向生产、生活和生态型多功能转变，使寮采村农业依托广州市场需求创新发展。二是实现城郊型传统农业向都市型现代化农业转变。运用现代手段，提升农业的综合生产能力，提升农业的现代化水平。三是实现郊区农业由粗放型向集约型农业转变。优化配置生产要素，提高劳动生产率和资源利用率，鼓励内涵式可持续发展。加快郊区农业向组织化、专业化、标准化转变。四是实现偏重生产向加重加工业和服务业转变，由过去单一关注生产以产—定—销的生产方式，向以市场需求为导向，以销—定—产的方式转变。

2. 发展战略

(1)大力提高科技含量

“科学技术是第一生产力”，不断提高该村都市型现代农业发展的科技含量。一是要加快该村农业科技运用体系建设，主动地加强与本地及知名农业科研院所的广泛联系，并与之建立紧密型的科技合作关系；二是围绕该村主导产业、优势产业的发展，加快新技术、新成果的推广应用，做强做精。三是加强农民职业教育培训，造就新型的农业劳动者队伍，不断提高农民的科技文化素质。

(2)实施和调整优化农业产业结构

大力发展优质、高效、精品、特色、设施、生态等农业生产，以提高单位土地最大产出效益为根本，大力发展名特优新品种；大力具有岭南特色的花卉苗木、经果林等产业生产；调整优化农村产业结构，大力发展农村第三产业，加快农村新型产业，如景观农业、生态休闲观光农业、观光农园、农家乐旅游等的发展。

(3)实施三产融合，提高农业综合经济效益

实施农业产业化经营，建立优势农产品生产体系、加工体系、市场体系的有机链接，打通一、二、三产业融合通道，提高农业综合效益。

(4)实施名牌发展战略，提升农业核心竞争力

名牌是具有质量、效益、竞争力和生命力的品牌，大力实施名牌发展战略，以此向高附加值产品与服务拓展，特别是要在短期里将世外桃源项目品牌化，全面提升寮采村的核心竞争力。

(三)创新都市型现代农业建设和村庄规划用地政策机制

寮采村地处广州市郊区，土地面积有限，人地矛盾突出，再加上土地承包之后，因土地承包产权关系形成的各种“插花地”“边角地”“穿插地”等，土地集中之规模化利用长期无法得到充分施展，发展以休闲农业为发展极的都市型现代农业，需要争取相应的用地政策安排，但既要从政府合理指引及依法监管的角度，也要从村庄规划实施及土地整理空间的角度进行全盘统筹考虑。

1. 政府要从都市型农业建设需要出发，统筹土地利用规划保障

土地利用规划是对一定区域土地利用超前性的计划安排，是依据区域社会经济发展和土地的自然历史特性在时空上进行土地资源分配和合理组织土地利用的综合技术经济措施，是实现农业的合理布局和制定农业发展规划的科学手段和依据，是用严格的科学制度指导农业、实现农业现代化的一项不可缺少的基础工作。建议白云区从都市型现代农业建设需要出发，明确辖区内都市型农业发展示范基地或重点项目区域，包括寮采村土地利用的功能与布局的指引

及指标保障。

2. 政府要从依据土地利用分区分类完善都市型农业发展用地管理

土地本身是自然产物，当土地被投入社会生产活动之后，就成为任何社会物质生产部门所必需的物质条件。土地具有生产、养育、承载、仓储、景观、生态和环保等功能，集中表现为土地的有用性。白云区的都市型农业产业要按土地功能划分，融生态功能、生活功能、生产功能三位一体，生产人类所需要的物质产品和生态产品，依据土地利用分区优化都市型农业发展格局，通过发展生态农业、园林绿化、生态水系等，改善区域人工生态环境，增加区域环境资源，提升区域生态承载力，并通过发展景观农业、休闲农业、体验农业、科普农业等，满足市民丰富的娱乐文化生活需求。对寮采村的发展定位，白云区政府有一个明确的设置，要实现稳定的预期。若以休闲农业为发展极的都市型现代农业，必须允许集中流转连片整治后新增的部分耕地，按规定用于完善农田配套设施；对其中观光农业部分配套设施、农产品产地初级加工、田间冷链仓库、农产品临时存储及分拣包装场所等用地按农用地管理；对纳入现代农业重点规划的项目需要增加建设用地的，协请市相关部门统筹保障用地指标；另外，要建立农村水利工程用地分类管理机制，主要是区分服务于农业生产和农村水安全的水利工程用地与服务于农村且建成后恢复为农用地的分散式农村生活污水处理设施用地的管理。

3. 将都市型农业发展与美丽乡村建设的用地有机结合，完善用地供给管理机制

首先，基本农田保护区一经划定，任何单位和个人不得擅自改变或者占用。白云区对区域内基本农田应充分协调都市型农业与基本农田保护的关系，既要加快发展都市型农业，同时也要严格保护耕地。寮采村应以都市型农业为方向，重点发展以产业化、集约化、专业化为方向的都市型农业，在充分发挥其农业资源优势的基础上，以休闲农业为发展极，大力发展精品农业、品牌农业、观光农业等。这些产业的发展同时要同美丽乡村建设充分和有机结合起来，总体考虑，通盘统筹，力求做到相互借力，共同进步，并在统筹农村公共事业发展中，深化农村综合改革。其次，通过深化土地规划和科学组织，对田、水、路、林、村等实行综合整治，增加有效土地面积；对村边、路边未被开发利用的零星“丢荒”地进行开垦，宜林则林、宜果则果、宜菜则菜；对生产建设过程中造成破坏的土地（含山地）进行复垦，保证土地存量。寮采村应当以都市型农业发展为契机，依托现有良好的生态系统，兼顾生态、景观与功能使用原则，维护生态平衡，保护好水系、林网、自然文化遗产等用地，促进区域生态环境改善。

4. 优化和完善寮采村庄规划实施落地机制

配合市、区的功能片区土地规划，落实推进村庄规划与上级土规、控规的融合，指导村庄规划深化提升工作，镇政府争取开展区域成片整体办理新增建设用地审批和规划建设审批的试点政策。寮采村要努力盘活土地存量、扩大增量，针对寮采村土地利用现状，进行专题调研。要积极稳妥地协调推进寮采村的土地整理、留用地开发和土地复垦；争取开展村民公寓式住宅建设，积极探索区域集中连片建设多层、高层等节地型住宅，加强农房服务管理。同时，在维持村庄区域自然资源和环境承载能力的基础上，构筑起生态宜居宜业的格局，引导各类用地等资源合理配置，建立经济建设与生态保护的共生互利体系，完善环境建设的基础设施和政策体系，实现乡村振兴与美丽乡村建设区域生态可持续良性循环。

（四）加强寮采村农产品品牌建设

1. 积极组织参加省市名特优新农产品评选。引导该村将淮山、提子、黄皮等优质特色农产品参加“广东省名特优新农产品评选”等活动，整合现有农产品品牌资源，通过申报评选，推出影响大、效益好、辐射带动强的名牌农产品，树立良好品牌信誉和形象。

2. 开展农产品“三品一标”认证。依托寮采优势农业产业和特色农产品，大力发展无公害、绿色、有机农产品生产基地及产品认证。目前，该村绿腾淮山种植基地及淮山产品已获无公害认证，进一步引导其申报绿色产品认证，按照“统一规范、简便快捷”的原则，根据国内外通行规则和市场需求，加快产地认定和产品认证步伐。引导其生产经营主体增强商标意识，鼓励、支持农产品商标注册和地理标志证明商标的申报，促进品牌农产品包装上市，促进农产品的品牌销售。

3. 兴建农业科普展示馆，定期举办农耕文化节。寮采村应当探索建立农业科普展示馆并常规化地组织举办农耕文化节，结合寮采“世外桃源”农业生态旅游景区的功能特色，把该村优质的农产品、美丽的农田风光、良好的生态环境及农耕文化推介给广大市民；并利用电视、广播、报纸、网络等多种媒体，推介和宣传品牌，让广大消费者更多地了解寮采村，以及寮采村的优质农产品。

4. 加强农产品质量安全监管。保障农产品消费安全和农产品品牌信誉度。以此增加高端优质安全农产品的市场供给，向高附加值产品与服务拓展。

（五）发展寮采村民宿经济和探索农业电商

寮采村应充分利用自身闲置的住房，通过统一升级改造，建成一批具有岭南特色的民居，解决部分游客的休闲居住问题。同时，推动"互联网+"优质农业。应用互联网、扁平化供应链管理等理念，提高农业供给体系对需求变化的适应性和灵活性。还应积极引导寮采村发展农业电子商务，构筑寮采村农产品信息发布平台，与广州市惠鲜蔬果公司进行协调沟通，将寮采村花卉、淮山、提子、黄皮等优质农产品，借助广州市惠鲜蔬果公司的网络销售平台进行销售，促进该村的农业增效和农民增收。

（六）培育新型农业经营主体暨壮大有生力量

2017年中央一号文件提出，支持农民工返乡创业，带动现代农业和农村新产业新业态的发展。鼓励各类人才回乡、下乡创业创新，把现代的科技生产方式和经营模式引入农村。当前，农业要素投入面临的严峻问题是青壮年劳动力供给问题。因此，应全力加强现代农业新型经营主体的培育。农民专业合作社是农户有机联合体，是面向市场的农业经营主体，面对市场变化比小农户具有更好的应对能力。就市场主体而言，单个农民专业合作社仍面临着市场能力不足、融资难、人才缺乏等问题，需要培育和提升发展能力。

针对农业劳动力老龄化问题，要重视培育新型职业农民。习近平总书记强调：要以吸引年轻人务农，培育职业农民为重点，形成一支高素质农业生产经营者队伍；要培养有文化、懂技术、会经营的新型农民；要把培养青年农民纳入国家使用人才培育计划，确保农业后继有人。广州市郊新型农民在发展适度规模经营的过程中，面临着市场管理能力较弱的问题，需要一批有效、有偿的技术人才资源，及与之匹配的系统性的技术培训和服务。同时，支持新农人返乡创业。新农人是当前农业现代化的重要新型主体，应当大力支持他们返回家乡创业。新农人主要从事的领域有农村电商、领办农民专业合作社、创办家庭农场等，特别是青年返乡就业创业的人员，在安全优质农产品供应、连接城乡供求、发展休闲观光农业和乡村旅游业、带领农民增收等方面都发挥着重要作用。

七、结论与建议：深化配套改革和可持续发展

十九大报告基于既已确立的新型城镇化发展战略，提出实施乡村振兴和区域协调发展战略，这是针对我国城乡社会主要矛盾发生变化新做出的战略决

策。鉴于乡村振兴战略实施需要创新城乡融合发展体制,城镇化是乡村振兴战略实施的重要支撑,健全城乡融合发展的体制机制和完善政策体系,可促进城乡要素和资源的双向流动,促进城市的现代化要素更多配置到农业和农村,推进农业和农村现代化暨乡村振兴。然而,新型城镇化与乡村振兴之双轮驱动,涉及社会经济结构的系统转型,其发展路径与制度安排密切相关,制度创新是双轮驱动运行的关键保障。有效的创制安排助推其发展进程;相反则阻碍其健康发展。既往发展呈现“病态化”,缘于民生保障领域(如产权保护、土地管理、公共服务、社会治理等)制度改革未能同步配套跟进。故此,新发展观不仅要重视改善宏观体制及调控方式,而且要强调构建基层社会治理体系及配套实施机制。

因此,寮采村后续深化改革和持续发展,必须顺应新的战略实施的要求,结合其地处广州大都市郊区的区位优势及其发展基础,仍要努力化解制约当前村域经济社会发展转型的深层次矛盾,挖掘潜力,盘活资源,用足用好政策,促进农村管理与社区治理规范化、制度化、有序化,促进经济繁荣、产业兴旺,带动农民增收创富,确保社区和谐稳定,在村社治理、集体经济发展转型以及土地整治等方面实现协调创新,成为白云区农村综合改革暨促进乡村振兴的示范样板。

(一)夯实乡村振兴基础的建议

1. 充分认识当前农村经济社会发展形势特征

商资本投向农业或综合开发、集体建设用地入市等项目机会也越来越多,大批资新型本项目将涌向农村,新产业新业态将不断出现。村“两委”组织处于外部资源输入农村的关键节点,其主要负责人处于历史上权力最大、监管相对最少的阶段,农村内部人控制、权力寻租、农民利益被侵犯的风险持续增大。既有的“两委”主体治理机制,既难以有效防范村社腐败风险,又难以持续激发村民自治活力,已经不适应形势发展需要。农村基层治理改善,必须从仍然认为村治主体软弱乏力的阶段跳出,围绕规范村社负责人用权、维护好村民利益进行系统化的改制创新。农村基层治理模式改革方向必须立足农村基层治理发展现状,围绕城镇化发展形势需要,以构建符合现代治理理念,兼顾国家治理和农村自治双重需求的科学治理机制为目标,加强顶层设计,慎重稳妥,积极推进。按照十九大的最新部署,加强社会规范体系建设,开辟法治、德治和自治有机结合的基层社会治理实践新局面。

2. 明确村治模式改革完善的原则

基于对寮采村基层治理现状及机制障碍的分析,治理模式改革完善应体现如下原则:一是顺应行政化趋势;二是以民主法治理念重塑基层治理模式;三是以防范村社治理主体权力独大为重点,完善村社监督机制;四是在不增加村社治理资源和治理成本、不增加财政和村民负担的前提下,对原有治理资源进行整合,重构更加科学合理的村治架构。

3. 创设完善新型的村治多元主体结构

当前农村基层治理框架的主要症结是既有村社组织的自治与行政角色混同,政治、经济、行政、社区服务等职能混杂,在积极履行行政服务职责的同时,兼顾或牵扯较大的政治维稳任务,则难以忠实履行村民自治代理人的角色;在忠实履行村民自治代理人的角色时,则难以兼顾行政、政治等职责。未来农村治理机制创新可将既有村社组织的诸多捆绑职能适当分离,在现有村"两委"组织之外创设主体分担部分职能,各司其职且相互制衡,摆脱现有村社组织角色混乱而顾此失彼的困境,从而构建职责划分清晰、权责明确的新型多元主体治理模式。在寮采村治实践创新探索之初,村民理事会与村"两委"是否发生摩擦乃至冲突,谁也无法预见。换言之,设立村民理事会的初始动议或设想可能并不完备,既要通过实践检验发现问题或形成经验认识,更要通过实践修正走向成熟。不过,必须厘清村民理事会与村"两委"的功能界限,规范一个框架机制,避免"叠床架屋"运行无序失范(彼此"争权夺利"或相互倾轧、扯皮);同时,与运行多年的村"两委"架构相比,村民理事会稍有"出轨"也是正常的,但应当借鉴既有的经验,在实体与程序、权利与义务等方面应该有基本的规范。因为既然形成一个常态化组织,就应当制定一个组织章程,确保其照章运作。政府如果需要在面上推广其村治创新模式,宜制定一个规范指引。

(二)促进有效治理与发展转型的基本路径

1. 基层政府转变村社管治方式,完善公共权力运行机制,增强公共服务保障能力

十九大报告提出"三治合一"的乡村治理体系,为推动社会治理重心向基层下移指明了方向,为乡村社会走向"乡风文明",由"管理民主"向"治理有效"的升级找到了路径、开辟了新境界。因此,基层社会管理必须从传统的颁发红头文件、行政命令管制转变为依照法律制度协调治理。强化基层政府在基层的延伸服务能力,坚持以人为本,以实现便民、高效、廉洁、规范、群众满意为宗旨,推行"一站式办公、一条龙服务、并联式审批、阳光下作业、规范化管理"的行政服务运行模式,构建规范统一、功能完善、服务优质、管理有效的行政服务平台,切实将行政服务延伸到村社,实现行政服务管理和村社基层群众自治的良性互

动，在村社设立行政服务站，作为政府在村社的行政管理站点和便民服务平台。行政服务站承接上级政府安排的社会管理、公共服务工作和相关行政事务。协调相关职能部门对村社行政服务站的行政职能、业务流程等相关问题进行认定，使之地位明确、职责清晰、职能到位，保障村社行政服务站工作的顺利开展。村委会不再承担过多的行政事务，“去行政化”回归自治功能，实现“村政分离”。强化村委会的基层自治职能，依法组织开展民主自治，办理村社公益事业，向政府反映群众的意见、要求和提出建议。

2. 转变集体资产运营与监管模式，创新集体经济实现形式，调整利益结构形态

转变集体资产经营组织形式——村社两级集体通过表决授权确定经营性集体资产由相对统一的集体经济股份制组织（如世外桃源经营公司或其他新型经营主体）进行管理经营或合作经营，实现行政事务、自治事务和经营事务“三分离”。同时，在确保村委会等基层组织正常运行的情况下，按比例对村社基础设施建设、社会管理、公益服务和公共福利等经费进行预算计划投入。实施试点先行，探索整合集体经济发展组织形态，由政府职能部门系统拟定管理规范指引，创新集体经济实现形式，引入现代企业制度，促使其经营管理规范化。同时，推动集体资产从粗放无序管理向精细化规范化管理转变。一是强化依法监管，明确集体资产管理主体责任，配合镇集体资产交易平台建设，强化对集体产权流转管理，对集体资产交易实行分级审核制度。二是清产核资。完善清产核资小组，对集体资产逐一清理、盘点、登记造册并张榜公布。全面摸清集体资产家底，健全集体资产台账。三是健全管理制度。针对集体资产的经营，如出租、出让、改造、开发等程序制定相关管理制度，建立整套的有偿使用制度，对集体资产交易实行公开竞价，规范签约，促进集体资产经营程序化；完善民主管理制度，形成决议—执行—监督三位一体的运作机制，严格规范股东（代表）、村民（代表）等表决、监督制度。四是加快完善村级新型集体经济组织（如世外桃源股份公司）法人治理结构，优化股份设置，完善集体资产股权权能，赋予农民更加充分的财产权利。

3. 推进美丽乡村建设计划，创建集约型用地社区，优化人居环境

争取政策惠利，采取合理措施，设法化解征地拆迁及用地调整的难关，破解旧村居改造难题，推动农居城镇社区化，促进集约化用地；破解农村宅基地供给不足的难题，加大集约型社区建设。按照“先规划后建设，先试点后推广”的原则推进，以村社为试点，采用镇、村配套支持及社会资本合作的方式，盘活村域宅基地，整合周边地块，建成集约型社区。改善城乡容貌，统筹城乡发展，实施

名为“美乐计划”的乡村环境提升工程；完善村居公园、公厕、市场、道路、垃圾中转站等基础设施建设，以“一村一品”为思路，挖掘古祠堂、古民宅、古书舍、古树木等物质型古迹文化和民俗、民间艺术等非物质文化，推进文化亮点工程建设，建设富有历史文化底蕴的现代村居环境。

4. 发展精品型生态农业，培育农村新产业新业态

寮采村发展的都市型现代农业，就是一、二、三产业相融合的产业，农业的多功能性应得到全面的体现。一是充分利用农田保护区，整合余留 1000 余亩农用地，以世外桃源农业基地为试点先行，发展精品型、都市型农业，开发农业科普和园艺基地，推动纯农业向高附加值农业转型，推动观光休闲农业和乡村旅游向高品质方向发展，促进一、二、三产业深度融合。二是配合实施乡村振兴战略，促使景区提质增效，适度发展物业型经济，开发好征地留用地和盘整村社经营性建设用地，补齐二、三产业融合发展的短板，繁荣村域经济；培育新产业新业态，有效拓展农业产业链价值链，成为农业增效、农民增收的新增长点；大力发展观光休闲农业和乡村旅游业，观光休闲农业和乡村旅游业成为城郊都市农业发展新动能。三是当前关键的抓紧推进土地承包经营权确权登记颁证，为农村土地流转市场建立奠定制度基础。同时，要发挥集体组织在农村土地流转中主导作用，通过集合单个农户承包地，集体统一进行发包，可以较低成本地形成规模化经营的农业，但要处理好村社集体组织内部关系。逐步建立农民退休制度，对愿意放弃土地达到退休年龄的农民，给予相应的养老金，让部分农民能真正退出农业生产。可以借助土地流转补贴政策，鼓励农民流转土地，也减轻土地流入方租金压力。

5. 争取政策支持，推进村庄整治改造，转变社区布局形态

协调推进集体建设用地集约节约利用。近些年来，广州在农村集体经营性建设用地集约利用和闲置农宅盘活利用方面较有创新突破，白云区多个街镇结合“三旧改造”开展了统筹集约利用集体建设用地改革探索，取得了相应的宝贵经验。在相关实践探索的基础上，下一步寮采村要启动村庄整治改造工作，争取获得集约利用集体建设用地一系列政策支持。譬如，旧村改造时道路要扩宽，希望有关部门依照寮采村实际情况补足村庄建设用地指标，支持村社集体经济发展，增加集体建设用地规模；有关部门对旧村庄红线划定要实事求是并征询村社集体意见，尽可能避免将早期村民分配的宅基地划为红线外，以回应村民的权利诉求，削减信访矛盾。再如，2017 年中央“一号文件”提出，允许通过村庄整治、宅基地整理等节约的建设用地，通过入股、联营等方式，重点支持乡村休闲旅游养老等产业和农村三产融合的发展。借此契机，寮采村可推动闲

置农宅发展健康养老、乡村民宿旅游产业。特别是，积极配合毗邻的空港经济区、医疗健康城的建设以及世外桃源休闲旅游基地的升级改造，加快村居的连片改造，重点对违建、临建房屋设施进行改造。做好统筹规划方案，按照“政府引导、市场运作、村民参与”的原则，妥善化解用地指标、成本收益、权属复杂和居住习惯等制约因素，加快系统改造，为发展民宿经济创造有利条件。政府主管部门依据村庄规划及指导寮采村开展村庄环境整治、完善村公共设施配套、推进村民住宅建设和经济发展项目建设，结合用地增减挂钩试点工作，推进土地综合整治。其中关于规范村民住宅建设方面，探索村民拆旧建新和建设农民公寓集中上楼居住，促进土地集约化有序利用。一是配合广州市村规办完善《乡村建设规划许可证实施办法》，便于村庄规划的实施；二是结合美丽乡村创建工作，推进美丽乡村建设项目农家乐扩建工程和农耕文化休闲广场的实施；三是加强村民建房的规划指引和服务。在寮采村已批的几宗村民住宅经验基础上，通过开展2015年度村民住宅建设规划选址前期研究工作，按照现状拆旧建新类和农转用新建类分类摸清年度新增村民住宅用地需求，并依据村庄规划，确定新增村民住宅用地布局与建设模式。

(三)深化改革与持续发展的保障措施

1. 夯实社区公共服务保障体系基础

农村社区服务体系建设包括构建社区公共服务体系、恢复社区互助服务体系、建设社区服务业体系以及构造三大服务体系的体制和机制。农村社区规划及其与乡村振兴发展的关系是：农村社区原则上以行政村为单元统一规划和建设，实行“一村一社区”；同时，允许“联村社区”“自然村社区”等多种模式；已经形成自然村“片区联创”格局的，可按现有的毗邻布局，形成以中心村带周边若干自然村的社区公共服务共同体；村落已经集镇化或形成中心村格局，以及一个自然村中聚集若干行政村的，应按“多村—社区”规划建设；已形成农民小区的按“社区设小区”规划和建设。

农村社区服务设施建设投入需求巨大，按计划分步骤建设，财政有能力承担。比照城市社区服务体系建设要求，农村服务基础设施应达到十有：有村“两委”办公楼，有村民议事活动场所，有社区事务受理服务站，有社区广播和呼叫服务设施，有警务或治安巡逻室，有卫生室或医疗站，有幼儿园，有公共体育设施，有图书室等公共文化设施，有养老院和老年活动室。鉴于涉新农建设部门和资金渠道多元化，在统一规划的基础上探索整合各种资源，在农村社区尝试整合相关的支农惠农资源（如农业、国土、民政、交通、水利、文化等支农扶贫资金),形成有计划、分步骤、高效率的社区建设、社会发展和社区治理机制。

(1)确保财政对公共管理和公共设施的支出。由于长期城乡二元结构的樊篱,农村地区公共基础设施根本无法与城镇相比。为此,需要持续增加财政投入、缩减公共基础设施的差距应成为政府造福于民、为民办实事的“村改居”工作重点。本着循序渐进的原则,加大财政投入公共基础设施的建设力度,把“村改居”社区纳入城市社区管理,由政府承担起原由村负责的市政基础建设、治安管理、消防等社会事务。为缓解财政压力,在资金上可视情况由居民和原村集体资产合理承担一部分,待条件成熟,再由政府统一解决。与此同时,结合公共基础设施建设,由政府统一规划,尽早开展旧村改造。

(2)理顺集体资产收益分配制度。鼓励和引导集体经济组织找准优势,以改造集体资产促增值,以推进产业转型促进增收,以环境再造促进增值的集体经济发展新路径,做强做大集体经济的同时,积极引导集体经济组织理顺收入与分配的关系,适当将集体资产收益向农民社会保障体系、社区公共设施、公共福利等方面倾斜,鼓励、引导集体经济组织实施股份分配递减计划,减少利益争议。

(3)实行同城化基础设施规划和建设。将寮采村这样的待城市化转制社区(城郊村)基础设施建设纳入政府财政和融资统筹范畴。探索农村市政管理由村社管理向街镇管理新机制;探索农村市政公共设施的建设、维护、管理以及治安和环境卫生,社区管理等费用由集体经济组织、两级财政按比例共建、共管、共担。集体经济组织人员编制、工资收入及办公经费在换届选举前作预算,交股东大会讨论通过,由集体经济组织负担。对集体资产总量少、大部分土地被征转、为大龄村民办好养老保障并建立创业基金的村集体经济可以实行退出,成立清算小组,除处理账务提取少量办公资金外,尚余部分用于建立村民就业基金。

2. 深化以集体组织成员权保障为基点的配套改制

通过社区股份制改革创设集体所有制结构下成员权的制度安排,是农村经济社会改制的重要产物。随着农村经济非农化产业发展和土地收益股份化分红的普及,这一制度安排趋于僵化。由此伴生的棘手问题越来越成为影响农村持续发展与和谐稳定的痼疾。故在下一步,怎样发挥敢于并善于改革创新的精神,通过系列配套制度改革,破解这一困惑难题,为农村经济社会转型发展、实现城乡统筹提供稳定、普适、可行的制度基础;必须严格把握深化改革创制的重点环节及规范要领,关键在于完善股份制管理运行机制、优化股权配置,克除现实的困惑与矛盾因素。于是,基本建议对策如下:

(1)实行以股份经济社为单位的成员权时点确权。

其一,由于各村社情况千差万别,建议"一村一策"确定成员权时点,区政府统一政策部署及指导,但具体村社的时点自主确定。其二,政府指导各集体经济组织按民主程序成立专门机构,基于原土地承包关系,对历史遗留问题、村民身份变化、股东与非股东成员权利等,进行全面摸底调查、甄别情形、民主协商,提出处理建议或参考意见。其三,待各村社确定成员权时点后,改革方案报镇街备案后付诸民主表决确认,重新颁发集体成员权证(股权证),依法合理固定经济社成员,封闭其成员权资格,不再在传统村庄意义上随意扩展村民成员。

(2)依法界定享有成员权资格的成员类别及其权益保障范围。

随着城市化村庄从封闭走向开放,必须锁定原始成员享有权利的范围。追溯确认享有成员权资格的成员与原实行家庭承包制时土地资产有关的权利享有或权益分配的条件。如此既可保障原集体组织成员的权益,也有利于村庄开放以后其他成员参与非集体资产相关权益的分享。继续探索"股权固化"与结构优化的股权管理新模式,重在缓解社区股权配置的矛盾——特别是在依法落实"出嫁女"及其子女权益的基础上,按照省、市有关集体经济组织管理规定及集体经济组织成员资格界定的原则精神,重新核定社区各类户籍人口,依法界定集体经济组织成员资格,甄别股东类型,合理调整优化股权配置;对居住在农村社区的复退军人等特殊人群的权益诉求,尊重村民意愿,妥善给予指导处理。在规范集体"两确权"(集体资产产权确认和集体经济组织成员资格界定)的基础上,进一步完善股份合作经济组织运行机制,逐步突破过去股权的社区封闭性,探索股权社会化流转模式,为加快适应城市化进程及公司化改制创造条件。

(3)深化成员权和资产权相分离的股份制改革。

以上两项制度安排妥当后,再对基于成员权的股份制改造优化。其基本思路是:①对集体资产进行全面量化,明确其为成员权所有者的财产。②组建以成员权为纽带的股份资产公司,由核定成员分享原土地和其他资产收益的福利分红。其不具体负责资产经营,只是基于成员的共同委托代表从事对拥有成员权资格的土地分红,负责社区部分公益和公共服务的组织与提供。③组建以资产为纽带的股份公司,原村民、外来居民均可出资入(购)股,组建新的股份公司,完善股份公司治理结构,与基于成员权的股份资产公司脱钩,以合约形式从事土地开发,也可以从事其他资产经营项目。该股份公司的经营、管理与收益分配按现代股份公司原则营运,村"两委"不再干预其具体经营活动。

(4)试行成员权和资产权相分离的股份制集体产权改革。

要求所有集体经济组织进行股份合作制改造成立"股份经济合作社",理顺内部组织管理和分配关系;在改造成“股份经济合作社”后,只要具备三个条件即:一是村社集体拥有一定数量的净资产和稳定的非农经营收益,确保改制后股份合作社有剩余收益可供分配及足够的资本运作;二是社员群众有改制的普遍愿望和要求并能成为改制主导力量;三是村社管理班子团结务实,确保改制工作有效的组织保障——积极引导设立公司企业经营管理集体资产;若以集体资产对外合作成立组建“混合制”的股份公司,集体经济组织应具有控股地位。

3. 完善建章立制,促进改革和规范治理,遏制基层腐败

促进村社建章立制,组织拟订集体资产管理与交易、财务管理、民主议事管理、合同管理、公章管理等规制,修改完善村规民约,既使常规措施以村规民约的形式固定下来,也通过村规民约使授权部门、镇落实监管措施。完善村社组织民主自治机制——按照“一般事项领导班子集体商议决定,重大事项社员民主讨论决定”的原则,全面贯彻民主决策制度:一般事项由集体组织领导班子(党组织和理事会)集体商议,重大事项广泛征求组织成员意见,经集体组织领导班子(党组织和理事会)、监事会集体商议,再提交民主表决,并将决议和实施结果及时公布,逐级上报备案。完善集体经济内部治理机制,组织章程要明确成员大会、成员代表会议、社委会(理事会)、社长(理事长)和民主理财监督小组(监事会)的职责及制衡工作机制,强化自律性约束监督机制——明确社长及社委会成员违反民主决策与管理原则、违法违规行为应承担的责任,列明自动终停职的条款及确认程序与补选程序等。村社集体资产与财务监管规范化重在完善基层民主决策与民主监督机制,涉及财务公开、民主理财、资金管理、合同管理、债权债务管理、资产台账、资产处置、票据管理、会计档案管理、财务开支审批、干部经济考核及离任审计、薪酬标准等一系列制度建设。通过完善制度体系,增强村社民主决策与监管程序的严谨性,促进“两委”“三会”权力制衡与良性运行。制度建设涵盖村(社)务管理和村(社)务监督两个基本范畴。在村(社)务管理方面。出台村社议事决策规则,明确议事决策程序,凡涉及村民利益的重大事项,必须履行“提议—海议—决议—公布—执行—监督”等民主议事与决策程序。针对基层腐败多发易发的集体经济管理领域,需要明细“三资”管理及交易的程序规范,确保“两平台”常态化运行,重在完善集体经济组织与“三资”监管细则,完善“两平台”规范运行机制。在村务监督方面,明确村(社)务监督委员会的工作机制,促进村(社)务监督的常态化、制度化。

4. 发展现代都市特色农业,促动产业兴旺

实现农业现代化,就是要抓住农村发展的主要矛盾,通过农业供给侧结构性改革,推动现代农业发展转型。具体来说,推进农业现代化,要突出抓好建设

现代农业产业体系、现代农业生产体系、现代农业经营体系三个重点。寮采村要以构建“三大体系”为抓手，推动种植业、农产品加工业、休闲或观光农业等转型升级，努力向现代都市型农业迈进。要推进产品创新、主体创新、机制创新和管理创新，调优调高调精农业产业，促进种养加一体、一、二、三产业融合发展。要强化物质条件支撑能力建设，提高农业良种化、机械化、科技化、信息化、标准化水平，提高农业的产业素质和竞争力。要培育农业新型经营主体，健全农业社会化服务体系，加强新型职业农民培训，发挥适度规模经营的引领作用，提高农业经营集约化、专业化、组织化、社会化水平。乡村产业兴旺，必须大力推进农村各项制度改革。在坚持农村基本经营制度的前提下，深化农村土地制度改革，推进“三权分置”改革、“三块地”改革、农村集体产权制度改革等，为乡村产业发展厚植改革优势。农村改革要从生产端发力，把增加绿色优质农产品供给放在突出位置，着力完善现代农业经营体制，大力发展绿色农业，从整体提高农业供给体系的质量和效益，使农业供需关系在高水平上实现新的平衡。

第　三　篇

社区微治理：
增城永宁街道凤馨苑社区共建

——“志愿型参与社区”微治理模式

【附注】

项目来源	广州市增城区社会工作委员会 增城区政府永宁街道办事处
统筹指导	梁少辉（增城区原社工委专职副主任） 潘灶钦（增城区永宁街道工委原副书记） 王权典
项目主持人	陈玉生　杜金沛
调研参加人	王权典　姜国兵　张开云　张沁洁 李诗韵　李瑶葵　李　开　钟赵云 刘书玲　赵文哲
联络协调	王德辉（增城区社会工作委员会科长） 张红智（增城永宁街凤馨苑社区党支部书记　居委会主任）
新闻策划	符龙龙（民主与法制杂志社广东记者站原副主任）
主执笔人	陈玉生

一、背景

凤馨苑社区占地面积377,800平方米,共有175栋住宅楼,入住率高达90%,常住居民7434多户、32,520人,其中本地户籍数仅523户、937人,是非本地户籍白领置业安家比较集中的城市新型社区。由于居民大多来自全国各地,各业态各阶层人群均有,人们生活习惯迥异,邻里之间缺乏交流,彼此关系比较冷漠,甚至经常因为车辆停放、高空抛物等邻里琐事发生矛盾。公共物品供给同样面临问题,如居民要求开通凤馨苑—广州的直达巴士,扩宽人行道,增种大树等,居民曾频繁投诉小区穿梭巴士收班太早、空调位擅自调整、煤气费用太高,学位、车位等紧缺资源配置甚至引起集体维权活动等。社区居民利益诉求得不到及时合理的回应、居民之间矛盾冲突频繁、居民与物业管理服务公司沟通不畅等问题,成为凤馨苑成立初期社区安定的重要隐患。

面对凤馨苑社区早期涌现的主要问题,增城区社会工作委员会协同永宁街道办及凤馨苑居委会经过一段时间的摸底调查,发现凤馨苑社区作为城市新型社区具备居民平均素质良好、住户老中小人口结构比较均衡、居民参与社区治理意愿强烈等特征,加强社区社会组织建设,创新社区治理,启动"志愿型参与社区"建设工程,倡导人人做公益,营造"纯公益,纯快乐""凤馨志愿队,团结正能量"社区志愿精神氛围,使志愿和公益融入居民的生活方式;建设"人人参与,互帮互助"、"我为人人,人人为我"、处处充满正能量的和谐社区。

二、模式特点

(一)参与基础:场地为基础,组织为抓手,志愿为引领

一是场地为基础。公共活动场所是居民参与的基础条件,是公共领域开花结果的土壤。凤馨苑社区物业管理公司腾出一层楼,由居民自主支配。公共活动空间对于居民,不仅仅是活动场所,更是公共领域,公共场所的参与权和支配权具有很大的吸引

力，人们可以通过参与公共空间来获得社区事务的参与权。凤馨苑社区充分利用了人们公共空间的参与心理，搭好台，筑巢引凤，居民一下子就被吸引过来，凝聚在一起，参与因此有了基础。

二是组织为抓手。居民自然自发聚集到公共空间后，先是自发形成活动队伍，然后逐渐形成社区社会组织。经过几年的发展，尤其是凤馨苑社区居委会在2013年成立之后，加大引导力度，至今已经形成了包括公益服务类、休闲娱乐类、文化教育类、体育竞技类等在内的20多个社区社会组织和队伍。这些组织不仅比较充分地满足了居民方方面面的需求，而且更是居民社区参与和公共事务参与的渠道和途径。凤馨苑社区以社区社会组织作为动员居民参与的重要抓手，成效非常明显。

三是志愿为引领。以场地为经，组织为纬，编制居民社区参与网络，一改许多地方居民参与不足状况，而是居民自发参与进来，无须太多劝解。其中的道理很简单，参与平台激发了参与热情。

综上所述，凤馨苑居民社区参与热情高，其中的逻辑很巧妙，那就是参与层次：参与场所带动参与活动，活动参与推动组织建设，组织建设激发组织参与，组织参与推动公共事务参与，公共事务参与推进政治参与。我们为此初步提炼出"社会参与层次论"，用来说明人们社会参与行为和实际参与结构所表现的一般规律，即社会参与逻辑先后顺序和参与总量衰减顺序服从"空间参与—活动参与—组织参与—公共事务参与"四个层次。

（二）参与形式：慈善立意，活动立体，公共立本

一是慈善立意。社会参与层次论说明了社区参与的先后逻辑关系，但对参与的内容及其主次关系，需要参与形式论来说明。凤馨苑社区之所以能够在短时间内改善社区风气和邻里关系，与"凤馨公益协会"等各类社会组织秉持慈善精神分不开，绝大多数社区社会组织成立的目的就是公益慈善，直接面对社区问题，满足居民需求，组织吸纳和发展成员时也传递这种精神品质，这使慈善成为凤馨苑社区参与的根本价值取向。

二是活动立体。无事难参与，参与必有活。在各活动场所，各组织经常有开展各类活动，如文体活动、社区服务活动、公益活动等。活动成为参与的主要形式和载体。为推动各种活动开展，凤馨苑社区居委会经常链接各种资源，如申请各种项目支持居民活动、引导文体队伍参与政府组织的群众文体竞赛等。逐渐地，居民自发组织各种活动，社区活动常态化。

三是公共立本。社区公共事务并非日常事务，不能像社区活动那样成为经

常性的,但公共事务处理不好,社区就会滋生矛盾,社区活动参与必然受到影响,公共事务参与因此具有社区参与的根基作用。凤馨苑社区借助社区活动场所和社区社会组织等载体,打造了大量公共交流平台,通过这些平台,社会居委会可以将公共事务信息发布给几乎所有居民,并在一定程度和范围内引导居民参与议事。此外,不少社区社会组织宗旨就是公共事务,如有一支由100多人组成的平安志愿者队伍,协助民警、保安进行安全防范巡查。

综上所述,在我国单位制向社区制转变后,居民要真正成为“社区人”,必须要有内容,否则社区人就变得空洞,没有支撑。凤馨苑的经验表明,社区参与的基础是活动参与和组织参与;居民融入和融合到社区,首先要进入公共活动场所变成“活动人”,然后参与到社区组织,变成“组织人”,进而才成为“公共人”。

(三)参与格局:居委统筹,多元参与,优势主导

一是居委统筹。2013年,凤馨苑社区居委会成立,在居委会组织引领下,凤馨志愿公益协会、国健公益协会等社会组织在民政部门登记成立,另有凤馨民乐团、凤馨苑武术队、凤馨苑合唱团、凤馨舞蹈艺术团、读经班、书画班等20个组织和队伍在居委备案登记成立。在居委会成立之前,凤馨苑社区也成立了社区社会组织,但处于“游击战”的状态,而今,居委会将所有社会组织整合起来,发挥组织引领、资源整合、统筹决策、协调监管等枢纽作用,并与物业管理公司密切合作,有效开展社区服务管理。

二是多元参与。凤馨苑社区活动和公共事务参与已经出现多主体竞争参与的新形势。凤馨苑成立各类社区社会组织为多元参与打下了基础,已经形成了良性的参与氛围,有时甚至出现参与资源供给不足现象,如社区要组织一次晚会,几乎所有活动队伍都想参与,但节目容量有限,不少节目还安排不上。此外,由于众多社区社会组织成立,而社区热心的骨干和优秀的专业人才有限,优秀的志愿型人才成为“香饽饽”,成为组织争夺的对象。社区社会组织发展少不了居民志愿参与,普通志愿者同样面临参与选择。社区社会组织因此非常重视服务产品的口碑。

三是优势主导。凤馨苑社区形成时间短,历史包袱少,成长速度快,非常有活力。在多元参与格局中,虽然居委发挥统筹作用,但对于具体的活动和事务,由谁主导,并没有哪个固定的主体,而是以专业能力、资源手段等为依据,谁有优势谁主导,打破了论资排辈的传统。这增强了参与荣誉感和自豪感,激发了参与热情;调动了社区优势资源,提升了参与质量。

三、工作亮点

经过三年多的探索,凤馨苑社区居民委员会积极培育并借助社区社会组织这一载体,逐步形成常态化的工作机制。

(一)成立志愿服务队

2013 年 9 月,社区居委牵头成立了凤馨苑社志愿者服务队,为居民提供了一个互助友爱的互动平台。志愿服务队成立后,秉持“义务、奉献、团结、互助”的志愿精神,以“纯公益、纯快乐”为宗旨,陆续开发了公益法律咨询、社区图书馆义务管理、便民服务爱心车队、环保亲子行、旧衣回收、敬老爱老送温暖、文艺表演、亲子读经、关心下一代工作小组、道德讲堂、平安社区志愿巡逻等常规性项目,在推进社区志愿服务制度化、常态化方面具有良好的示范作用和辐射作用。

(二)开展常态志愿活动

经过两年多的社区志愿服务工作实践,志愿服务队注册人数已达 755 名,集中了退休党员、工人、教师、医生、律师等各类群体,每年组织志愿服务活动 150 余次。在这些志愿者们的影响下,社区居民也习惯于把邻居的事都当成自己家的事,越来越多的居民加入志愿服务,形成了社区和谐融洽、互相守望的睦邻关系。

(三)开展平安家园巡逻

“巡逻”听起来是执勤民警、物业保安的工作,可是在凤馨苑社区,有一支由 100 多人组成的平安志愿者队伍,协助民警、保安进行安全防范巡查。他们多数是退休老人,利用闲暇时间,一边在小区散步一边进行社区安全防范“巡逻”,看到有陌生、可疑的人,志愿者就会上前询问,发现有乱停车、乱扔垃圾的行为就上前劝阻。自从将志愿服务与创新社区治理结合以来,社区环境变得更为有序,居民法制观念进一步加强,治安也得到较大的改善,该社区 2015 年诈骗类警情同比上年下降了 33.3%。

(四)系统开展社团活动

目前,在凤馨苑居委会备案的社区公益性和文艺性团体有 20 多个。凤馨苑社区志愿者定期组织“弟子规”公益读经等道德讲堂活动,经常邀请区检察院、公安分局、疾控中心、红十字会等单位部门和组织人员,到社区开展消防知识、法律知识、治安防范、健康知识等各种知识的宣传讲座,通过“引进来”的方式开展各种实用性培训,进一步提升志愿服务的质量和专业性。

（五）搭建社区服务互动信息平台

为进一步拓宽志愿服务推广渠道,加强与居民的沟通,及时掌握居民信息,凤馨苑居委会利用QQ、官方微信等新媒体作为志愿服务对接平台;与此同时,依托社区信息平台,居委会定期汇总居民群众的服务需求,了解居民在协同社区治理中发现的问题和对社区的意见和建议,进行归纳、分类,并通过对社区志愿服务需求进行整理,向社会公布服务需求的种类、需要志愿者人数和地点等信息,吸引符合条件的志愿组织和志愿者报名参与,实现供需精准对接,让志愿服务更加贴心有效。

四、主要成效

自凤馨苑“志愿型参与社区”治理模式实施以来,社区获得的主要奖项有:2014年4月,被共青团增城市委员会评为2013年度增城市先进基层团组织;2014年7月,被增城市关心下一代工作委员会评为五好基层关工组织先进集体。

2015年3月,被共青团增城市委员会评为增城市青年志愿者协会、增城市志愿服务先进集体;2015年3月,被增城市社会管理综合治理委员会评为2014年度增城市平安社区;2015年4月,被广州市美丽乡村和幸福社区工作领导小组评为广州市2014年度幸福社区;2015年6月,被广州市精神文明建设委员会、中共广州市委宣传部评委广州市文明社区示范点。

2016年1月,被广东省住房和城乡建设厅评为2015年四星广东省宜居社区;2016年2月,被中央宣传部评为2016年全国最美志愿服务社区;2016年3月,被广州市妇女联合会评为广州市三八红旗集体。

五、启示和展望

凤馨苑“志愿型参与社区”治理模式促进了利己式参与向利他式参与微治理的转型及其在城市基层的实践,创新了以活动和志愿服务参与为主体实现政治民主参与为目的的合作治理模式,实践了通过改善社会关系来促进公共关系建设的新路径，促进基层政府由“为民办事”到“助民做事”“为民托底”的角色转型。

近些年，许多社会矛盾处理不当即转化为干群矛盾，导致一定范围内居民与政府就公共产品供给的关系愈加紧张，凤馨苑“志愿型参与社区”治理模式通过社区志愿者参与式治理，培育了社会资本，完善了公共服务，激发了社区正能量，不仅减少了社区矛盾纠纷，而且拓宽了居民表达诉求满足需求的渠道，改善了公共关系。

凤馨苑“志愿型参与社区”治理模式的志愿服务强调自愿参与、邻里守望、共同协力和共享合作，居民自行发现问题、认识问题和解决问题，充分发掘社区资源，居民成为社区发展中的主角，居民解决不了的，通过居委会向街区汇报，政府托底，转变政府传统管控的角色。该模式促进社区建设从管理到治理的转型，社区主体由居委会单一主体向多元主体参与转变，充分发挥社区组织与居民个人的作用。

凤馨苑“志愿型参与社区”治理模式已经成为增城区社会工作委员会和永宁街道办事处着力打造的基层治理品牌项目，已经联合华南农业大学、广东省城镇化法治研究会及新型城镇化法治研究中心、广东公共事务与社会治理研究会以及民主与法制社，对该模式中“社会动员协同善治”的发展理念、“志愿参与服务奉献”的工作模式、“民主自治规范有序”的运行机制进行实践总结与理论提升。凤馨苑“志愿型参与社区”治理模式进一步完善了理论指导依据，凸显实践成效，有望成为对全国新型城镇化城市社区治理协同创新具有推广意义的典型经验。

附：

永宁街凤馨苑社区动员与居民参与状况调查报告

一、居民社区参与状况

1. 大部分居民参与过邻里互助活动和文化娱乐活动，而社区政治活动和管理活动参与较少。对居民社区活动参与状况进行分析可知（见图1），社区活动类型参与度从高到低排序依次为：社区内邻里之间的互动、社区文化娱乐活动、社区公益活动、社区管理活动、社区政治活动。

2. 居民对凤馨苑社区各类活动信息知晓率较高，信息渠道多元，社区公告栏是相对重要的信息渠道。对凤馨苑社区居民的社区活动参与信息渠道来源与参与途径进行调查分析，结果显示（见表1）：有35.1%的居民表示非常赞同

“我知道凤馨苑社区经常举行各种社区活动”,30.4%的居民比较赞同“平时我会浏览社区公告栏内信息”,在“经常有亲友邻里邀我参加社区活动”和“我通过多种途径了解社区将要举办的活动”中,分别各有31.8%和34.5%表示一般,此外,有33.8%不赞同“我经常收到社区活动微信或QQ信息”。总体看来,居民参加社区活动的信息渠道感知程序依次为“我知道凤馨苑社区经常举行各种社区活动”“平时我会浏览社区公告栏内信息”“经常有亲友邻里邀我参加社区活动”“我通过多种途径了解社区将要举办的活动”“我经常收到社区活动微信或QQ信息”。

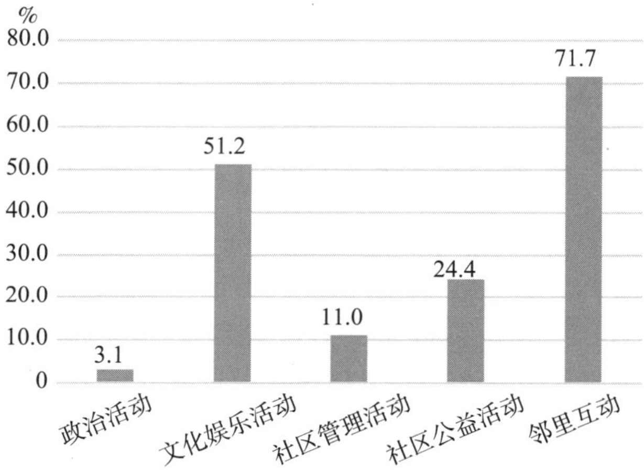

图1 居民社区参与状况

表1 参加社区活动的信息渠道

信息渠道 / 态度	我知道凤馨苑社区经常举行各种社区活动	平时我会浏览社区公告栏内的消息	我经常收到社区活动微信或QQ信息	经常有亲友邻里邀我去参加社区活动	我通过多种途径了解社区将要举办的活动
非常赞同	35.1%	23.6%	19.6%	17.6%	13.5%
比较赞同	27.7%	30.4%	18.9%	25.7%	26.4%
一般	24.3%	29.7%	27.7%	31.8%	34.5%
不赞同	12.8%	16.2%	33.8%	25.0%	25.7%

3.教育程度越高、年龄越大的居民越倾向于浏览社区公告栏的消息,年龄越大的居民更多接受亲友邻里邀请去参加社区活动。进一步考察居民参与社区活动的途径受什么因素影响时,与年龄、教育程度等相关因素做交叉分析,结

果表明(见表2)：教育程度、年龄均与平时浏览社区公告栏消息均呈显著正相关，$P<0.05$，即居民教育程度越高、年龄越大，其平时越倾向于浏览社区公告栏的消息。同时，从浏览社区公告栏消息为因变量的 Somers'd 系数来看，教育程度比年龄略大 0.038，从 Gamma 系数来看，浏览社区公告栏消息受教育程度影响为 +0.235，比年龄的 +0.185 要高，这说明居民平时浏览社区公告栏信息的程度更多地与其教育程度呈正向相关关系。此外，年龄与亲友邻里邀请参加社区活动呈显著正相关，$P<0.05$，则表明居民年龄越大，其更可能接受亲友邻里邀请去参加社区活动。

表2　居民参与社区活动途径相关因素分析

因素	平时我会浏览社区公告栏内的消息		
	Somers'd	Gamma	P
教育程度	0.176	0.235	0.010
年龄	0.138	0.185	0.041
因素	经常有亲友邻里邀我去参加社区活动		
	Somers'd	Gamma	P
年龄	0.183	0.244	0.035

4. 社区活动参与积极性高的居民对社区活动信息的关注度也高。对居民参与社区活动的途径与参与社区活动的主动性做相关分析时，结果表明(见表3)：两者显著水平较高，$P<0.05$，平时浏览社区公告栏消息、经常有亲友邻里邀请去参加社区活动、我通过多种途径了解社区将要举办的活动、我知道凤馨苑社区经常举行各种社区活动均与居民参与社区活动的主动性存在显著的正相关，则表明浏览公告栏消息、亲友邻里邀请、知晓各种社区活动、多渠道了解社区活动等参与社区活动途径的获得，都会增强居民参与社区活动的主动性、积极性，调动居民的踊跃性。

表3　居民参与社区活动的途径与参与主动性的相关分析

活动途径	参与社区活动的主动性		
	Somers'd	Gamma	P
平时我会浏览社区公告栏内的消息	0.205	0.279	0.001
经常有亲友邻里邀我去参加社区活动	0.344	0.462	0.000
我通过多种途径了解社区将要举办的活动	0.352	0.478	0.000
我知道凤馨苑社区经常举行各种社区活动	0.206	0.281	0.010

周女士:凤馨苑姐妹俱乐部负责人,社区热心人士。

"首先我是一个业主,我们也自发组织了一个姐妹俱乐部,我们纯粹是这里业主或者租户的一些女性群体,我们以QQ、微信群聊形式成立,我们也定期会开办一些妇女儿童教育等类型的活动、讲座。我是发起人,也是群主。"

(2016年5月23日,与周女士的谈话记录)

李先生:凤馨苑志愿队成员,社区热心人士。

"老年人也喜欢跳舞喜欢唱歌,本身这些开心的事情大家都愿意,只要有个人带动他,有些就胆子小有点怕丑样子,有人一带动他自然也来了,然后就是你介绍、我介绍就进来很多人了。"

(2016年4月15日,与李先生的谈话记录)

访谈对象编号702:

"我很少参与过社区内的活动,主要是跟楼上楼下邻里之间交流。凤馨苑有各种活动,这个挺好的,可以促进邻里关系……有时间会参加,但要是固定每个星期都要参与的话,会太频繁,顾不上……平时很少出门,主要看孩子。有个凤馨群,但感觉群里很少有人说话,公益群也很少人说话,很少接收到信息。也没有身边朋友邻里邀请加入,因为平时主要跟社区内的四五个人打交道,而且她们的孩子也小,时间空出来就可以,平时都带着孩子多。我平时主要留意贴在进门处的广告,最近有留意过关于公益辅导提高班的,现在比较关注适合小孩年龄的活动。"

(摘自社区内随机采访)

5. 超过八成受访人认同通过参与社区活动能扩大交往范围和促进邻居关系,并且社区活动参与积极性高的人认同度更高。由参加社区活动人际关系原因的调查结果(见图2)可知,相比于认为参与社区活动能够扩大自己的交往范围,居民更倾向于认同参与社区活动能拉近社区内居民的关系。

同时,从居民参与社区活动的人际关系原因与参与主动性的相关关系来(见表4)看,交往范围的扩大、社区内居民关系的拉近和参与主动均呈显著的正相关,$P<0.05$,且不论从Gamma系数抑或Somers'd系数来看,交往范围的扩大比社区内居民关系的拉近更能对居民参与社区活动的主动性产生影响。换言之,"参加社区活动能够扩大自己的交往范围""参加社区活动拉近社区内居民的关系"这两个人际关系的考量都会驱动居民更积极主动地参与社区活动,且相对来说,扩大交往范围这一出发点更具驱动效果。

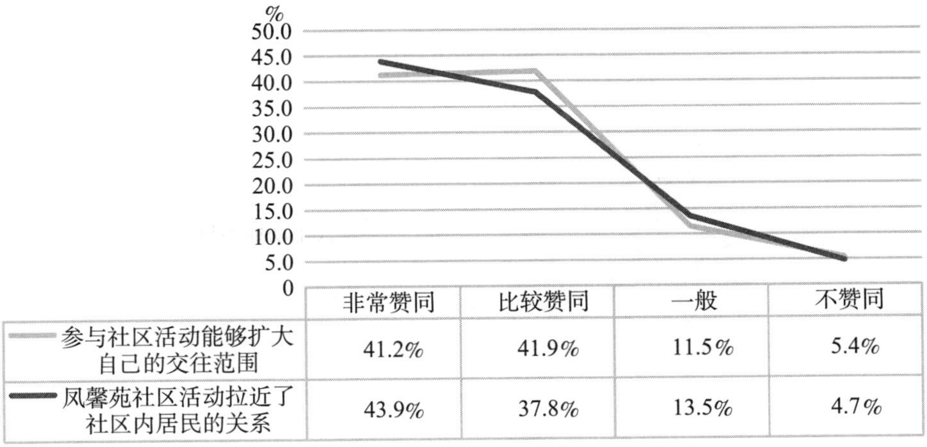

图 2　参加社区活动的人际关系原因

表 4　参与的人际关系原因与参与主动性相关分析

参加活动的原因	参与社区活动的主动性		
	Somers'd	Gamma	P
参与社区活动能够扩大自己的交往范围	0.319	0.435	0.003
凤馨苑社区活动拉近了社区内居民的关系	0.272	0.373	0.026

杜女士:老年大学声乐班学习委员。

"我也是个工作人员,以前在医院工作,退休后很落魄的,很失落的,因为身体原因又不能继续工作,所以感到非常失落,后来参加这个活动以后也是没时间去想落魄的事,调动起来自己焕发起来自己那种人老心不老的概念……我来的时候谁也不认识,人生地不熟。所以就进了这个……首先是认识了打球的球友,后来又歌友,所以我现在又没有那么多的寂寞感了。现在没有原来寂寞,现在小区搞得特别活跃嘛,老年人的活动场所特别活跃,也有气氛。因为到我们这个年纪嘛,只有融合了。"

(2016 年 4 月 15 日,与杜女士的谈话记录)

二、居民社区参与心理

1. 近四成居民表示经宣传动员会参与社区活动。对凤馨苑社区居民的社区活动参与主动性进行调查分析,结果如图 3 显示:经过宣传动员也不一定参与和经过宣传动员也不会参与的居民占 43%,而一般会积极主动参与和经过动员一般都会参与的居民占57%，且经过动员一般都会参与比积极主动参与高17个百分点。总体而言，将近六成的居民是会参与到社区活动当中，且宣传动员的效果比较明显。

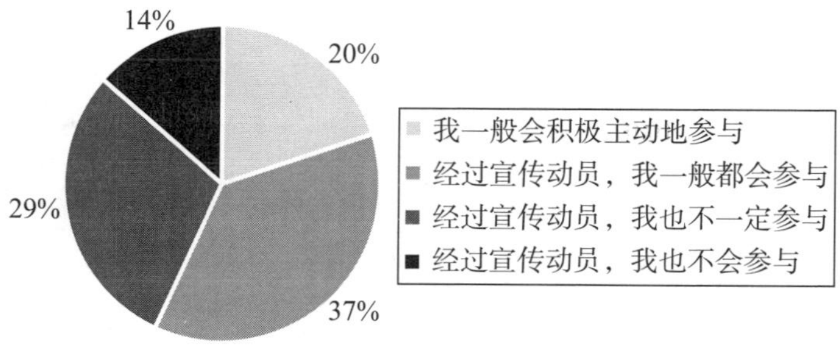

图3　居民参与社区活动的主动性

綦先生：凤馨苑羽毛球协会会长，社区热心居民。

“当时我就在物业的微信QQ群里发了个通知，叫《招募关于关心下一代机构的通知》，没想到第二天就马上有人来报名。那个人是当地的一个厂长，他也报名。过后大概一周，有二十几个报名，这些人大多数是单位退下来的，退休后待不住，这个机构正好给了他们机会，他们都非常热心的。”

（2016年5月6日，与綦先生的谈话记录）

翁先生：原凤馨苑文化专员，物业公司工作人员。

“例如说打乒乓球这个运动，有一些现在还会存在的一些现象，比如说一些老人或者一些妈妈级的人可能爱好这些运动，来到一个新的地方，他也想去找这些运动，也想加入这些团体。”

（2016年5月6日，与翁先生的谈话记录）

某商户老板娘：小区业主和热心志愿者。

“我们这里志愿者有很多，我们都是填了表格申请了的、正式加入的，有一些就是临时的，就是有什么事情啊，发一些公告出来，大家小区的一些业主比较热心啊，有时间他们也会参加一下。我的是正式的，也有一些临时的也非常好。这个小区还好，比较热心。”

（2016年6月17日，与某商户老板娘的谈话记录）

2. 参加过社区文化娱乐活动、社区管理活动、社区公益活动的居民，其社区活动参与越积极、越主动。进而对居民参与社区活动的主动性与参与社区活动的类型进行相关分析，交叉分析结果显示（见表5）：居民参与社区活动的主动性与参加过社区文化娱乐活动、社区管理活动、社区公益活动均呈中度显著正相关,P<0.05。这一结果表明,参加过社区文化娱乐活动、社区管理活动、社区公益活动的居民其参与的主动性积极性更强。

表5　居民参与社区活动的主动性与参与社区活动的类型的相关分析结果

社区活动类型 / 参与主动性		文化娱乐活动	社区管理活动	公益活动
参与主动性	Somers'd	0.421	0.512	0.544
	Gamma	0.566	0.677	0.727
	P	0.000	0.002	0.000

3. 居民社区活动、公共事务和志愿服务参与意愿均较强。从图4可知,居民参加社区活动意愿的倾向性排序依次为:"只要我有空,我就会参加社区活动""我愿意参加社区内的公共事务""我愿意参加社区内的志愿者服务队"。

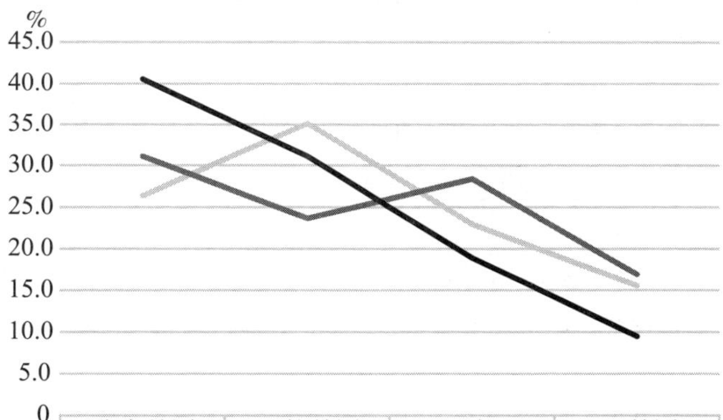

	非常赞同	比较赞同	一般	不赞同
我愿意参加社区内的公共事务	26.4%	35.1%	23.0%	15.5%
我愿意参加社区内的志愿者服务队	31.1%	23.6%	28.4%	16.9%
只要我有空,我就会参加社区活动	40.5%	31.1%	18.9%	9.5%

图4　参加社区活动的意愿

4. 有工作的、越知晓社区活动信息的、参加过社区文娱活动和管理活动的群体,参与意愿更强。从进一步参与意愿与其他因素的相关分析(见表6)中可发现,是否有工作与参与意愿呈正相关,则参与社区活动的意愿均受工作影响。同时,参与社区活动的情况与参与意愿也存在关联,在测量中,参加过社区文化娱乐活动—只要有空就会参加社区活动、参加过社区管理活动—愿意参加社区内的公共事务这两对相关关系的关系系数均高于+0.3,且P<0.05,则说明两对相关关系均为中度的显著正相关。换言之,参加过社区管理活动的居民,更愿意参加社区内的公共事务,参加过社区文化娱乐活动的居民,更倾向于选择只要有就会参加社区活动。并且,在分析中可发现,参加社区文化娱乐活动与否也会影响居民参加社区志愿服务队伍的意愿,但其Somers'd系数和Gamma系数都低于"参加过社区文化娱乐活动—只要有空就会参加社区活动",表明参加过社区文化娱乐活动的居民,也存在倾向于选择参加社区内的志愿者服务队,但同"只要有空就会参加"相比较,前者(只要有空就会参加)的可能性更显著。此外,居民参与意愿也受参与社区活动的途径影响,且二者存在显著的正相关。知道凤馨苑社区经常举行各种社区活动的居民,存在三种可能的意向:愿意参加社区内的公共事务、愿意参加社区内的志愿者服务队、只要有空就会参加社区活动。

表6 参与意愿与其他因素的相关分析

参与意愿	Lambda	Tau-y	P
是否有工作——只要有空就会参加	0.172	0.095	0.000
是否有工作——愿意参加社区内的公共事务	0.126	0.730	0.005
是否有工作——愿意参加社区内的志愿者服务队	0.167	0.710	0.002
其他因素	Somers'd	Gamma	P
参加过社区文化娱乐活动——只要有空就会参加社区活动	0.465	0.636	0.000
参加过社区文化娱乐活动——愿意参加社区内的志愿者服务队	0.260	0.345	0.033
参加过社区管理活动——愿意参加社区内的公共事务	0.525	0.713	0.005
知道凤馨苑社区经常举行各种社区活动——只要有空就会参加社区活动	0.263	0.302	0.000
知道凤馨苑社区经常举行各种社区活动——愿意参加社区内的公共事务	0.202	0.273	0.033
知道凤馨苑社区经常举行各种社区活动——愿意参加社区内的志愿者服务队	0.249	0.329	0.001

5. 大部分居民通过参与社区活动心情更愉悦,有自豪感。通过对居民参加社区活动后的心理分析,结果显示(见图5):将近50%的居民不赞同在社区活动中没尽力会感到懊恼;相反,有52.1%的居民表示"能够参加社区活动我觉得很自豪";此外,对"参加社区活动会让我心情变得愉悦"表示比较赞和非常赞同

的更占了 64. 2% 。这表明，大多数社区居民认为参加社区活动让自己感到愉悦、自豪，而非没尽力后的懊恼。

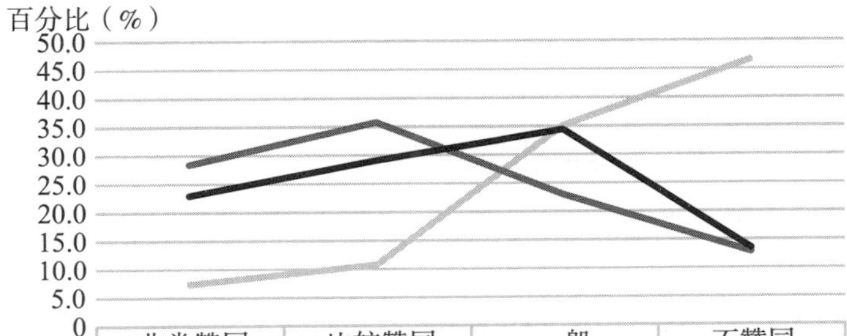

	非常赞同	比较赞同	一般	不赞同
在社区活动中如果我没尽力，我会很懊恼	7.4%	10.8%	35.1%	46.6%
参加社区活动会让我心情变得愉悦	28.4%	35.8%	23.0%	12.8%
能够参加社区活动我觉得很自豪	23.0%	29.1%	34.5%	13.5%

图 5　参加社区活动后的心理

6. 居民社区活动参与心理变化与参与意愿和人际交往范围之间具有显著相关关系。而对居民参与社区活动后的心理与年龄、参与的人际关系原因、参与的途径、参与的意愿等多方面情况进行相关分析，结果显示（见表 7）：居民年龄、参与的人际关系原因、参与的途径、参与的意愿参与其社区活动后的心理均呈显著的正相关，$P < 0.05$。这一结果表明，越受参与社区活动能够扩大自己的交往范围这一人际关系因素的驱动、越愿意参加社区的志愿服务队、平时会浏览社区公告栏内的消息、经常有亲友邻里邀请参加社区活动的社区居民更可能认为“在社区活动中如果我没尽力，我会很懊恼”，失落感、挫败感更强烈。而年纪越大、越认可参与活动能扩大交往范围、越愿意参加社区内的公共事务、越愿意参加社区内的志愿者服务队、平时会浏览社区公告栏内的消息、经常有亲友邻里邀我去参加社区活动的社区居民更具获得感，心情变得愉悦。同时，越认可参与活动能扩大交往范围、越愿意参加社区内的公共事务、越愿意参加社区内的志愿者服务队、平时会浏览社区公告栏内的消息、经常有亲友邻里邀我去参加社区活动的社区居民，更可能觉得与社区产生更多连接，成就感、自豪感、社区感更强。

但因参与的人际关系原因（能扩大交往范围）、参与的途径（平时会浏览社区公告栏内的消息、经常有亲友邻里邀我去参加社区活动）、参与的意愿（愿意参加社区内的志愿者服务队）均影响着居民参与活动后的心理，但从 Somers'd

系数和 Gamma 系数来对比每对相关关系的相关强度，即可发现，能扩大交往范围、愿意参加社区内的志愿者服务队、经常有亲友邻里邀我去参加社区活动与参与自豪感之间的相关系数相对高于心情愉悦以及懊恼，这说明，与参与活动后感到愉悦或是未尽力后的懊恼相比，越受扩大人际交往范围的驱动、越愿意参加社区内的志愿者服务队、经常有亲友邻里邀我去参加社区活动的社区居民更可能感到自豪。其中，能扩大交往范围—能够参加社区活动我觉得很自豪这对相关关系，不论是 Somers'd 系数还是 Gamma 系数，均高于 +0. 3，呈现出中度的显著正相关关系，表明扩大交往范围这一导向显著影响着居民参与社区活动的自豪感。同时，平时会浏览社区公告栏内的消息对活动后的失落感的影响程度明显高于愉悦感与自豪感，其 Somers'd 系数略高于愉悦感 +0. 002，略高于自豪感 +0. 023，Gamma 系数略高于愉悦感 +0. 043，高于自豪感 +0. 074。此外，愿意参加社区内的公共事务对活动后的自豪感的影响程度高于愉悦感，其 Somers'd 系数略高于愉悦感 +0. 029，Gamma 系数略高于愉悦感 +0. 037。

表 7　居民参与社区活动后的心理与其他因素的相关分析

因　素	Somers'd	Gamma	P
能扩大交往范围——在社区活动中如果我没尽力，我会很懊恼	0. 233	0. 363	0. 042
愿意参加社区内的志愿者服务队——在社区活动中如果我没尽力，我会很懊恼	0. 156	0. 186	0. 007
平时会浏览社区公告栏内的消息——在社区活动中如果我没尽力，我会很懊恼	0. 220	0. 338	0. 025
经常有亲友邻里邀我去参加社区活动——在社区活动中如果我没尽力，我会很懊恼	0. 341	0. 505	0. 000
年龄——参加社区活动会让我心情变得愉悦	0. 132	0. 181	0. 023
能扩大交往范围——参加社区活动会让我心情变得愉悦	0. 492	0. 640	0. 000
愿意参加社区内的公共事务——参加社区活动会让我心情变得愉悦	0. 251	0. 335	0. 000
愿意参加社区内的志愿者服务队——参加社区活动会让我心情变得愉悦	0. 324	0. 432	0. 000
平时会浏览社区公告栏内的消息——参加社区活动会让我心情变得愉悦	0. 218	0. 295	0. 000

续表

因　素	Somers'd	Gamma	P
经常有亲友邻里邀我去参加社区活动——参加社区活动会让我心情变得愉悦	0.301	0.402	0.000
能扩大交往范围——能够参加社区活动我觉得很自豪	0.518	0.672	0.000
愿意参加社区内的公共事务——能够参加社区活动我觉得很自豪	0.280	0.372	0.000
愿意参加社区内的志愿者服务队——能够参加社区活动我觉得很自豪	0.325	0.433	0.000
平时会浏览社区公告栏内的消息——能够参加社区活动我觉得很自豪	0.197	0.264	0.000
经常有亲友邻里邀我去参加社区活动——能够参加社区活动我觉得很自豪	0.376	0.496	0.000

访谈对象编号705：

“少参与社区活动，不觉得懊恼，能做就好。比如，戎队呼吁捐款、点赞，能做的都做一点，出去搞活动这些就比较影响日常工作，量力而行就好。参与像公益活动会愉快一点，因为可以给孩子创造好的学习环境（点赞捐款项目：‘孩子和社区’——开启社区公益学堂探索之旅），邻里之间你捐一点我捐一点，大家都能受益……她常去社区综合楼的图书馆，带孩子去看书，可有些孩子不把书放好，看到值班的志愿者挺辛苦的，也会帮忙一起整理书籍，虽然自己不是安排在值班表上的志愿者，但是也会尽自己的一点力。到了我们这个岁数，我们不追求荣誉感，不追求虚的，不留名，能做就帮忙做一下。”

（摘自社区内随机采访）

三、社区社会组织活动信息居民知晓情况及其影响因素

1. 居委会和物业管理公司组织活动的居民知晓率和参与率一般。在对社区居委和物业管理公司的参与状况做测量时，结果显示（见图6）：居委与物业管理公司组织的活动的参与度基本趋同，从一般参与和积极参与来看，知道或参加过物业管理公司组织的活动的居民比居委会高出4.7%，同时，从未听说过居委会组织的活动占36.5%，高于物业5.4%。此外，听说过但未参与居委或者物业组织的活动的居民都将近一半。

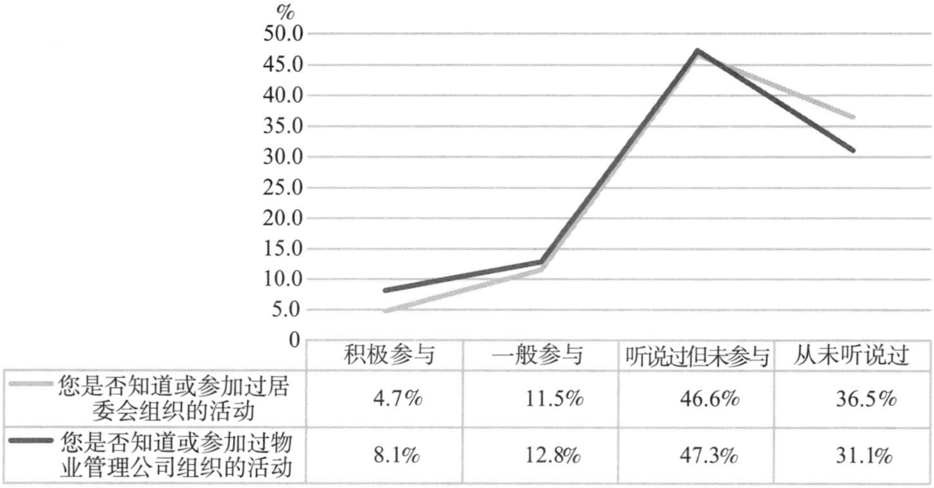

图6　各类社区社会组织参与状况

2. 越是参与居委组织活动的居民，其社区活动参与主动性更高，活动信息知晓程度更高，并认为交往范围得到扩大，参与后心情变愉悦；越是参与物业组织活动的居民，其社区活动参与主动性更高，活动信息知晓程度更高。从居委会、物业组织的活动的相关因素分析中（见表8）可知，参与的主动性、经常举行各种社区活动的知晓程度都影响着居委、物业组织活动的参与度，并呈显著的正相关，$P<0.05$，则参与社区活动越积极、越知道社区经常举行各种活动的居民更积极参加居委、物业组织的活动；反之，越不主动参加社区活动、不经常举行各种社区活动的知晓程度越低的居民，越有可能从未听说过或者未曾参加过居委或物业组织的活动。此外，居委组织活动的参与度与参与后的愉悦感呈正相关，越积极参加居委组织的活动，则更容易产生愉悦感。

表8　各类社区社会组织的相关因素分析

因　素		Somers'd	Gamma	P
是否知道或参加过居委会组织的活动	参与社区活动的主动性	0. 225	0. 251	0. 000
	参与社区活动能够扩大交往范围	0. 229	0. 363	0. 017
	知道社区经常举行各种社区活动	0. 311	0. 482	0. 000
	参加社区活动会让我心情变得愉悦	0. 215	0. 296	0. 011

续表

因　素		Somers'd	Gamma	P
是否知道或参加过物业管理公司组织的活动	参与社区活动的主动性	0.229	0.344	0.003
	知道社区经常举行各种社区活动	0.172	0.237	0.048

3. 社区社会组织和活动队伍居民知晓率相对较高，各项参与率相对较低，其中体育活动队伍参与率相对高。由图 7 可知，在舞蹈合唱模特队、体育活动队伍、文化教育组织、女性互助组织、公益组织、慈善组织这 6 类社区社会组织中，从未听说过和听说过但未参与的居民占绝大多数，均占 50% 以上，并且超过五成的居民从未听说过社区内的女性互助组织和慈善组织。总体而言，体育活动队伍和舞蹈合唱模特队的参与度较高，分别占 23% 和 16.9%，其次是公益组织和慈善组织，分别占 13.5% 和 8.8%，最后是文化教育组织和女性互助组织，分别占 10.1% 和 4.1%。

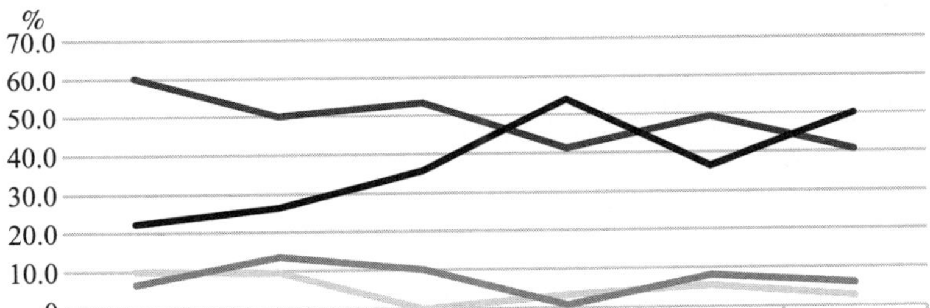

	您是否知道或参加过舞蹈合唱模特队（如广场舞、健身队、凤馨合唱团等）	您是否知道或参加过体育活动队伍（如武术队、羽毛球、乒乓球协会等）	您是否知道或参加过文化教育组织（如书画协会、文学社等）	您是否知道或参加过女性互助组织（凤凰名媛女德文化协会、姐妹俱乐部）	您是否知道或参加过公益组织（爱心车队、公益读经班、英语角等）	您是否知道或参加过慈善组织（春草助学促进会、国健公益协会）
积极参与	10.1%	9.5%	0.0%	3.4%	5.4%	2.7%
一般参与	6.8%	13.5%	10.1%	0.7%	8.1%	6.1%
听说过但未参与	60.1%	50.0%	53.4%	41.2%	49.3%	40.5%
从未听说过	22.3%	26.4%	35.8%	54.1%	36.5%	50.0%

图 7　各类社区社会组织参与状况

4. 年龄越大、参与积极性高、越认同扩大人际网、社区活动知晓率更高的居民，越有可能知道或参加体育活动队伍，且更能增强活动后的愉悦感；社区活动知晓率越高，舞蹈合唱模特队的参与度越高；教育程度越高、社区活动知晓率更高的居民参加女性互助组织的主动性更高。在对这6类社区社会组织与性别、教育程度、参与主动性、人际关系因素考虑、参与途径等相关因素进行交叉分析时，结果显示（见表9），居民是否知道或参与舞蹈合唱模特队、体育活动队伍都受参与主动性、人际关系因素、参与途径的影响，参与积极性高、认同社区活动有助于扩大人际网、知道社区经常举行各种活动的居民，更可能知道或者参加舞蹈合唱模特队、体育活动队伍，此外，性别与是否知道或参加过体育活动队伍呈显著正相关，$P<0.05$，意味着年龄越大的居民越有可能知道或参加羽毛球、乒乓球等体育活动队伍。同时，居民活动后的愉悦感和社团组织的参与情况有显著的正向相关关系，相关系数>0.3，$P<0.05$，即越积极参加舞蹈合唱模特队、体育活动队伍的居民，活动后的愉悦感更强烈。进一步观察，"知道社区经常举行各种活动"这一参与途径是否实现与6类社区社会组织的参与状况均呈正相关，但从相关系数来看，知道社区经常举行各种活动—是否知道或参加过舞蹈合唱模特队这对相关关系其强度更高，为中度显著的正相关，Somers'd值和Gamma值均>0.3，且高于其他对相关关系，说明社区经常举行各种活动的信息获得更能带动居民参与舞蹈合唱模特队。此外，教育程度越高、知道社区经常举行各种社区活动的居民更积极参加到女性互助组织当中；反之，教育程度越低、各种社区活动信息知晓程度低的居民更少参加或知晓女性互助组织。

表9　各类社区社会组织的相关因素分析

因素		Somers'd	Gamma	P
是否知道或参加过舞蹈合唱模特队	参与社区活动的主动性	0.239	0.410	0.000
	参与社区活动能够扩大交往范围	0.252	0.431	0.008
	知道社区经常举行各种社区活动	0.355	0.608	0.008
	参加社区活动会让我心情变得愉悦	0.250	0.343	0.008
是否知道或参加过体育活动队伍	性别	0.191	0.291	0.135
	参与社区活动的主动性	0.299	0.450	0.000
	参与社区活动能够扩大交往范围	0.307	0.461	0.000
	知道社区经常举行各种社区活动	0.323	0.480	0.000
	参加社区活动会让我心情变得愉悦	0.256	0.350	0.008

续表

因　素		Somers'd	Gamma	P
是否知道或参加过文化教育组织	参与社区活动能够扩大交往范围	0. 313	0. 530	0. 001
	知道社区经常举行各种社区活动	0. 315	0. 526	0. 000
是否知道或参加过女性互助组织	教育程度	0. 173	0. 320	0. 023
	知道社区经常举行各种社区活动	0. 214	0. 398	0. 010
是否知道或参加过公益组织	知道社区经常举行各种社区活动	0. 282	0. 441	0. 000
是否知道或参加过慈善组织	参与社区活动的主动性	0. 172	0. 293	0. 000
	知道社区经常举行各种社区活动	0. 294	0. 501	0. 001

5. 露天活动场所等室外文体活动的参与度相对较高。从社区内的活动场地来观察社区活动的参与情况，结果显示（见图 8），露天活动场所等室外文体活动的参与度更高，占 48%，略高于室内活动的 45. 9%，可听说过但未参加室内社区活动室等室内文体活动的比例也略高于室外 4. 4%。

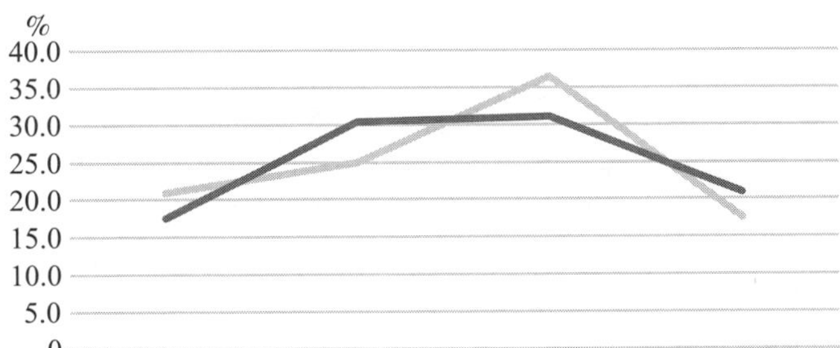

	积极参与	一般参与	听说过但未参与	从未听说过
您是否知道或参加过社区活动室等室内文体/娱乐活动	20.9%	25.0%	36.5%	17.6%
您是否知道或参加过露天活动场所等室外文体活动	17.6%	30.4%	31.1%	20.9%

图 8　各类社区社会组织参与状况

6. 居民参加室内文体/娱乐活动意愿强的，社区参与主动性也高；活动信息知晓程度更高的居民，更愿意参加室外文体/娱乐活动，交往范围得也到扩大，并从中获得愉悦感。进一步对室内外活动参与情况与相关因素进行分析可知，

(见表10)参与主动性、人际关系因考虑与否、社区经常举行各种活动的知晓程度、参与后的愉悦感都与室内、室外文体/娱乐活动呈显著正相关,P<0.05,而人际关系因考虑与否、社区经常举行各种活动的知晓程度、参与后的愉悦感分别与室外文体/娱乐活动参与度组成的相关关系,其相关系数均相对高于室内文体/娱乐活动,而主动性—室外文体/娱乐活动参与度这对相关关系的强度却略低于室内文体/娱乐活动,表明与室外文体/娱乐活动参与度增加这一影响结果相比之下,如居民参与社区活动的主动性积极性越高,其更可能投入进室内文体/娱乐活动当中,而如与室内文体/娱乐活动参与度增加这一影响结果相比,越受到人际关系网络扩大的导向、越了解知道社区经常举办各种活动的居民更倾向于参加室外文体/娱乐活动,并且参加室外文体/娱乐活动对其参加活动后愉悦感的增强有明显的作用。

表10 各类社区社会组织的相关因素分析

因素		Somers'd	Gamma	P
是否知道或参加过社区活动室等室内文体/娱乐活动	参与社区活动的主动性	0.324	0.433	0.000
	参与社区活动能够扩大交往范围	0.350	0.459	0.000
	知道社区经常举行各种社区活动	0.249	0.335	0.006
	参加社区活动会让我心情变得愉悦	0.186	0.254	0.006
是否知道或参加过露天活动场所等室外文体/娱乐活动	参与社区活动的主动性	0.252	0.336	0.000
	参与社区活动能够扩大交往范围	0.359	0.478	0.001
	知道社区经常举行各种社区活动	0.250	0.333	0.005
	参加社区活动会让我心情变得愉悦	0.192	0.262	0.039

四、各类社区社会组织宣传动员方式与居民参与情况

1. 居民知晓各类社区社会组织所举办活动的途径主要是社区宣传栏和广告,以及亲友邻里或同乡人际网络宣传。对凤馨苑社区居民的社区社会组织居民知晓途径进行调查分析,结果显示(见图9):32.4%的居民通过社区宣传栏和广告知晓舞蹈合唱模特队;34.7%的居民通过亲友邻里或同乡人际网络宣传知晓体育活动队伍;37.1%的居民通过社区广告宣传栏和广告知晓文化教育组织;32.2%的居民通过社区宣传栏和广告知晓女性互助组织;30.4%的居民通过亲友邻里或同乡人际网络宣传知晓公益组织;32%的居民通过社区宣传栏和广告知晓慈善组织。

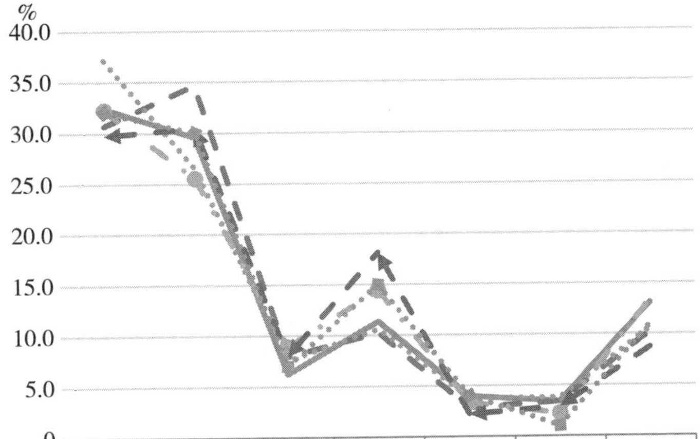

	社区宣传栏和广告	亲友邻里或同乡人际网络宣传	物业/居委通知	社区网站、微博、公众号	接到电话或短信	主动打听	其他方式
舞蹈合唱模特队（如广场舞健身队、凤馨合唱团等）	32.4%	29.5%	6.3%	11.4%	4.0%	3.4%	13.0%
体育活动队伍（如武术队、羽毛球乒乓球协会等）	30.7%	34.7%	8.0%	10.2%	2.8%	3.4%	10.2%
文化教育组织（如书画协会、文学社等）	37.1%	26.5%	7.6%	10.6%	3.8%	3.8%	10.6%
女性互助组织（凤凰名媛女德文化协会、姐妹俱乐部）	32.2%	25.6%	8.9%	14.4%	3.3%	2.2%	13.4%
公益组织（爱心车队、公益读经班、英语角等）	29.7%	30.4%	8.0%	18.1%	2.2%	2.9%	8.7%
慈善组织（春草助学促进会、国健公益协会）	32.0%	30.0%	7.0%	15.0%	4.0%	1.0%	11.0%

图9　各类社区社会组织居民知晓途径

戎队长:凤馨苑志愿队队长,社区领袖。

"所以(志愿队)是以口碑以人去自发的,不用我们出去广告,我们也不需要什么广告。都是靠人家去做,发现我们过程中的好,从而去加入。"

(2016年4月29日,与戎队长的谈话记录)

2."社区宣传栏和广告"以及"亲友邻里或同乡人际网络宣传"是大部分居民对居委会和物业管理公司组织的活动的知晓途径。对凤馨苑社区居民的社区社会组织居民知晓途径进行调查分析，结果显示（见图 10）：通过社区宣传栏和广告知晓居委会和物业管理公司组织的活动的居民占最大的比例，接下来占比例较大的依次就是通过“亲友邻里或同乡人际网络宣传”“物业/居委通知”“社区网站、微博、公众号”“接到电话或短信”。

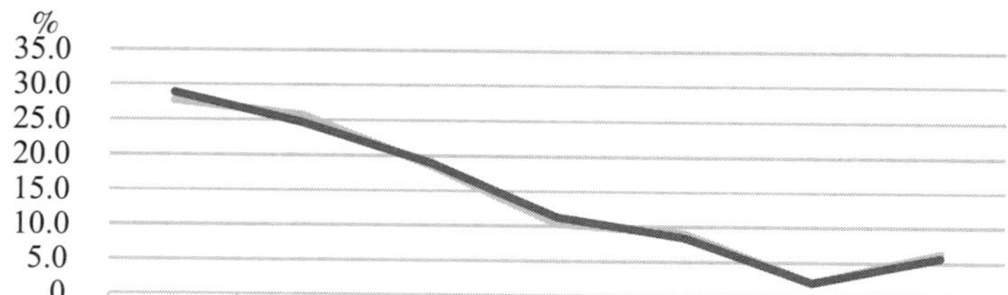

	社区宣传栏和广告	亲友邻里或同乡人际网络宣传	物业/居委通知	社区网站、微博、公众号	接到电话或短信	主动打听	其他方式
居委会组织的活动	27.8%	25.7%	18.8%	10.4%	9.0%	2.1%	6.3%
物业管理公司组织的活动	28.9%	24.6%	19.0%	11.3%	8.5%	2.1%	5.6%

图 10　各类社区社会组织居民知晓途径

翁先生：原凤馨苑文化专员，物业公司工作人员。

“我们也通过一个微信和微信群的一个服务，也会进一步地针对这一部分人群，让他们知道有这样的一个活动，这样的一个文化活动，可以让他们有参加的欲望。”

“就是说我们对于上班族，会抓住星期六、星期天的时间上门拜访，通过平时组织的一些节假日的活动，都是专门针对亲子类的，就是让爸爸妈妈和小孩一起参与的。通过这些活动，让他感受到社区的氛围，让他真正去了解到这个小区。”

（2016 年 5 月 6 日，与翁先生的谈话记录）

3. 居民主要通过社区宣传栏和广告和亲友邻里或同乡人际网络宣传而知晓室内和室外文体娱乐活动。对凤馨苑社区居民的社区社会组织居民知晓途径进行调查分析，结果显示（见图 11）：通过“社区宣传栏和广告”和“亲友邻里或同乡人际网络宣传”知晓社区活动室等室内文体娱乐活动和露天活动室等室外文体娱乐活动的居民占大多数，也有一部分居民通过“其他方式”“社区网站、微博、公众号”“主动打听后”“居委/物业通知”等方式去知晓。

	社区宣传栏和广告	亲友邻里或同乡人际网络宣传	物业/居委通知	社区网站、微博、公众号	接到电话或短信	主动打听后	其他方式
社区活动室等室内文体娱乐活动	30.7%	28.2%	8.6%	9.8%	1.2%	9.2%	12.3%
露天活动场所等室外文体娱乐活动	28.2%	28.8%	7.1%	9.6%	3.2%	9.6%	13.5%

图 11　各类社区社会组织居民知晓途径居民知晓途径

杜阿姨：社区居民，老年大学学员。

"一开始我不知道有这个综合楼，我就闲着溜达，因为大家像我这个岁数都是带孙子了，我呢也没有这方面的负担，我就到处溜达慢慢溜达到这里了，我看这里面有这些活动的场所，我就慢慢进入了。"

（2016 年 4 月 15 日，与杜阿姨的谈话记录）

4."自己主动打听"和"亲友邻里或同乡介绍"是居民参加各类社区社会组织的两大重要途径。对凤馨苑社区居民的社区社会组织居民参与途径进行调查分析，结果显示（见图 12）：大部分居民参与各类社区社会组织的主要途径都是"亲友、邻里或同乡介绍加入"，其次一部分居民是通过"自己主动打听后加入"，而没有居民通过"其他方式"加入舞蹈合唱模特队、体育活动队伍、女性互助组织、公益组织。

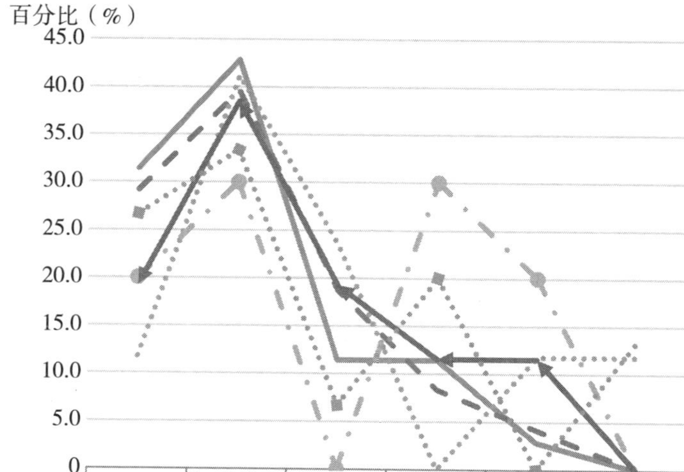

	知道信息后，自己主动打听后加入	知道信息后，亲友、邻里或同乡介绍加入	知道信息后，按广告宣传指引加入	知道信息后，活动队伍成员邀请加入	知道信息后，物业/居委组织加入	知道信息后，其他方式加入
舞蹈合唱模特队（如广场舞健身队、凤馨合唱团等）	31.4%	42.9%	11.4%	11.4%	2.9%	0
体育活动队伍（如武术队、羽毛球乒乓球协会等）	29.2%	39.6%	18.8%	8.3%	4.1%	0
文化教育组织（如书画协会、文学社等）	11.8%	41.2%	23.5%	0	11.8%	11.7%
女性互助组织（凤凰名媛女德文化协会、姐妹俱乐部）	20.0%	30.0%	0	30.0%	20.0%	0
公益组织（爱心车队、公益读经班、英语角等）	19.2%	38.5%	19.2%	11.5%	11.6%	0
慈善组织（春草助学促进会、国健公益协会）	26.7%	33.3%	6.7%	20.0%	0	13.3%

图 12　各类社区社会组织居民参与途径

周女士：凤馨苑姐妹俱乐部负责人，社区热心人士。

“首先我们会举办一些社区活动，比如说三八节、母亲节、中秋节等，有 10 个志愿者是一起发起共同管理我们这个俱乐部，每次举办活动后，有些业主发现我们有个女性社团后，她就会觉得这个挺好，就自愿参加。”

（2016 年 5 月 23 日，与周女士的谈话记录）

5. 通过亲友、邻里或同乡介绍是居民参与居委会和物业管理公司组织活动的主要途径。对凤馨苑社区居民对社区居委会和物业管理公司组织的活动参与途径进行调查分析，结果显示（见图13）：参与居委会组织的活动主要途径依次是“亲友、邻里或同乡介绍加入”（28.1%）、“自己主动打听后加入”（25.0%）、“按广告宣传指引加入”（18.8%）；参与物业管理公司组织的活动主要途径依次是“物业组织加入”（30%）、“自己主动打听后加入”（17.5%）、“亲友、邻里或同乡介绍加入”（17.5%）、“按广告宣传指引加入”（17.5%）。

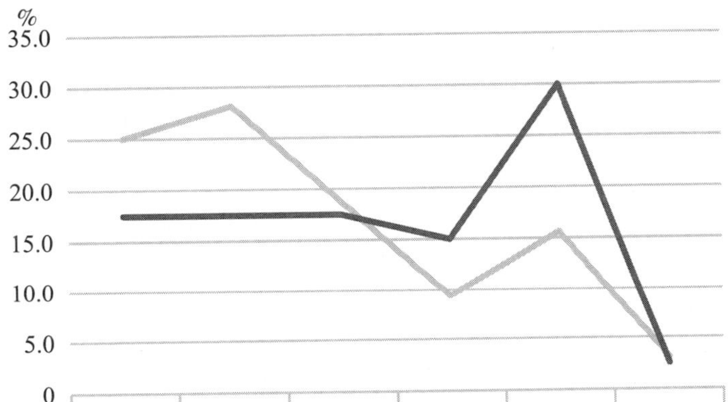

	知道信息后，自己主动打听后加入	知道信息后，亲友、邻里或同乡介绍加入	知道信息后，按广告宣传指引加入	知道信息后，活动队伍成员邀请加入	知道信息后，物业/居委组织加入	知道信息后，其他方式加入
居委会组织的活动	25.0%	28.1%	18.8%	9.4%	15.6%	3.1%
物业管理公司组织的活动	17.5%	17.5%	17.5%	15.0%	30.0%	2.5%

图13　各类社区社会组织居民参与途径

翁先生：原凤馨苑文化专员，物业公司工作人员。

“我们也通过一个微信和微信群的一个服务，也会进一步地针对这一部分人群，让他们知道有这样的一个文化活动，可以让他们有参加的欲望。”

（2016年5月6日，与翁先生的谈话记录）

6. 大部分居民主要通过自己主动打听后参加室内和室外文体娱乐活动。对凤馨苑社区居民对参与社区活动室等室内文体娱乐活动和露天活动场所等室外文体娱乐活动的途径进行调查分析，结果显示（见图14）：有38.4%的居民通过自己主动打听后加入社区活动室等室内文体娱乐活动；有40.7%的居民通过自己主动打听后加入露天活动场所等室外文体娱乐活动。

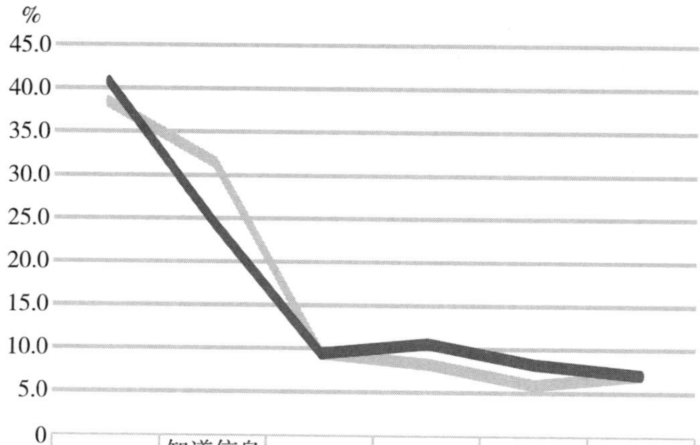

	知道信息后，自己主动打听后加入	知道信息后，亲友、邻里或同乡介绍加入	知道信息后，按广告宣传指引加入	知道信息后，活动队伍成员邀请加入	知道信息后，物业/居委组织加入	知道信息后，其他方式加入
社区活动室等室内文体娱乐活动	38.4%	31.4%	9.3%	8.1%	5.8%	7.0%
露天活动场所等室外文体娱乐活动	40.7%	24.4%	9.3%	10.5%	8.1%	7.0%

图 14　各类社区社会组织居民参与途径

我们可以得知，该社区大部分居民主要通过“自己主动打听后加入”的途径去参加社区活动室等室内文体娱乐活动和露天活动场所等室外文体娱乐活动，其次主要是通过“亲友、邻里或同乡介绍加入”，也有少数居民是通过“广告宣传”“居委/物业组织”等方式加入。

7. 没有时间和没有兴趣成为居民没有参加各类社区社会组织的主要因素。对凤馨苑社区居民对各类社区社会组织所知道但不参加的原因进行调查分析，结果显示（见图 15、图 16、图 17）：三幅图中居民对各类社区社会组织所知道但不参加的原因是因为“没时间”所占比例最大，其次是“没兴趣参加”“没动力”“没伴参加”“不适合参加该类项目”“家人及朋友不支持”“其他”均占比较小的比例。

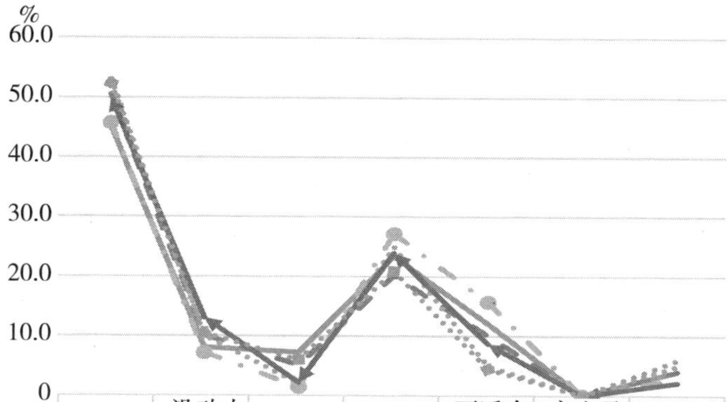

	没时间	没动力（没报酬）	没伴参加	没兴趣参加	不适合参加该类项目	家人及朋友不支持	其他
舞蹈合唱模特队（如广场舞健身队、凤馨合唱团等）	45.2%	8.1%	7.3%	23.4%	12.0%	0	4.0%
体育活动队伍（如武术队、羽毛球乒乓球协会等）	50.5%	10.1%	5.1%	20.2%	10.1%	0	4.0%
文化教育组织（如书画协会、文学社等）	53.0%	10.0%	2.0%	25.0%	5.0%	0	5.0%
女性互助组织（凤凰名媛女德文化协会、姐妹俱乐部）	45.7%	7.1%	1.4%	27.1%	15.7%	0	3.0%
公益组织（爱心车队、公益读经班、英语角等）	50.0%	13.0%	2.2%	23.9%	8.7%	0	2.2%
慈善组织（春草助学促进会、国健公益协会）	52.2%	10.4%	6.0%	20.9%	4.5%	0	6.0%

图 15　各类社区社会组织居民知道但不参加的原因

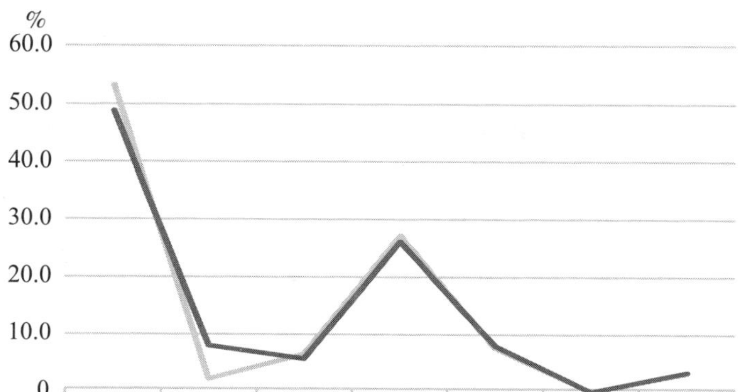

	没时间	没动力（没报酬）	没伴参加	没兴趣参加	不适合参加该类项目	家人及朋友不支持	其他
居委会组织的活动	53.3%	2.2%	6.5%	27.2%	7.6%	0%	3.2%
物业管理公司组织的活动	48.9%	8.0%	5.7%	26.1%	8.0%	0%	3.3%

图 16　各类社区社会组织居民知道但不参加的原因

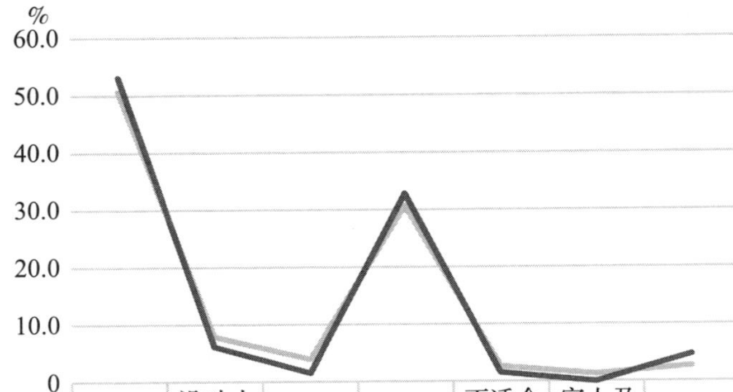

	没时间	没动力（没报酬）	没伴参加	没兴趣参加	不适合参加该类项目	家人及朋友不支持	其他
社区活动室等室内文体娱乐活动	50.7%	8.0%	4.0%	30.7%	2.7%	1.3%	2.6%
露天活动场所等室外文体娱乐活动	53.1%	6.3%	1.6%	32.8%	1.6%	0%	4.6%

图 17　各类社区社会组织居民知道但不参加的原因

社区内随机采访内容摘录：

访谈对象编号 1211：

“这次调查的是一个 35 岁的男性，是一个正在等待自己孩子的年轻爸爸，主要参加的是社区的体育活动，其他的活动只是听过没有时间去参加，主要是在三楼的社区活动中心了解到这些信息，他自己觉得这些活动没有什么吸引力，也没什么兴趣参加，表示自己的活动圈多是在外面，而不是在社区。”

访谈对象编号 1210：

“这次调查的是一个 40 岁的女性，对于社区的活动只是停留在知道但是不参与的程度，没有时间也没有兴趣参加，主要是她个人不想去关注这些活动，认为即使有时间也不一定要聚在一起，一个人的休闲时光也是很不错的。”

访谈对象编号 1202：

“这次调查的是一位 18 岁的女生，对于社区的活动也是没有太多了解，主要是父母的介绍才得到这些活动信息，由于平时忙于学习没有太多时间放在这些活动上，而且认为这些活动不太适合自己这类年轻人，没有什么兴趣。”

访谈对象编号1107：

“该对象为一位40多岁的家庭主妇，她说她会经常地去看公告栏上的信息，信息栏上经常有社区举办的一些活动的通知，包括缴费通知。对于合唱团、广场舞这些她是有知道的，但是在访谈的过程中她反复地表示自己因为带小孩的缘故基本上没有时间去兼顾这些活动，如果有时间的话她还是很乐意地去参加的。回家照顾小孩都还忙不过来，没有时间去搞这些活动啊。”

访谈对象编号1007：

“该对象为30多岁的男性，老婆在家带孩子，收入基本靠他一个人，经济压力十分地大，自己对这些活动听肯定有听说，但是根本无暇去参加。他表示自己平时的娱乐方式就是补觉，看看电视剧或者偶尔去下下棋。”

访谈对象编号808：

“该对象是一位60多岁的男士，平时要带小孩，没时间参加社区活动。”

五、总体分析

1. 居民社区参与仍然有很大提升空间，其中，邻里互助和文体活动参与程度较高，居民公共事务参与意愿强而实际参与程度低。由上述分析可知，从参与的活动类型来看，大部分居民参与过邻里互助活动和文化娱乐活动，露天活动场所等室外文体活动的参与度相对较高，体育活动队伍参与率相对高。但是，各项活动参与率总体仍然有待提高，其中，活动方面，社区政治活动和管理活动参与较少；组织方面，居委会和物业管理公司组织活动的居民参与率一般。此外，凤馨苑社区活动已经超出社区范围，开始向外辐射，这进一步拓展了社区参与的空间。

2. 居民社区参与有利于改善居民心理和邻里关系。分析表明，大部分居民通过参与社区活动心情更愉悦，感受到自豪感。超过八成受访人认同通过参与社区活动能扩大交往范围和促进邻居关系，并且社区活动参与积极性高的人认同度更高。

3. 社区参与具有惯性效应，越是参与过社区活动的社区参与积极性越高。数据分析表明，参加过社区文化娱乐活动、社区管理活动、社区公益活动的居民，其社区活动参与越积极、越主动。居民参加室内文体/娱乐活动意愿强的，社区参与主动性也高。有工作的、越知晓社区活动信息的、参加过社区文娱活动和管理活动的群体，参与意愿更强。

4. 宣传动员可以提高居民社区参与度。近四成居民表示经宣传动员会参与社区活动，但是，“自己主动打听”和“亲友邻里或同乡介绍”是居民参加各类社区社会组织的两大重要途径，大部分居民主要通过自己主动打听后参加室内和室外文体娱乐活动。

5. 社区公告栏和人际网络是重要的信息渠道。居民对凤馨苑社区各类活动信息知晓率较高，信息渠道多元，但主要是社区宣传栏和广告，以及亲友邻里或同乡人际网络宣传。教育程度越高、年龄越大的居民越倾向于浏览社区公告栏的消息，年龄越大的居民更多接受亲友邻里邀请去参加社区活动。

6. 各类社区组织活动信息知晓度和参与度有所差异。数据表明，越是参与居委组织活动的居民，其社区活动参与主动性更高，活动信息知晓程度更高，并认为交往范围得到扩大，参与后心情变愉悦；越是参与物业组织活动的居民，其社区活动参与主动性更高，活动信息知晓程度更高。年龄越大、参与积极性高、越认同扩大人际网、社区活动知晓率更高的居民越有可能知道或参加体育活动队伍，且更能增强活动后的愉悦感。社区活动知晓率越高，舞蹈合唱模特队的参与度越高。教育程度越高、社区活动知晓率更高的居民参加女性互助组织的主动性更高。活动信息知晓程度更高的居民，更愿意参加室外文体/娱乐活动，交往范围得也到扩大，并从中获得愉悦感。

总体而言，凤馨苑社区居民邻里互助和文体活动社区参与程度较高，居民通过社区参与，改善了自我心理和邻里关系，且进一步强化了社区参与意愿；各类社区社会组织活动居民参与程度和信息知晓程度有所差异，居民主要通过社区公告栏和人际网络获得社区活动信息，进一步扩大宣传动员将大大提升居民参与度。

第四篇

渔村改制：城镇化进程中海珠渔村（社）改制调查研究

【附注】

项目来源	广州市海珠区农业局委托课题《海珠区渔村改制调研及法律政策论证》
课题负责人	王权典　陈玉生
课题组成员	陈风波　胡文辉　许亚柯　刘书玲　王　蛟　等
统筹策划	关振雄（广州市海珠区农业局局长）
调研指导	邝家声（广州市海珠区农业局副局长）
联络协作	陈嘉仪（广州市海珠区农业局科长） 黎思暖（广州市海珠区农业局工作人员）
主执笔	王权典　陈玉生

一、前言

(一)项目研究的背景

"三渔"问题是广州建设全面小康和谐社会与新型城镇化发展必须且亟待解决的历史遗留(现实)问题之一。国家及省、市对渔业发展向来比较重视,而对渔村改制及渔民转产安置似乎关注度不够,尤其是比较忽略局部的渔村(社)体制暨渔民组织建设、渔业合作及生计保障经济等特殊的历史遗留问题。当前广州渔业发展及渔村改制转型面临的突出矛盾就是缺失组织建设创新保障的成熟做法及制度性安排,渔村(社)改制总体滞后,各区自行探索而参差不齐,对渔民的扶持及服务保障水平低于同一区域的村社,导致部分渔村(社)历史遗留问题与现实困境叠加,累积演变成为局部的社会问题,影响新城市新社区的建设与和谐稳定。因此,积极探索创制途径并切实地采取有效的政策措施,不仅关系渔村改制转型和渔民生计保障,而且关系区域发展及基层社会稳定;不仅关系全面建设小康社会构建和谐广州的实现,更是切实回应渔民群体的强烈诉求。然而,鉴于既有渔村(社)管理体制不顺、组织化程度不高、渔民合作意识和转产转行抗风险能力比较弱,加快渔村改制、维护渔民生计安全保障,应成为广州市、区两级政府需要关注基层干部群众关切的重要问题。尽管政府及有关部门为改善渔民生计及社会保障做了大量工作,但由于渔民组织建设及渔村改制滞后,其生产生活状况总体不乐观。所以,推进渔村改制转型并给予制度保障,不仅是渔民群体的普遍期待,也是广州新型城镇化及和谐社会建设必须攻克的"死角"或难题。

譬如,在广州海珠区,自 2011 年实施珠江禁渔期制度以来,因渔船停航停产而使渔民经济收入受到严重影响。为做好禁渔期间渔民生活保障工作,海珠农业局制定了珠江禁渔期渔民补助实施方案,提请区政府安排珠江禁渔期专项补贴资金,每年向渔民发放生活补贴。2011 ~2015 年,共申请发放休禁渔期渔民生活补贴 205.787 万元。此外,为贯彻国家相关政策,协助辖区渔民转型并增加收入,一方面,该局协助渔民自愿淘汰渔船,落实补助到位;另一方面,加强渔民转产转业培训。从2006年开始,海珠区陆续有渔民申请自愿淘汰渔船转产转业。2006年减船11只,减船总主机功率111.1千瓦,按标准补助渔民资金共21万元;2007年减船10只,减船总主机功率99千瓦,按标准补助渔民资金共21万元。补助资金均直接拨付到渔民的银行账户。2007年,根据上级支持,海珠区农业局、劳动局及有关职能部门积极配合,在新洲渔村先后举办了11期转产转业培训班,参加培训的渔民共640人次,从而促使渔民基本掌握谋生技能,收到良好的效果,为新洲渔民全面转产转业打下了一定基础。

不过,海珠区的渔村改制并不容易,其存在特殊的历史遗留问题或实际困难,亟待研究政策予以统筹解决。一是渔村渔民的组织关系隶属于原白云区,而白云区政府就新洲等渔村归属问题并未向海珠区办理过正式移交手续(据悉,多年前白云区曾召开工作会议研究新洲等渔村渔民安置问题,最终未拿出有效的解决方案),故而海珠区政府无法单方面组织对新洲等渔社进行清产核资或对其捕捞业进行有效的承接管理。二是由于多年来渔民捕捞证等证件只有部分通过海珠区农业局办理,渔社所在街道并无专人负责渔民渔船的管理,因而海珠区政府对辖区内渔民渔船的情况未能全面掌握,每年渔船减船的数量主要由其自愿递交申请的渔民数量来估测。

尽管市、区两级政府主管部门近年抓紧沟通如何协调解决问题,试图理顺渔村(社)体制关系,海珠辖区的渔村组织建设仍需要克服种种制约因素:(1)渔村组织机构问题,渔村现行组织系历史形成并沿袭的白云渔业联社所属渔业分社,既非工商注册企业,亦非集体经济组织(经联社或经济社),更非行政事业单位,其组织机构需要依法重构及合理定位;(2)渔村经济发展及集体资产的处置、就业、社保、民生、环卫等问题如何协调"一揽子"解决;(3)渔民渔业生产按休禁渔期规定如何准确核定其产量、产值,以便全面落实休禁渔补贴;(4)部分渔民继续出海生产安全保障问题(按要求须由所在区与市局签订安全责任书),若按"三定"方案,海珠区农业局因无渔业职能而难以督促处理。考虑到海珠辖内包括新洲、沥滘、珠江渔业社在内共约200多艘渔船、1000多名渔民都存在同样的历史遗留问题,市农业局可以在海珠区设立相应的渔业监管点(海珠农业局"三定"方案无渔业职能);如何加强对渔民渔业的扶助,也要由政府给予政策的人文关怀。另外,市、区两级要增加对渔民转产转业项目的财政支持。广州末代渔民是弱势群体,总体收入不高,生活条件较差。按照省、市的渔业减船扶持政策,现有的渔船淘汰补助标准相对较低,且对一些证件不齐、渔船功率较小的渔船并未给予必要的扶持。因此,应适当提高报废渔船补助标准以及完善配套渔船拆解经费安排的政策。另外,对转产待业的渔民,也应当在养老、大病医疗保险等社会保障方面予以政策倾斜。据白云区农业局反映,近年不断有其原所属的渔村社员和非社员上访,向其反映渔民生存保障及出路问题。新洲渔社曾通过争取政策,着重解决部分老中年社员社保问题,而青年人还是主要通过就业参保解决。不过,渔村有大部分非社员的渔民也提出参保要求,希望政府一视同仁,解决他们的社保问题。

鉴于上述情况的特殊复杂,广州市海洋和渔业局认可白云区渔业联社体制问题是渔民问题的根源,明确提出在尊重历史的前提下,立足于当前现实,本着历史问题由白云区负责、现实问题由属地区政府负责的原则,基本工作思路定位于彻底落实属地化管理,并且强调:一是各渔业分社实行完全属地化管理。二是按照历史问题由白云区负责的原则,由白云区政府负责妥善解决渔业联社的历史遗留问题,提出的基本要求包括:(1)对白云区渔业联社进行清产核资,对过去所有经济账目开展监督性审计,彻底厘清联社集体资产状况,并由白云区政府负责白云渔业联社集体资产处置和分配问题,给渔业联社、各分社及渔民一个交代。(2)协调白云区委组织部门研究撤销白云区渔业联社党委,协调海珠区委组织部门、天河区委组织部门、荔湾区委组织部门,将各分社党支部划拨至所在海珠区、天河区、荔湾区属所属街道的党工委管理。(3)下文撤销白云区渔业联社建制,并剥离联社的社会管理职能,联社所承担的具体生产业务管理职能分别移交属地所在地街道和区农业局。应该说,市局支持各方面协调解决渔村改制等历史遗留问题的指导思想是明确的。于是,海珠区农业局特别设立该调研项目并委托华南农业大学农村法治与社会发展研究中心暨新型城镇化法治研究中心承担实施,旨在形成专题调研报告并提出相应的政策建议方案,呈报政府决策参考。

(二)研究的目标任务

根据国家及省、市有关法律政策及参考对传统渔村(社)组织改制的指导规范,基于行政体制调整后遗留于海珠辖区渔村(社)组织转型改制条件的动议考量,开展基础调研、可行性法律论证及政策分析,在现实体制框架、制度约束及改革政策导向下,充分预见并防范克服转制的法律风险和政策障碍,形成较有决策参考价值的调研分析报告、改制建议方案及具项咨询意见。

(三)主要工作内容及基本要求

1. 就海珠辖区现存三个渔村(原白云渔业联社所属新洲、沥滘、珠江渔业分社)组织的改制模式选择及体制关系理顺、治理结构等转型问题进行摸底调研及法律政策分析。基于此，洞悉其存在的主要问题及障碍因素，审慎地进行法律界定与风险评判。

2. 就海珠辖区三个渔村现有的组织形态、内部结构、产业特征、管理体制等问题进行诊断，并依法依规提出改制模式暨建议方案。既要回顾其历史沿革、总结现实运行经验认识，更要剖析变革调整所面临的突出矛盾或问题症结，按照依法依规、统筹考虑、合理协调、全面优化、杜绝后患的原则，提出改制可行的参考建议。

3. 结合上述工作，协助开展对其他地区(如本市番禺、黄埔及外省市典型地区)有关渔村或渔民组织改制建设的基本做法及相关经验进行考察并适当借鉴，参酌用于本项目工作。

(四)改制需要特别关注并克服的难点

1. 平衡各方利益及权责关系。充分考虑各方面关注的焦点，将政府、渔村(社)、管理者、渔民等长远期待和现实利益统筹兼顾。希望通过改制将现实及历史遗留问题"一揽子"解决，但必须依法组建可常态化运行的组织载体(如合作社、渔业公司等实体)。

2. 渔民(农)身份的角色转换。改制后导致渔民(农)转化为合作社或其他实体的成员股东；同步实现持股方式多样化、份额股利分配差别化、医疗与养老保险社会化、生计保障市场化。

3. 集体资产的处置。通过改制摸清家底，集体资产应当评估，但并不意味着实物分割，可以量化成股权份额分配到个人或户。经营性资产与非经营性资产的剥离；土地等资源性资产的确权处理。鉴于渔村(社)现所占用的土地可保留少量经营性土地，故有必要对土地使用权价值进行评估，同时将其他资产纳入评估范围。

4. 合作体产权明晰与股权设置。明晰改制组织的属性，明确个人或户持股份额；股东按组织章程要求行使股东权益，渔民以股权为纽带形成利益共同体；全部集体资产化整为零，分立合股量化到个人或户，视具体情况和股东意愿是否需要设置持股会及社会股东，逐步实现股份的流动性，允许在量化配股以外以现金增资扩股，允许其他投资者以现金或其他资产入股。

5. 治理结构的完善。依法构建完善组织治理机构，健全社区治理机制与现代企业管理制度，实现管理运作正规化；实行政社(企)分开，居委会(社会管理)与董事会(经营管理)的人员、职能相分离；加强改制组织党建，理顺完善监督体制与机制,改善党政领导方式及强化其监督保证作用。

6. 特殊情况的处理。(1)公益性非经营性资产如何剥离移交;(2)集体土地等资源性资产如何处置;(3)特殊人员的股份分配;(4)现有渔民(农)宅基地和住宅产权属性转变;(5)对经营价值和增值潜力大的资产与经营价值和增值潜力弱的资产,在面向股东进行配置时,自由选择合股还是要有所搭配等,需要因地(社)制宜的合理考量。

(五)需要调查收集的基础材料及基本情况

1. 原渔村(社)组织登记的历史文件及隶属关系证明材料;

2. 原渔村(社)组织架构文件及历来、现任管理层产生方式、党群关系的证明材料;

3. 渔村(社)组织历来至今的行业管理体制或指导服务关系,以及相关行业补贴发放渠道、方式等情况说明;

4. 当地政府(区属部门、街道)对渔村(社)群体及社区提供基本公共服务的承接范围及标准,有无其他特别的帮扶措施;

5. 渔村(社)渔业生产经营规模、产值收入以及渔民(农)基本生计来源;

6. 渔村(社)现有各类集体资产主要构成及来源、价值变动等状况;

7. 各渔村(社)成员花名册、户籍人口及分类情形、宗姓结构及渔民职业结构、年龄大致结构;

8. 近年各渔村(社)集体收益及分配、公共开支、公共福利保障等状况;

9. 渔村(社)集体或群体、渔民(农)个体上(信)访及访谈的主要诉求、表达的基本愿望、满意度及特别的政策保障要求;

10. 渔村(社)组织章程等其他相关历史性文件;

11. 当地政府(区属部门、街道)对渔村(社)改制或管理问题的前期调研情况报告及拟协调处理的文件;

12. 渔村(社)使用土地权利及规划情况的证明或说明材料。

二、海珠区渔村的基本社情、治理结构及隶属关系

(一)渔村原有组织形态及隶属关系沿革

白云渔业联社于1956年成立,现延续保留有新洲、沥滘、石溪涌口、芳村花地口四条渔村。海珠辖区内的新洲、沥滘、珠江渔业分社,分别位于新洲渔民新

村大街、沥滘大埗头、石溪村涌口,由于55年前这些地块属于广州市郊区,依当时的行政管理体制,这些渔业分社均隶属于白云区渔业联社,归口于白云区政府统一管理。

(二)渔村(社)治理结构、人口构成及渔船基本情况

1. 人口及艇船数:海珠辖区三条渔村(社)现有人口约1269人(其中:新洲979人、沥滘203人、珠江87人),渔民530人(其中:新洲455人、沥滘40人、珠江35人),现有在册艇船209只,其中内河作业渔船104只(包括:新洲43只、沥滘45只、珠江11只),海洋作业渔船105只(全属新洲)。三个渔业分社现共有管理人员10人,都是通过原白云渔业联社任命的。2015年三条渔村捕捞业产量合计约798吨,产值大约达到1056万元。

2. 组织机构:三个渔业分社或其公司主要负责人由渔业联社暨总公司任命,实行经理负责制,管理班子由其主要负责人组建,报联社备案。分社与其并存的公司是"一套班子,两个牌子"。各渔业分社内设党支部,配备党支部书记。

3. 社会(区)管理:随着广州市行政体制改革,渔业分社以往在治安、计生、民政、卫生、工商、税务等方面的公共管理及公共服务职能基本上已经由属地街道居委会承接,但白云区渔业联社仍保留有负责党的方针、政策的宣传教育和组织工作以及对渔民的生产、生活进行指导、协调的职能。

4. 生活情况:三条渔村(社)渔民总体收入不高,生活条件较差。其中新洲渔村(社)未通机动车道路,渔民出行要步行20分钟才能到黄埔村公交车站。其子女上学在新洲小学和黄埔中学。生活用品主要供应依赖周边村社市场。医疗一般在渔轮厂和黄埔联社卫生所,解决不了的就到赤岗421医院等。整个渔村(社)处于相对封闭状态,基本无外来人口混居,治安状况相对较好。具体体现在下文渔村(社)基本面抽样调查报告中。

三、关于海珠区渔村(社)社情民意的基本调查

(一)渔村(社)抽样调查的基本情况

1. 受访人男女比例均衡,文化程度普遍较低,近八成为小学及以下学历

本项调研直接目的是为明晰广州市海珠辖区内渔村(社)转制发展规划的基础并提出有针对性的可行政策方案,创新渔村组织形态、公共服务和社区治理,助推解决历史遗留问题,更好地满足渔村(社)居民需求。本次调研对象为

广州海珠区三个渔村，分别为新洲渔村、沥滘渔村和珠江渔村。由于客观条件的限制，本课题所依据的社会调查并未能做到完全随机抽样，而是根据实际情况，采取了判断抽样的方法，分别对新洲渔村、沥滘渔村和珠江渔村做了 71 份、18 份和 25 份问卷。样本基本情况见表 1。

表 1　渔村(社)抽样调查的基本情况

类型		比例(%)
渔村	新洲渔村	60.2
	沥滘渔村	15.3
	珠江渔村	24.5
性别	男	48.3
	女	51.7
文化程度	小学及以下	78.8
	初中	14.4
	高中/中专	5.1
	大专	1.7

本调研主旨为公众对于渔村(社)改制的意向调查，具体指公众对自身所处的渔村(社)现状、公众对渔村(社)改革的看法和建议以及在渔村(社)改革过程中遇到的困难等。调查采用结构式访问的方法进行，实地调查由调查员所完成，本次调查发放问卷 120 份，获得有效问卷 114 份。

2. 渔民平均家庭人口 5.38 人，平均子女数 2.47 人，家庭人口规模高于全省和全国水平

结合图 1 和图 2，其调查结果显示，三个渔村(社)的家庭总人口集中在“4～6 人”，比例高达 62.5%，子女总人数集中在“3 人以内”，比例高达 81.6%。

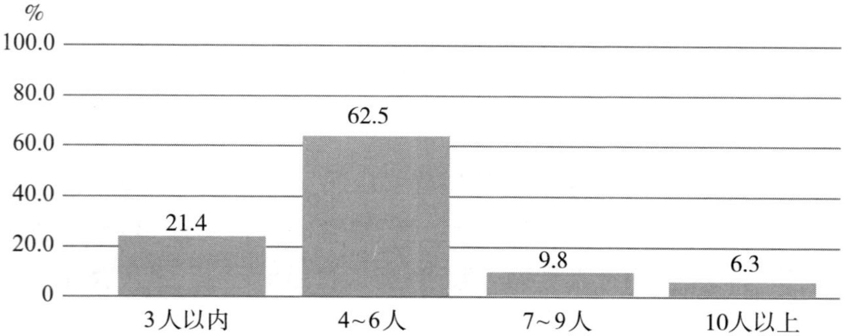

图 1　家庭总人口

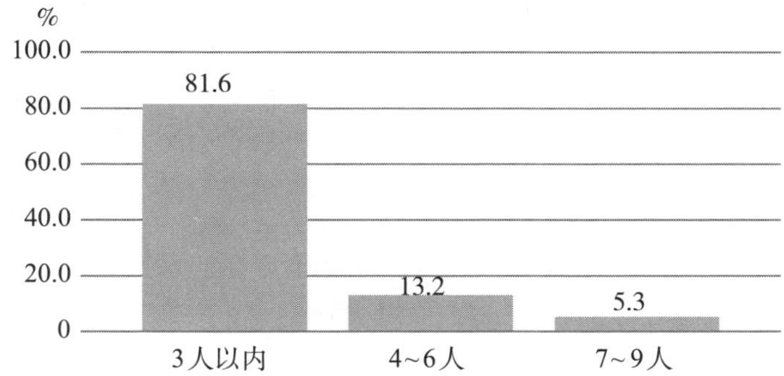

图2　子女总人数

次者,家庭总人口为“3 人以内”的比例为 21.4% ,所占比例较高,子女总人口在“4 ~6 人”的比例为 13.2% 。而家庭总人口在“7 ~9 人”和“10 人以上”所占比例分别为 9.8% 和 6.3% ,相对来说较少,同样,子女在“7 ~9 人”的比例较小,仅占 5.3% 。从总体上看,居民的家庭人口数量和子女数量集中在“4 ~6 人”和“1 ~3 人”上,其特征趋于一致。

3. 渔民(农)经济状况水平

(1)渔民(农)平均家庭年收入为 57,814 元,六成多低于 5 万元;其中渔业收入均值为 17,607 元,六成没有渔业收入;政策性补贴均值为 5152 元,44% 没有政策性补贴收入。进一步分析表明,政策性补贴和渔业收入越高的家庭,年收入也更高。

表 2 的数据结果显示,2016 年全年家庭总收入“1 万 ~5 万元”所占比例为 52.2% ,所占比重较高,而“5 万 ~9 万元”所占比例为 18.6% ,“1 万元以内”“9 万元以上”为 19.5% ,“1 万元以内”所占比例为 9.7% 。可知,该渔村 2016 年的家庭收入水平集中在“1 万 ~5 万元”。

表 2　2016 年全年家庭总收入(n =114)

范围	比例(%)
1 万元以内	9.7
1 万 ~5 万元	52.2
5 万 ~9 万元	18.6
9 万元以上	19.5
合计	100.0

根据表3的数据显示,2016年全年家庭渔业总收入在“1万元以内”的比例高达67.2%,“1万~5万元”所占比例为23.%,而“5万~10万元”和“9万元以上”所占比例较小。可知,2016年全年家庭渔业总收入的水平集中在“1万元以内”,总体来说,渔业总收入不多。

在访谈过程中,渔民普遍反映:“现在渔业行业不好做,鱼的种类和数量不断减少,政府规定的休、禁渔期越来越长,靠打鱼为生的渔民连维持生计都很难达到,收入达不到最低生活保障水平。很多年轻人已经外出打工或创业,并没有继续选择捕鱼为生。”

表3 2016年全年家庭渔业总收入(n=114)

范围	比例(%)
1万元以内	67.2
1万~5万元	23.3
5万~9万元	5.2
9万元以上	4.3
合计	100.0

表4的调查数据显示,政府的补贴金额在“3000元以内”所占比例为79.8%,而“3001~5000元”“5001~7000元”“7001元以上”三者所占比例均在10%以内。可见,政策性补贴水平还是比较低的。从渔民的反映情况所了解到,政府对于渔民的政策性补贴金额相对较少,补贴项目不多;政府对于渔村的民意情况了解不深,存在政府无作为的情况。因此,渔民对政府产生不满的情绪。

表4 政策性补贴(n=114)

范围	比例(%)
3000元以内	79.8
3001~5000元	7.7
5001~7000元	2.9
7001元以上	9.6
合计	100.0

(2)平均家庭年总支出为41,365元,普遍反映医疗、食品和教育支出压力较大。

根据表5的相关数据显示,渔民去年家庭总支出金额在“1万~5万元”所占比例为61.9%,而"1万元以内""5万~9万元""9万元以上"三个范围内均在15%以内,并且相差不多。可见,渔民去年家庭总收入水平并不高。

据渔民普遍反映:"在家庭的支出方面主要集中在医疗和食品方面,而且存在看病贵、看病难的问题。渔民以前主要靠打鱼为生,而如今大部分渔民已经退休和放弃打鱼,使得家庭支出不断增加。"

表5　2016年全年家庭总支出(n=114)

范围	比例(%)
1万元以内	14.2
1万~5万元	61.9
5万~9万元	12.4
9万元以上	11.5
合计	100.0

根据表6可知:对于渔民日常生活中的支出压力调查情况,在211次有效的应答选项中,食品支出压力占19.4%(41/211),2.8%(6/211)为住房支出压力,教育支出压力占14.7%(31/211),医疗支出压力47.9%(101/211),渔业支出压力8.1%(17/211),其他支出压力占4.3%(9/211),无经济压力占2.8%(6/211)。对渔民的经济支出压力方面的调查发现,医疗支出的比例最高,占47.9%(101/211)。其次,食品支出压力所占比重为19.4%(41/211)。从调查数据结果可知,渔民在医疗支出和食品支出方面的压力较大,在一定程度上影响生活水平。

表6　支出压力情况表(n=114)

支出压力	N	比例(%)	个案比例(%)*
食品支出压力	41	19.4	34.7
住房支出压力	6	2.8	5.1
教育支出压力	31	14.7	26.3
医疗支出压力	101	47.9	85.6
渔业支出压力	17	8.1	14.4
其他支出压力	9	4.3	7.6
无经济压力	6	2.8	5.1
总计	211	100.0	178.8

*个案比例是指单个选项被选次数占总受访人数之比,累计可能会超过100%。

4. 渔农家庭有收入人口平均3.26人,渔农没有工作者、从事渔业工作者和从事其他工作者大约各占1/3

结合表7进行分析,可知渔村中有劳动收入的家庭总人口在“3人以内”的比重最大,高达61.0%;其次,在“4~6人”范围的比重为33.1%,相对而言,其比重较高。而“7~9人”和“10人以上”所占比重都不超过5%。可见,渔村有劳动收入的家庭总人口集中在“3人以内”和“4~6人”的范围。同时,在一定程度上也反映出渔民家庭劳动力较足。

从访谈中,可知“访谈对象的年龄都是比较老的,而且老人都经历过渔村的‘打鱼岁月’,现在主要靠儿女在外打拼,有一定的劳动收入,才能够维持整个家庭的生活。”

表7 有劳动收入的家庭总人口(n=114)

类型	比例(%)	累积比例(%)
3人以内	61.0	61.0
4~6人	33.1	94.1
7~9人	3.4	97.5
10人以上	2.5	100.0
合计	100.0	

结合表8分析,现在主要从事的工作主要为渔农工作,比重为26.3%,而“没有工作”和“其他临时工作”所占比重分别为35.6%和16.1%。可见,调查对象主要是没有工作或从事其他临时工作,而仍然有部分调查对象从事渔农工作。

访谈了解到,存在这种现象的原因主要是:第一,因为调查对象多为退休老人,没有工作或有其他临时工作;第二,渔村(社)的环境因素影响老人进行工作的选择,只能选择一些需要力气的工作;第三,调查对象知识水平都偏低,绝大部分是没有受过教育或小学教育水平。因此,这几方面的因素对于调查对象从事的工作具有一定的影响。

表8 现在主要从事的工作(n=114)

类型	比例(%)	累积比例(%)
渔农工作	26.3	26.3
渔业相关工作	7.6	33.9

续表

类型	比例(%)	累积比例(%)
其他固定工作	14.4	48.3
其他临时工作	16.1	64.4
没有工作	35.6	100.0
合计	100.0	

(二)关于渔民对生活与国家扶助政策的满意度分析

1. 渔农政策性补贴主要有渔船油价补贴及休、禁渔渔业船员补贴两类，各有 51.7% 的渔农领取；另外仅 3.4% 渔农领取政府困难补助，总体生活困难

调查数据显示，当地渔民能够领取到政府困难补助的比例仅占 3.4%，而没有领取国家政府困难补助高达 94.1%。而不适合的比例也仅占 2.5%。可见，我国当前对于渔民的困难补助力度不大，渔民很难申请到政府困难补助资金。

在调研过程中，调查对象反映："政府困难补助金很难申请到，政府补助项目不多，申请标准高，很难能够达到补助水平，而且政府的拨款力度不大，工作展开难以进行。因此，政府对于渔民的政策性补贴仍然需要进一步进行探讨，使渔民能够达到一定的生活水平。"

根据表 9 可知：对于渔民接受的国家政策性补贴的情况调查，在 192 次有效的应答选项中，减船转产补贴占 2.1%(4/192)，2.6%(5/192)为渔船更新该站补贴，渔船油价补贴占 31.3%(60/192)，渔民转产专业补贴占 1.0%(2/192)，远洋渔业(渔船)补贴占 0.5%(1/192)，渔业保险补贴占 4.2%(8/192)，休、禁渔渔业船员补贴占 31.3%(60/192)，以上均无占 27.1%(52/192)。

对渔民享受到国家政策性的调查过程中，在 118 位有效的调查者中，渔船油价补贴和休、禁渔渔业船员补贴比例最高，均占 31.3%(60/192)。其次，均没有享受到国家政策性补贴所占比重为 27.1%(52/192)，所占比例较高。从调查数据分析，可知国家政策性补贴主要集中在"渔船油价补贴"和"休、禁渔渔业船员补贴"两种。对于海珠区的渔村来讲，国家政策性补贴相对来说较少，补贴种类过于单一，并没有真正考虑到渔民的需要。

在调查过程中，通过对调查对象的访谈所知："首先，部分渔民认为国家并没有给他们任何国家政策性补贴，这从一定程度上引起渔民内心的不满。其次，渔民认为国家的补贴过少，尤其是休、禁渔渔业船员的补贴较少，不能满足渔民在休、禁渔期间的最低生活水平。再者，大部分渔民对于国家的政策性补

贴仍然存在很多不满,希望政府进行相应的调整和改革。”

表9 渔民享受国家政策性补贴的情况(n=114)

国家政策性补贴	N	比例(%)	个案比例(%)
减船转产补贴	4	2.1	3.4
渔船更新改造补贴	5	2.6	4.3
渔船油价补贴	60	31.3	51.7
渔民转产专业补贴	2	1.0	1.7
远洋渔业(渔船)补贴	1	0.5	0.9
渔业保险补贴	8	4.2	6.9
休、禁渔渔业船员补贴	60	31.3	51.7
以上均无	52	27.1	44.8
总计	192	100.0	165.5

注:值为1时制表的二分组。

2. 渔民普遍对于生活满意度比较低

对渔民关于家庭经济收入水平和是否领取政府困难补助的调查数据显示(见表10),89.0%的渔民认为自己家的经济水平并没有高于平均水平,而觉得家庭经济水平高于本村的平均水平为5.0%,不适合所占比例为6%。通过数据分析可见,渔民自身认识的家庭经济水平仍然于本村较低的经济收入状态,使其更多产生不满。

对于当前能够领取政府困难补助的调查过程中发现,94.1%的渔民并没有领取政府困难补助,领取政府困难补助仅占3.4%,不适合的占2.5%。因此,从一定程度上反映政府困难补助还是偏少,领取标准高,渔民很难达到其申请水平。从总体上讲,渔民对于生活满意度比较低。

表10 家庭经济水平和领取政府困难补助情况(n=114)

项目 \ 类型	是(%)	不是(%)	不适合(%)
在渔村,我家的经济水平高于平均水平	5.0	89.0	6.0
我家当前领取政府困难补助	3.4	94.1	2.5

3. 绝大部分渔农住自建房,四成渔民有住宅房产证,八成拥有土地使用权证

从表11、表12可知,渔民在渔村的住宅为自建房高达94.9%,有房产证和

宅基地土地使用证的比例为 39.8% 和 81.4%,在一定程度上反映出渔民在当地享有自己的住房,住房情况相对较好。而自购商品房、公租房和出租屋所占比重较小。没有宅基地土地使用证和房产证的比例为 56.8% 和 17.8%。可见,渔民享有自己的住房,并且大部分拥有宅基地土地使用证、部分有住宅房产使用证。同时,渔民也反映:“虽然有自己的住房,但在当地的环境不好,如交通、马路、信号和公共设施等,这使当地的渔民生活现状受到一定的影响,渔民的住宅并不能全方位提高生活满意度。希望政府能够对渔村的建设情况进行改善,真正做到为民服务。”

表 11 渔民住宅情况分析(n=114)

类型	是(%)	不是(%)	不适合(%)
在渔村的住宅有房产证	39.8	56.8	3.4
在渔村的住宅有宅基地土地使用证	81.4	17.8	0.08

表 12 目前家宅性质(n=114)

类型	比例(%)
自建房	94.9
自购商品房	0.8
公租房	0.8
出租屋	3.4
合计	100.0

4. 绝大部分居民享有不同种类及程度的社会保障,涉及城市基本医疗保险、“农转居”养老保险、城乡居民社会养老保险等

由表 13 可知:对于渔民享受到社会保障项目的情况,在 203 次有效的应答选项中,城市基本医疗保险占 39.4%(80/203),5.9%(12/203)为新型农村合作医疗保险,公费医疗占 2.5%(5/203),商业医疗保险占 3.4%(7/203),城乡居民社会养老保险 16.7%(34/203),城镇企业职工基本养老保险占 5.4%(11/203),失业保险、住房公积金和以上均无占 2.0%(4/203),而“农转居”养老保险占 20.7%(42/203),等等。

对享受社会保障项目的情况调查过程中,在 118 位有效的调查者中,城市基本医疗保险和“农转居”养老保险比例较高,分别占 39.4%(80/203)和 20.7%(42/203)。其次,城乡居民社会养老保险所占比例为 16.7%(34/203),

所占比例较高。从调查数据分析,可知渔民享受到的社会保障项目主要集中在“城市基本医疗保险”“农转居养老保险”“城乡居民养老保险”三种。对于海珠区的渔村渔民来讲,享受的社会保障项目类型相对来说较少。

在访谈过程中,居民还反映:“享受社会保障项目主要受到户口的影响,他们是由‘农转居’的户口,由于户口的边缘化影响,使他们只能享受规定的社会保障项目,而部分比较有钱的人,则会选择进行商业保险的购买等其他方式。”

表 13 渔民享受社会保障项目基本情况(n=114)

享有的保险类型	N	比例(%)	个案比例(%)
城市基本医疗保险	80	39.4	67.8
新型农村合作医疗保险	12	5.9	10.2
公费医疗	5	2.5	4.2
商业医疗保险	7	3.4	5.9
城乡居民社会养老保险	34	16.7	28.8
城镇企业职工基本养老保险	11	5.4	9.3
失业保险	4	2.0	3.4
住房公积金	4	2.0	3.4
“农转居”养老保险	42	20.7	35.6
以上均无	4	2.0	3.4
总计	203	100.0	172.0

(三)有关渔社转制议题的民调反映状况

1. 数据反映土地和厂房是部分渔民所认同的集体资产,但大部分渔民认为渔业分社没有集体资产

利用多重响应对集体资产的认知情况做频次分析,可见,在渔民的认知中,在改制前,需要进行核查的集体资产类型从多到少依次为(见表 14、图 3):其他(39.31%)、土地(32.41%)、厂房(19.31%)、商标等无形财产(4.41%)、渔船(2.76%)、设施设备(2.07%)。因此,在渔民的观念中,改制前需要进行核查的集体资产为土地和厂房,以及其他待查明的集体资产。

从访谈情况看,渔民大多认为渔社没有集体资产,并且普遍将自家宅基地也作为私产看待。

表14　渔民对于集体资产内容的认知（n=114）

对集体资产的认知	N	比例（%）	个案比例（%）
设施设备	47	2.07	2.75
渔船	28	2.76	3.67
商标等无形财产	4	4.14	5.50
厂房	3	19.31	25.69
土地	6	32.41	43.12
其他	57	39.31	52.29
合计	145	100.00	133.00

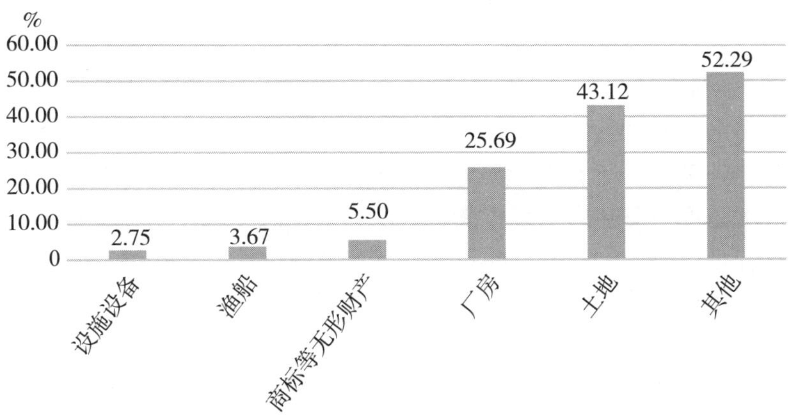

图3　渔民对集体（公有）资产的认知度

2. 缴纳社员统筹费的渔民倾向认为只有缴纳社员统筹费才算渔业联社社员，反之未缴社员统筹费的渔民则不支持该看法

本调查通过“每年都缴纳渔业联社社员统筹费”“赞成‘缴纳统筹费’才算渔业联社社员”“曾经是渔业联社社员，现在退社了”三个维度考察渔民对于自身渔业社社员的身份认知，调查结果显示（见图4），认为自己每年缴纳渔业联社社员统筹费的渔民占了61.40%，同时，68.42%的渔民赞成“缴纳统筹费”才算渔业联社社员；此外，更有70.18%的渔民不认同自己曾经是渔业联社社员，现在退社了，即意味着大部分渔民的认知其作为渔业联社社员这一身份从未改变。

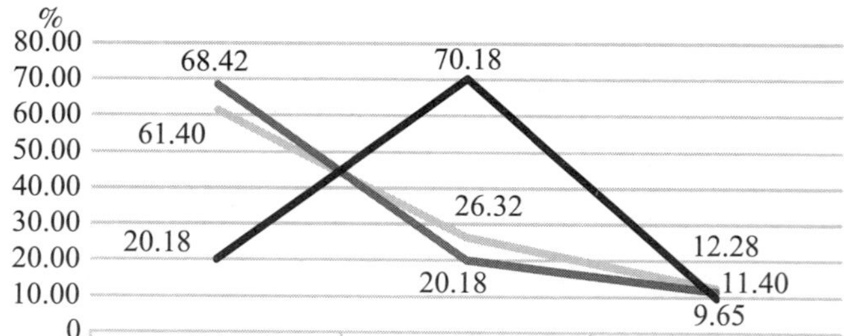

	是(%)	不是(%)	不适合(%)
每年都缴纳渔业联社社员统筹费	61.40	26.32	12.28
赞成“缴纳统筹费”才算渔业联社社员	68.42	20.18	11.40
曾经是渔业联社社员，现在退社了	20.18	70.18	9.65

图 4　社员身份认知意识

另外，本调查推测“我赞成‘缴纳统筹费’才算渔业联社社员”这一态度影响渔民缴纳渔业联社社员统筹费的行为，并进行了相关分析，由表 15 可知，卡方检验得到的 P 值小于 0.05，落入拒绝域，即关于赞成“缴纳统筹费”才算渔业联社社员的态度与每年缴纳统筹费的行为并不相互独立，对“缴纳统筹费才算渔业联社社员”持赞成态度对渔民是否每年缴纳统筹费有影响。同时，交叉分析显示，从非对称的 Lambda 系数来看，渔民是否每年缴纳统筹费受自身对于“缴纳统筹费才算渔业联社社员”这一观点的态度的影响为 0.114。此外，从 tau-y 系数相关测量来看，渔民缴纳统筹费的行为受自身对于“缴纳统筹费才算渔业联社社员”这一观点的态度的影响为 0.120，这说明渔民缴纳统筹费的行为与关于“缴纳统筹费才算渔业联社社员”的态度之间存在低度的显著正相关；换言之，对“缴纳统筹费才算渔业联社社员”持赞成态度的渔民，其更倾向于每年都缴纳渔业联社社员统筹费，而不赞成“缴纳统筹费才算渔业联社社员”这一立场的渔民，则不会每年都缴纳渔业联社社员统筹费。

表 15　渔民对“统筹费”的认知(n = 118)

赞成“缴纳统筹费”才算渔业联社社员	每年都缴纳渔业联社社员统筹费			合计(%)
	是(%)	不是(%)	不适合(%)	
赞成	73.17	18.29	8.54	100.00
不赞成	39.13	56.52	4.35	100.00
不确定	38.46	15.38	46.16	100.00

注：Lambda 系数(“赞成‘缴纳统筹费’才算渔业联社社员”为因变量) = 0.114，tau-y 系数 = 0.120，Pearson 卡方 = 30.337a，df = 4，P = 0.000。

3. 集体资产分配资格的认同度较低，依数据判断，渔民对集体资产的分配资格将难以形成共识；即使那些认同只有缴纳社员统筹费的渔民才算社员的渔民，共识性也不高

本调查通过向渔民征询关于“清产核资后，您认为渔村哪些人有资格分配集体资产”的相关意见，由图 5 可知，在渔民的心目中，渔社改制前集体资产进行核查后，有资格分配集体资产的人员类型，被选率从多到少依次为：只限缴纳社员统筹费的社员（34. 86%）、分社所有成员（24. 77%）、现有渔村户籍的所有居民（22. 02%）、曾入籍过渔村的所有居民（10. 09%）、其他（8. 26%）。这说明，渔民认为最具有集体资产利益分配资格的是缴纳社员统筹费的社员。

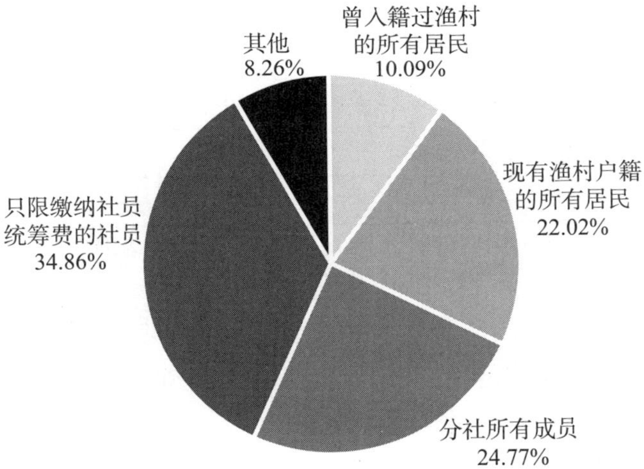

图 5　集体资产利益分配资格认知

针对集体资产利益分配资格认定的原因，本调查进行了分配资格认知和关于“缴纳统筹费才算渔业联社社员”的态度的列联分析。由表 16 可知，关于“缴纳统筹费才算渔业联社社员”的态度影响着渔民对于集体资产分配资格的认知并呈显著的相关性即 $P < 0.05$。从非对称的 Lambda 系数来看，具有集体资产分配资格的人员类型作为因变量时，有资格分配集体资产的人员类型受是否持“缴纳统筹费才算渔业联社社员”立场的影响为 0. 254，此外，从 tau-y 系数相关测量来看，对于“缴纳统筹费才算渔业联社社员”的态度与集体资产分配资格认知的相关系数为 0. 127。这说明，集体资产利益分配资格认知和关于“缴纳统筹费才算渔业联社社员”的态度之间存在低度的显著

正相关，即表明对“缴纳统筹费才算渔业联社社员”的赞成与否，显著影响着渔民对集体资产利益分配资格的认知，由表 16 可见，对“缴纳统筹费才算渔业联社社员”表示赞成的渔民其认为有资格分配集体资产利益的人员只限缴纳社员统筹费的社员，选择率为 50.65%，不赞同“缴纳统筹费才算渔业联社社员”的渔民中，则有 65.20% 的渔民表示分社所有社员都有资格分配集体资产。

表 16　对渔联社成员的界定认知

清产核资后，有资格分配集体资产的居民			
类型 \ 选项	是(%)	不是(%)	不适合(%)
曾入籍过渔村的所有居民	9.09	8.70	15.37
现有渔村户籍的所有居民	20.78	8.70	46.15
分社所有成员	11.69	65.20	23.08
只限缴纳社员统筹费的社员	50.65	8.70	7.69
其他	7.79	8.70	7.69

注：Lambda 系数(具有集体资产利益分配资格的人员类型为因变量) = 0.254，tau-y 系数 = 0.127，Pearson 卡方 = 39.078a，df = 8，P = 0.000。

4. 近七成渔民希望集体资产分割自主支配，绝大部分居民倾向于资产分割给个人支配；几乎不赞成将资产由企业组织接管经营再分红利的方式。可见，基于集体资产组建合作社或公司将会受阻

关于清产核资后，拟采用的集体资产分配方式，调查结果显示，从图 6 首先可以看出，“将所有资产分配到个人或家庭，居民自主支配到手的资产”这一需求度最高，为 69.16%；其次为“将所有资产量化成股份再配置到个人或家庭，居民分配到资产后按自愿原则参股合作组织”，选择率占了 22.43%，最后则为“不分配资产到个人或家庭，成立新企业组织接管经营全部资产，社员享受职工待遇”“将部分资产量化成股份再配置到个人或家庭，全部资产量化后成立新企业组织接管经营”“将部分资产分配到个人或家庭，部分资产量化后成立新企业组织接管经营”，其需求度分别为 3.74%、2.80% 和 1.87%。

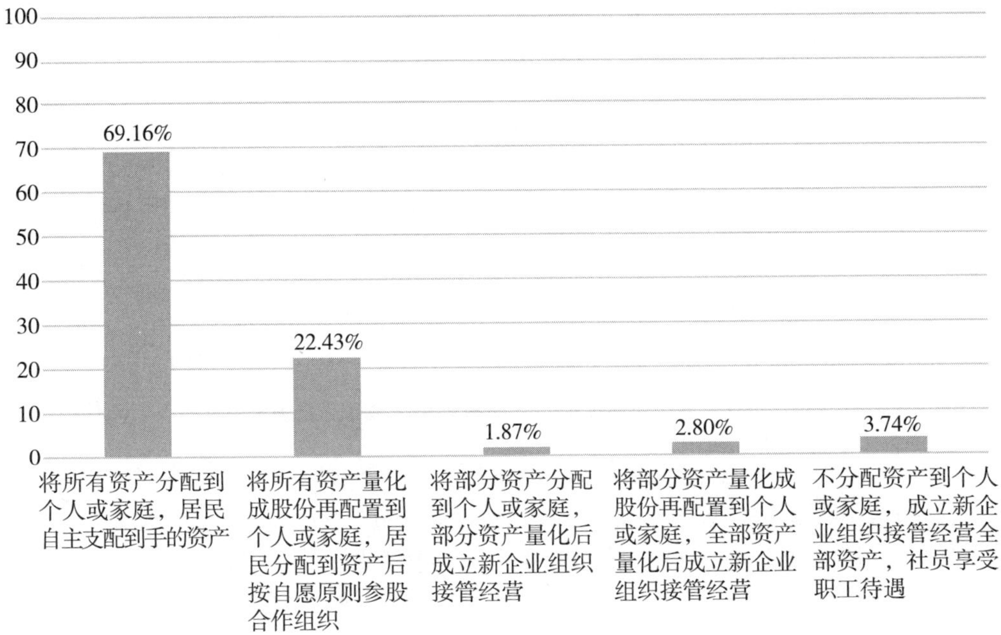

图 6　集体资产利益分配方式

进而对资产量化成股份后再配置到个人或家庭的方式进行考察,结果发现,利用多重响应对资产量化成股份再配置到个人或家庭的方式选择情况做频次分析。由表 17、图 7 可见,首先是渔民倾向于持股方式统一和份额股利分配统一,其选择率分别为 47.92% 和 44.79%;其次是持股方式多样化和份额股利分配差别化,选择率仅各占 30.21% 和 23.96%。

表 17　资产量化成股份在配置到个人或家庭的方式

资产量化成股份再配置到个人或家庭的方式	N	比例(%)	个案比例(%)
持股方式统一	46	32.62	47.92
份额股利分配统一	43	30.50	44.79
持股方式多样化	29	20.57	30.21
份额股利分配差别化	23	16.31	23.96
合计	141	100.00	146.88

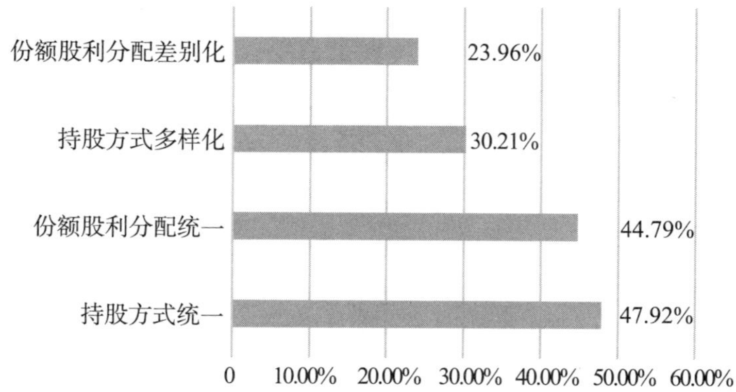

图 7　资产量化成股份再配置到个人或家庭的方式

此外,针对资产量化成股份后再配置到个人或家庭后资产接管的组织方式,调查结果显示(见图 8),赞成采取合作社这一组织形式的渔民占了 77.78%,其中股份合作社(仅分配到资产的社员合作)的选择率为 43.21%,而专业合作社(所有社员合作)的选择率则为 34.57%,此外,仅有 22.22% 的渔民受访者希望采取股份公司(社员可以追加股份,社员之外的人可以入股)这一形式。

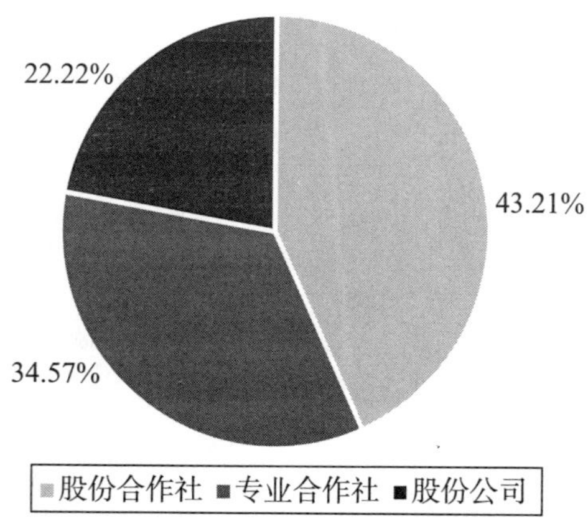

图 8　资产接管的组织方式

5. 过半居民希望渔村(社)改制成立独立的社区居委会,其次是合并到旁边居委会,赞成成立新企业组织接管的占比最低

在渔联社改制后,渔村(社)村民也纳入海珠区属地化管理(主要是公共服务与社会管理)这一假设前提下,对渔民希望采取的属地化管理方式进行调查,结果如图 9 所示,56.52% 的渔民倾向于渔村成立独立的社区居委会,此外,渔

村合并到旁边社区居委会和渔村新成立组织接管(如合作社)这两种管理方式分别占26.09%和17.39%。

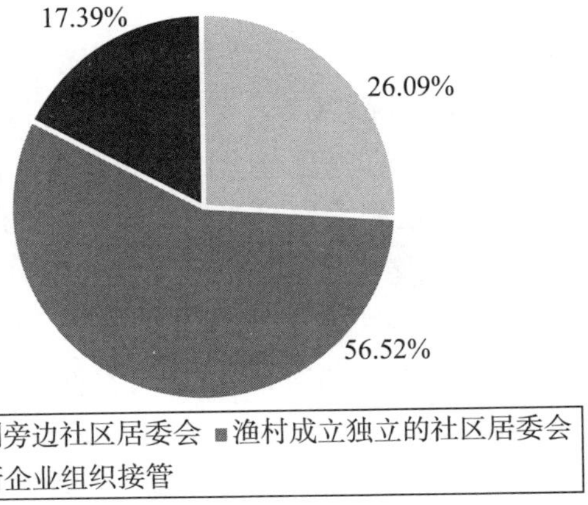

图9　属地化管理方式

(四)渔(村)社改制基础条件小结

1. 三个渔村基本情况

三个渔村基本情况如表18所示:

表18　三个渔村基本情况

名称	交通	住宅情况	收入特点	公共资产
新洲渔村	公交汽车站点距村子2~3公里	村内渔民自建房规模比其他两村要好	村内渔户较多甚至还有捕鱼大户,其部分收入比较可观	无太多的集体公共资产(村头两三层办公楼仅算其一)
沥滘渔村	交通便利,村子离路边公交车站点不远	村子规模小,零零散散集聚约20户人家在城市一角	捕鱼小户居多,主靠捕鱼到市场自卖谋生	无太多集体公共资产(村头两层办公楼且一楼为临路商铺)
珠江渔村	相当隐蔽的聚居江桥下一角,陆路交通不便	仍有不少瓦房,多半房子出租给外地打工者	留村户少,大多外出谋生,村内旧房子出租收部分租金收益	村内保有集体公共土地及厂房

2. 基于抽样调查提出改制需要解决的诉求问题

(1)养老问题:大部分老人不止一个子女,但缺乏情感支持和渴望陪伴,对养老金依赖程度和期望值较高。

在调查过程中,不少受访者反映渔村老龄化严重,建议政府帮扶两类村民:一是村里买不起社保的老人;二是水上渔民。在走访过程中,调查人员观察到,绝大多数的老人都期望养老金的幅度能够提高,由于大部分家庭多子女,且多分家或是子女成年工作后已经搬离渔村到本市或外市生活,在这种情况下,尽管存在子女补贴家用的情况,可老人大多不太情愿依靠子女的生活补贴支持日常生活,或是不愿给子女增加负担,但目前的养老金让老人对晚年生活感到担忧,综合三个渔村的情况,每人每月养老金 400 ~ 900 元,因而希望提高养老金补贴额度。此外,渔村的老人多缺乏情感支持,面对独居、身体功能日渐衰老而产生的病痛等困扰,老人在渔村中显得较为孤单,社会网络也多局限在渔村内部的邻里街坊,因此在进村走访时,调研员便发现:很多独居住老人对我们的进村很是欢迎,非常热情地拉着我们聊天,临走时还说"有空多来聊聊"。可见,老人平日是非常孤单的,很渴望有人可以同他说上几句话。

(2)医疗问题:渔民医药支出占比高,为看不起病焦虑。

医疗保障这一方面,大部分的渔民受访者都提及希望提高医疗保障待遇,特别是家有老人的家庭,由于就医(看门诊开药、做检查化验、住院治疗、大病做手术等)时报销的额度都相对较低,多对患重病时付不起医药费用表示担忧和焦虑,甚至小至感冒发烧都不太愿意去医院就诊开药,认为"病不起"。

(3)渔农就业创收愿望较强,同时建议增加休禁渔期补贴。

通过对三个渔村的调查,大部分渔民反映政府的政策性补贴较少,包括渔业相关政策性补贴、医保和社保等。政府关于渔村的相关政策不多,存在政府人员不作为的情况,这对渔村的管理和发展都有一定的影响。

在问卷调查中,多数受访者提及休渔期过长,建议增加休渔期补贴,捕鱼时间平均一年只有 4 ~ 5 个月,而由于珠江污染及自然灾害频发,海上作业变得越来越艰难,而捕鱼的收入更加不稳定,按每天出海捕鱼计算,一天下来的收入,多则几百元,少则几十元,甚至有时候颗粒无收,而由于一些家庭上有老下有小,是大家庭模式。因此,许多渔民捕鱼得来的收入不足以负担生活,甚至入不敷出,于是在走访过程中,许多渔民抱怨道"手停则口停"。

调研期间正值休渔期,不少渔民迫于生活压力,正尝试在岸上找零工补贴生活,如环卫、保安、手工活等,但同时,也有渔民表示"渔民上岸后找工作无人要,且不适应岸上的工作",透出渔民上岸后对陆上工作的不适应感和无奈,建议政府组织在就业方面多给予引导、支持和帮助。

(4)渔民期望改善渔村(社)基础设施。

此外,在调查过程中,新洲渔村(社)的多数渔民表示渔村交通不便,使其对就医时间、消防安全感到担忧。同时,渔民认为同是城市社区,其却并未享受到城市居民的待遇,期望能够完善交通,方便出行。

在新洲渔村(社)中,渔民反映当地的两个现实问题:“救护车进不来”和“道路太小了”,其实表明出入渔村的道路狭小,导致救护车、消防车等均无法进出。渔民对于医疗和道路通行等公共服务保障改善的呼声很高,希望政府能够切实加强这方面的工作。而新洲渔村和珠江渔村的交通问题都比较好,有利于渔民自由出行及获得外援救济。

(5)绝大部分渔民对渔村(社)不抱希望,急切期待将其改制,以便理顺公共服务责任主体。

绝大部分渔民对当前的渔村管理体制感到不满,对管理混乱、办证困难、社保混乱等问题,期望尽快改制。渔民认为,渔业社未能发挥它应有的作用,个人得不到组织保障,希望有个单位组织统筹起来,在渔民有困难时能够获得组织的帮扶,建议“改制要社员一起坐起来商量,要公平公正公开”。但与此同时,也存在对改制持消极态度的渔民,认为渔业社这个单位没有前途,没有集体资产,“单位穷过私人”,无人愿意接受这个单位,改制无从谈起。

(6)渔民希望能到市场售卖自己捕捞的鱼。

在珠江渔村(社)的调查过程中,受访者对于“鱼的售卖”问题反映强烈。由于渔民打鱼后,于市场进行售卖,但市场的卖家由于受到影响,抵制渔民进入市场进行售卖。渔民反映,如果不能到市场进行售卖,打鱼都没有什么用了。本来渔业的收入就不多,很难达到最低生活水平,这对渔民的生活造成困扰。

总体来说,三家渔村仍然专门以渔业为生的人不占多数,年龄阶段集中在40~60岁,年轻人绝大部分都到外边工作和创业,老一辈的人退休(养)了,或在渔村揽一些临工来养老。新洲和沥滘渔村(社)的生活人群也集中在老人群,而珠江渔村(社)情况比较特殊,该村人口总户数不多,但该村居住人口中外来人口超过了一半。

(五)调查不足之处

1. 调研方式或有欠缺

本次调研,没有进行预调查,因而对于后期问卷修改有一定的影响。到户调查访问方式:一方面由于时间、地域局限,很难找到更多的访问对象;另一方面此方式仅可调查初步信息,同一条村居民的生活状况、福利条件大体相同,相应问卷填写内容具有同质性。

2. 客观因素的影响

首先，由于调研时间没有协调好而影响调研进度。其次，由于我们对三个渔村的在村人数、在村时间段了解不足，导致受访群体比较单一。最后，由于问卷设置的难度较大，渔村渔民的知识文化水平低及对问题认知程度差别大，调研效度受到一定程度的影响。

3. 经验问题

由于访员相关的经验不足，加上该类问题比较敏感，开展具体的工作存在一定顾虑，这也难免影响调查进度。村民会一直“吐苦水”、滔滔不绝。很多村民认为这种调研对他们生活没有什么实质的改进意义，有一部分不太配合调研，而只顾聊自己的状况。

4. 调研对象问题

沥滘渔村常驻村民年龄结构偏大，多为传统渔民，既往主要从事渔业相关工作，专事渔业而获得收入较少。村里大多为中老年人，年轻人多外出打工。驻守沥滘渔村的渔民大多在 50 岁以上，从事捕捞工作所获收益在每月 2000 ~ 3000 元浮动，近期因休渔期延长至 4 个月，休渔期每人每月补贴 550 元人民币，年总收入数目下降。子女数目较少，家庭中有劳动收入的家庭人口比例偏低。这在一定程度上影响受访人（样本）的代表性问题。

四、关于海珠区渔村（社）经济组织现状及问题梳理

（一）渔业经济和渔民生计状况

从 20 世纪 80 年代后期开始，由于珠江口污染严重，鱼虾等水产资源大量减少，远海作业成本又太高，迫使广州区域部分渔民上岸做临工。到 20 世纪 90 年代中后期，城市工矿企业工人大量下岗，渔民为了维持生计又回到珠江水域捕鱼或从事水上作业，但工作条件差，生活艰苦。据广州区域不仅限于海珠渔村（社）的有关干部群众反映，大部分渔民趋向转产转业，但最大的问题是缺乏必要的土地、资金等条件。

1. 渔民社会竞争力弱，转产转业困难。海珠辖区大部分渔民年龄较大、文化程度较低，他们只有捕捞一技之长，对接受新事物、适应新环境、树立新观念的意识受到制约，出现“想转产无门路，想发展无思路，想创业无资金”的尴尬局面。同时，渔村集体经济二、三产业滞后，就业容量有限，缺乏经营性土地等资源，渔村（社）集体收入主要靠部分挂靠企业（沥滘有，新洲没）收取管理费及出

租部分物业有限的收入。因此，转产转业难度较大。海珠区虽组织过多场转产转业培训，参与者踊跃，但成功转产转业的渔民不多。

2. 渔业收入增长缓慢，渔民生活负担加重，生活条件较差。近些年来，由于广州区域渔业环境及体制等因素，广州渔民收入增长缓慢，渔民与城镇居民收入差距较大，渔民生活及社区负担加重。首先，由于珠江口污染和过度捕捞，渔业资源数量不断减少，捕捞量随之减少，从而导致渔民收入增长缓慢。其次，近年石油价格上涨，导致船用柴油支出等生产成本增加，同时水产品价格水平相对较低，且受经济大环境的影响很明显。由于市场供应的增加，加上民众购买力相对下降，水产品价格大幅下降。最后，渔村虽位于近郊特别珠江口渔区，自然资源不丰富，集体土地物业资产很有限，致使渔民各项负担较重，而且部分困难渔民拿不到低保，在很大程度上降低了渔民收入和生活水平。随着水产资源的日渐减少，渔民单靠渔业收入难以维持生计，大部分渔民为了增加收入，在休渔期或空闲时，纷纷上岸做临工或靠拣废品来帮补家计，但渔民收入总体上远低于海珠农民的收入水平。虽然渔民基本上都有自己的房子，但三代同堂，五六口人居住在二三十平方米的小房子甚至窝棚的现象依然可见。

3. 渔民自身发展力有限，就业渠道单一。近几年来，随着属地政府渔村教育培训投入的增加，渔民受教育程度相对增强，综合素质也有所提高，但渔民仍是一个庞大的文盲、半文盲群体。知识的有限性使大部分渔民只能依靠捕捞为生，再加上缺少非渔技能，其渔业生产和捕捞方式相对落后，渔业本身收益受到限制。渔业结构进行调整后，大量渔民需要转产专业，由于渔民素质较低，缺少岸上谋生的基本技能，转行就业机会很少，就业渠道单一。再加上外来及剩余劳动力人口增加，就业竞争加剧，对广州渔民的再就业构成更大的威胁，从而导致渔民生活更加困难。

4. 老年渔民社会保障问题比较特殊。近年来，随着人们生活水平的提高，医疗条件的改善，广州市逐步面临人口老龄化的社会冲击，尤其是渔村老龄化问题突出，年老退休渔民的生活保障无着落，除了其少部分人可领取非常有限的困难补助外，不少人认为符合条件却享受不到城市居民(下岗职工)的低保。这些老年渔民生活供养主要依靠家庭解决，由于渔业生产不景气，家庭成员的收入仅够维持基本生活，对老人供养也越来越困难。另外，随着城市化发展，渔村年轻一代观念改变，子女与老年人分居的情况较为普遍；独生子女的增多使家庭小型化趋势越来越明显，这也给老年人的供养和保障带来一定的挑战。在计划经济时代，渔民养老保障除了家庭供养外，集体供养也是其中的主要方式，但在体制转轨后，原以集体提供的养老方式随着集体瓦解逐渐解体，而渔民又无土地物业作为生计保障,老年渔民退出劳动领域后部分仅靠有限的生活补助养老艰难。部分渔民虽然基于渔改上岸政策拿了补助,但早已使用殆尽;由于渔村(社)集体财产无公共积累,集体经济名存实亡,部分老年渔民仅靠低保补助而生活艰难。因此,老年渔民养老问题尖锐,普遍缺乏完善的养老、医疗等社会保障。虽然政府扶持大部分渔民参加了养老保险(40 岁以下外出务工者参加了职工社会保险,40 岁以上的大多参加政府扶持的居民养老保险),但仍有部分自身经济条件差,其养老保障并不乐观。目前,海珠辖区的渔民基本参加了合作医疗,但考虑到渔民的经济收入不高,渔民每人每年只上缴几百元的医保费。因此,渔民群体的医疗统筹基金少,渔民看病的门诊费自理,住院费用报销低。

(二)渔村组织建设的现状及问题

1. 渔村(社)管理人员文化普遍偏低,整体素质与工作能力不强。受文化水平限制,基层党员干部理论水平不高,思想观念陈旧,对中央及地方相应的方针政策不太了解或理解。带领渔村经济社会发展特别是群众致富的能力不强,为渔民争取提供社会化服务的内容和形式单一,组织渔民进行规模化、产业化经营的能力偏弱,难以担当统揽渔民新社区建设和治理的重任。

2. 渔村(社)组织普遍存在"权威型""号召型"的传统管理方式和思想观念。渔村一级行政建制不健全,现有所谓的组织机构及负责人如党支部及书记、渔业分社或公司财会等,基本沿袭原白云渔业联社旧体制的产物;其具有历史形成的自我管治意识,也有欲望为渔民争取一些好处。但他们处于现代村社治理体制转型的遗漏部分,虽然享受到中央和省市的某些政策惠利,但并未纳入所在地城市化改制进程或公共服务均等化的范畴,由于体制欠理顺、组织不健全,基层政府或社区组织也无法解决其实际问题。加上渔村(社)小家族、小团伙思想严重,在公共决策或协调行动时多考虑小群体的利益,既缺少为渔村(社)公共事业管理服务的意识,更缺乏争取对渔村(社)公共事业投入的资源条件。少数干部"官本位"意识和宗族观念浓厚,民主法制意识不强,群众观念淡薄,缺乏为民服务意识,作风武断、方法简单、态度消极、说话生硬,把自己凌驾于群众之上,造成干群关系紧张,严重影响其群众威信,基层党组织也缺乏凝聚力。

3. 渔村(社)干部源于传统的指定方式,缺失换届选举及履职保障。原由渔业联社指定任命负责人的公开性、公正性较差,未必拥有群众基础,威信不大;缺乏强有力的组织保证和履职保障,其执行力自然也不强。渔民群众的民主权利意识不强,对传统的渔村(社)组织没有换届推举的理念,缺乏参与热情,认识不到自己的民主权利,认为怎么都行,谁管事都无所谓。

4. 上级监督不到位,外围监督不力,渔民民主监督意识不强。原渔业联社及辖区政府对渔村(社)的监督均有缺位,特别是辖区街道暨社区组织对渔村(社)因无正式接管而未能全面监督,以渔村(社)自治管理为由,连本应属于管辖区域公共服务职责范围的活动也不敢作为,加剧了其组织涣散程度而无法积极作为。渔民未能充分行使自己的权利,存在不想监督、不愿监督、不会监督、不敢监督的问题,更由于渔村社务、账务不公开,渔民根本无从对干部进行有效监督。正由于没有一个有效的监督机制约束渔农组织,导致权力难受制约,侵害群众利益的现象成为组织运行不良的突出问题。

(三)渔村(社)集体资产及渔民家庭资产状况

1. 关于土地资产

海珠辖区三个渔村跟其他渔村一样,都缺乏足够的土地,农用地是绝对没有的,各村靠近其渔船码头历来沿用的是渔民上岸居住建房的宅基地及一小块集体物业用地。其中,新洲渔村 1100 余人渔民聚居占用约 60 亩的土地源于原广州郊区新滘公社渔业大队,沥滘和珠江渔村渔民人口少,所占用的土地面积也较小,大约 10 亩。该三块用地的权属性质应当属于渔村集体。各渔村所有家庭基本上都有一处宅基地,小部分富裕家庭可能有两处,平均面积为 100 余平方米,贫穷家庭只有 30 ~ 40 平方米。但也有个别家庭没有宅基地,仍住在船上或者临时搭设的窝棚中。

2. 关于家庭拥有的其他资产

渔村绝大多数居民家庭在上述聚居地拥有一两层的宅基地房屋,户均面积 100 ~ 120 平方米,少数中等偏富裕的家庭居住面积可能超过 150 平方米,且因捕捞生产,基本上都有一艘渔船和相应的马达,以及 20 张左右渔网,基本上是近十年内购置的;贫穷家庭则很少拥有渔船。比较富裕的家庭基本上有电视机、冰箱、摩托车或电动车等,还有小部分家庭拥有饮水机和空调;中等家庭家基本上拥有电视机、电话、手机,有一部分家庭拥有冰箱和摩托车,没有家庭有饮水机和空调。据了解,冰箱主要用于冰冻捕回来的鱼。贫穷家庭家里只有电视机、电话,有一部分人什么配置都没有。

3. 关于集体收益与渔民家庭收入

就集体经济而言,三个渔村几乎均无形成一定规模的集体资产底子,除了各有一小栋不足 200 平方米的办公物业或临街几十平方米的铺面用房外,似乎再无其他收益可观的集体资产；现有组织管理及公共服务的开支主要源于部分渔船的管理费及有限物业的租金收入，没有像一般村社组织那样可获得传统上级组织（渔业联社）或所在地政府必要的公共财政支持，似乎游离于现行的行政管理体制之外，完全由其自身量入为出、自济自足，甚至反映街道拟安排的公共环境卫生保障经费都无法支付到位。若就渔民家庭而言，较富裕家庭基本上有成员外出打工，人均年收入为 3 万元以上，中等家庭的年轻人都在外面打工，人均年收入大概为 2 万元，贫困家庭基本靠临工活收入或亲戚救济。在渔业补贴方面，享有四项政策待遇：休（禁）渔补贴、油价补贴、更新改造补助、减船减产补助。2016 年海珠符合休（禁）渔补助申请资格的渔船共 210 艘，符合补助条件的渔民对象共 444 人。其中，申请禁渔补助的渔船 104 艘，符合条件的补助对象 208 人；申请休渔补助的渔船 106 艘，符合条件的补助对象 236 人。按照《广东省休（禁）渔补助实施方案》补助标准，禁渔船员每人每年补助 1100 元，休渔船员每人每年补助 1500 元，两项补助共计发放 58.28 万元。2016 年度海珠区申请需更新改造渔船共 6 艘（其中新洲渔社 2 艘海洋船已拆解；沥滘渔社 4 艘内河船），共需资金 132 万元，补贴标准按《广州市国内渔业捕捞和养殖业油价补贴政策调整总体实施方案》（穗海〔2016〕74 号）执行。需减船转产渔船共 103 艘（新洲渔社 73 艘其中海洋船 42 艘、内河船 31 艘；珠江渔社内河船 10 艘；沥滘渔社内河船 13 艘；江海街海洋船 5 艘；华洲街内河船 1 艘；赤岗街内河船 1 艘），共需资金 2212.88 万元，补贴标准按《广州市国内渔业捕捞和养殖业油价补贴政策调整总体实施方案的通知》（穗海〔2016〕74 号）执行。海珠发放有捕鱼证的船主一年柴油补贴总额为 300 余万至 400 余万元（如 2015 年发放 465 万元，2016 年发放 315 万元），若按 530 个渔民计算，人均为 5000 ~ 8000 元，事实大多数渔民是拿不到该平均数的。此外，无论打工还是外嫁给家里的钱都不过每年一两千元和一些衣物。

（四）关于基本形势的判断

1. 外部环境的变化

与 20 年前相比，外部环境发生了很大变化。普遍认为，过去 20 年来收入来源多了，家庭生计非以捕捞打鱼为唯一途径，年轻人外出打工赚钱机会多了。从捕鱼水域环境来看，普遍认为由于工业生产的原因，珠江水域污染严重，由此导致珠江口的鱼种类和数量均下降，部分鱼类绝迹。从捕鱼范围看，由于他们以往捕鱼时间是全年，但春、秋季的鱼比较多，主要是因为水温影响和春季鱼的回春，以前这种季节规律比较明显，现在不明显了。加上珠江水域及近海近些年禁渔期限较长(4 个月),他们也无法再进行常年的捕捞作业。

2. 社会地位和生计变化

既往 20 年来,很少有人更多地投资于捕鱼设施和渔船,因为他们觉得没必要,现在鱼类少了,投资也捕不到鱼,有小部分能感觉到捕鱼技术进步,从以前的手动划船变成现在用马达了。但他们也认为捕鱼不是增收的良好选择,也不希望他们的孩子将来继续捕鱼。唯一期望是将来自己的孩子能够通过打工赚钱,使家庭富裕起来。而对于自己,还不知道有什么其他增加收入的途径。上岸的渔民对农业生产基本不参与,也没有参与的技能等条件,似乎没有其他足够的求生活路可以选择的。

3. 市场、贷款与地位

渔民主要通过市场价格决定卖哪种鱼,都是打完鱼自己拿到街上去卖,基本不用通过中间商,主要因为现在打到的鱼类比较少。借钱、贷款的情况也比较少。

4. 捕鱼知识与技能

大部分渔民的捕鱼知识与技能是祖传下来的,他们基本上都是在读完初中之后就跟家人参与捕捞,主要以经验去判断和捕鱼,没有接受过捕鱼等相关培训,很少有人懂得现代渔业捕捞及养殖的新知识。

5. 社会、政治及非经济因素

据调查,渔村组织管理人员联系主要是通过电话和登门拜访,其主要工作是处理传统渔村(社)日常管理,事务性工作较多,由于渔村组织只有一个,所以大多数人都没有选择或者认为没必要选择。对于传统的渔村组织,大家普遍认为其能力有限,虽可代表大家,但很难解决实际问题,提供不了很大的帮助。朋友、亲戚平时有相聚,但不频繁,在一起主要是聊天,相互提供一些信息交流沟通。被调查人都没有被排斥在渔村社团组织之外的现象,渔村组织也没有为不同家庭设定捕鱼范围。

6. 与行业管制相关的政策

据调查,捕鱼要有捕鱼证,捕鱼证由上级渔政队颁发,每年要上交资源费,但对捕鱼的地点和数量无相关规定。大部分被调查人都不清楚渔村的规定和政府的规定,也不清楚其影响。但是工业生产、水上交通运输等,造成的污染导致鱼变少了或者不可食用了,对他们捕鱼产生了较大的影响。

7. 改制的基本设想及动议

海珠区渔村改制实质是要把渔村整体“搬进”城市,即意味着让渔民、渔村

(社)完全融入城市社区,可适当维持并拉动渔业产业链。不过,一说到城镇化,人们自然想到或探讨较多的是农村与农民的城镇化,但国家对于渔村改制政策辐射并不到位,政策扶持相对薄弱,对涉渔人口基本视为一个边缘化群体,渔村(社)、渔民的城镇化往往被淡化而形成政策盲区。随着城市和工业用海增多、渔业养殖产业化规模扩大,传统渔民生存空间也受到挤压。海珠的"城市渔村"若要焕然一新,关键在于促使渔民融入城市,把渔民变身市民,和城市居民享有同等待遇;同时,将渔村改造成为特别的城市景观区域,渔业文化、传统习俗等也能得以体现。如此,不仅要从形态、产业、功能上创造全新的理念,而且要颠覆传统体制的束缚,渔村集体资产及渔民个人财产也可实现交易,这对渔村城镇化具有一定的参考意义。其改制探索的示范意义不仅在于村容村貌等表面形态的变化,更在原旧的体制机制是否被打破,是否完全纳入城市化社区治理范畴。故对于旧的体制机制是"沿袭"还是"打破",是一个根本的评判标准。若将"都市渔村"彻底打破原有体制,它就不再是传统意义孤立的"渔村"的概念,而要真正形成一个城市新景观或城市渔业综合体,真正把渔民变成市民或变成渔业产业工人。无论是就业形态还是产业发展形态,乃至治理形态等,均会发生根本性的转变。

五、海珠区渔村社区化管理改制与公共服务创新的必要性

加快完善海珠渔村社区管理与服务保障体制,不仅是广州城市更新背景下社区建设对渔村(社)历史遗留问题开展清理扫尾工作的必然要求,也是促使渔民上岸安居乐业对社区管理与公共服务保障的普遍需求,更是弥补渔村社会管理与服务体系缺陷的迫切要求。

(一)城市新社区建设背景下渔村改制转型的特征

融入城市社区建设在于实现社区资源要素的优化配置、人居环境的改善、社区管理体制与治理机制的协调改进,导致有别于传统的渔村居住和组织形态的新型社区形态的形成。新型渔村社区一般具有以下特征:一是居住形态集中化。新型渔村社区人口更加集聚,居住人口根据社区规模适当地安排,必然要求社区管治模式的转型与重构。渔民集中居住在一定程度上带来生活、居住成本增加,以及就业、就学、医疗等方面的问题,要求新社区组织管理和服务体系化解决。无论是渔民回迁,还是城市居民购买商品房,完全混合居住新开发的公寓住宅,按照社区划分管理,一视同仁。二是社区结构多样化。新型渔村社

区将打破传统以户籍和渔民身份为基础的居住方式,人口结构的多样性增强;随着渔村经济社会的发展,渔村社会阶层呈多样化。比如,渔村新社区居民不再仅仅依靠渔业谋生,而是更多地转入第二、三产业领域,双重职业身份的居民增多,使新型渔村社区的居民身份出现复杂化特征。三是治理主体多元化。在新型渔村社区建设过程将出现失地的居民、外来养老的居民、外来务工人员、渔民合作组织、渔业公司等新型主体,成为新型渔村社区建设的参与者和主要服务对象。他们从维护自身权益出发,必然对新型渔村社区组织管理和服务提出更高的要求。由此将形成社区党组织、自治组织、合作经济组织以及其他社团组织合作共治的新型社区治理格局。

(二)城市化渔村新社区的管理需求

城市化渔村新社区是一种新的社会管理和服务形态,其社会环境与社会管理关系将发生很大变化,形成多样化的治理需求,迫切要求建立健全新型渔村社区管理和服务体系。一是利益诉求增多。新型渔村社区利益格局复杂化,利益纠纷增多,涉及征地拆迁、居民就业、基础设施建设、社区服务、矛盾调解等事务增多,财产利益、发展利益、社会保障等诉求增强,社区管理面临新挑战,亟待新型渔村社区服务和管理能力的提升。二是民生诉求凸显。由于历史和现实的原因,渔村(社)转型的民生问题突出。首先是就业问题。渔民集聚合之后,有的渔民失去了渔船,有的渔民转入第二、三产业工作,但由于他们一般缺乏现代劳动技能,往往出现再就业困难等现象。其次是社会保障问题。例如,居民子女的教育问题,居民的就医、养老等问题。最后是文化生活诉求激增。渔民集聚以后,随着身份的转换和生活方式的变化,居民的文化需求增加。三是民主诉求增强。由于市场经济的发展和村居与渔村社区利益关联度的提升,渔村新社区居民的思想观念也会发生变化,民主法治意识增强,民主诉求也较传统社区和城市社区更为凸显。由于涉及居民诸多利益问题,他们要求参与社区治理的意愿会增强,希望作为"社区人"更多参与社区公共事务管理与决策,这将对传统社区管理体制和服务模式提出新的挑战。

(三)渔村(社)现行管理体制运行的掣肘

广州现有渔村管理模式是在20世纪90年代随着市辖区镇行政体制改革调整后,自然沿袭原白云渔业联社所辖渔业分社的遗留产物,并非所在行政辖区承接并融入其"村改居"社区形态。传统管理模式在过去的20余年里基本是各渔村(社)自行组织管理运作,在如今城市更新的新社区建设过程中,存在不适应的问题:(1)渔村(社)自行组织承接政府对社区的公共服务勉为其难。当前渔村(社)工作面广量大,任务繁重,与其拥有的职能权限和人员力量极不相称。主要表现在:权能小而责任大。让其承接大量的行政事务,因其组织不拥有行政权,故有些工作完成不了,同时其所承担的责任却不小,上级组织与其签订消防安全、计划生育、维稳等系列"责任状",一旦出事,其管理干部将被问责。渔村(社)工作人员反映:街道及居委会工作检查事务多,牵扯其不少的精力,导致为渔民们服务的时间少。待遇低,经费少。工作人员普遍反映收入水平低,工作付出的劳动与收入水平相差较大,与其他社区工作人员收入水平无法相当。此外,管理和服务经费保障也是困扰着渔村治理的较大问题。渔村(社)开支不断增大,已远超出其自筹自济能力,无财政拨款支持,渔村(社)收益捉襟见肘,维持渔村(社)日常正常运转显得窘迫。(2)渔村管理组织统领渔村社区内事务力不从心。渔村(社)管理运行始终绕不开"钱"的问题,由此产生两大矛盾:一是在渔村各类公共产品和服务供给主体上政府与村社之间的矛盾(谁出资);二是在渔村治理发展主体上渔村(社)与其他组织之间的矛盾(谁主导)。但在现实中,就提供公共设施和服务而言,并不总是由政府出钱,渔村的公共产品供给,有的是政府性的,有的是渔村自筹性的,有的是政府与集体合作提供的。因此,当社区的公共设施建设和公共服务提供处于中间状态时,该建设即使亟须,在此格局下也因为部分渔民的不认可而流产,从而影响渔村公共设施和公共产品的有效建设或供给;在发展集体经济方面,尽管渔村(社)干部兼任渔业公司干部,但其无法对各有限的集体资产进行有效整合,从而导致渔村(社)集体经济难以实现可持续的突破发展。

六、海珠区渔村改制暨新社区建设的方针、原则及路径

(一)基本方针

1.发挥政府主导作用,助推城乡一体化进程

渔村改制暨新社区建设重在改变渔村管理体制及治理结构的缺陷,加强渔村组织平台建设,引导转产转业,发展合作经济,促进城市基础设施向渔村延伸、城市公共服务向渔村覆盖、城市现代文明向渔村辐射。基本做法是:把渔村融入城市社区化属地管理范畴,因地制宜的完善社区治理结构;把城市更新"三旧改造"工程和渔村基础设施建设工程紧密结合起来,推进城市化社区建设;整合资源,整体推进城乡基础设施建设,促进渔村改水、改厕、改路,全面改善渔民

生产生活条件；同时，加强渔村教育、文化、娱乐、体育等设施建设。

2. 借助城市更新暨“城中村”改造的机会，构建集中安置渔民的有效载体

借助毗邻城市更新社区改造建设的机会，协调衔接或同步搞好渔村改制建设的规划、管理和整治，推进一体化，提高辐射力、带动力，通过城市更新改造实现对渔村改造、渔民集中安置的有效对接，同时积极地引导开发渔村经济新业态。

3. 规划先导，因地制宜，有序推进

重视编制渔村改造建设规划，并注重与城市化社区建设改造规划相衔接。要按照新城市新社区的建设要求，结合各渔村的区位条件及社情民意，积极谋划并深化和细化，因地制宜，分类施策，选择不同的模式，遵循不同的路径，规范设计并有序推进改制暨新社区建设。

研究出台积极扶持的政策，在财政、用地、规费减免等方面支持渔村社区建设。城市更新社区建设，既要着眼于改善村容村貌，又要从当地实际出发，尊重渔民的意愿，充分考虑渔民的承受能力；又要便于渔民生产生活。三渔村的基础条件差异较大，改善村容村貌的工作起点也有差别、过程有快慢、水平有高低，切合实际，统一规划，分步实施，因地制宜，稳步推进。建设城市新渔村，渔民是主体。对推进城市更新渔村改制，必须立足“从各村实际出发，尊重渔民意愿”和“通过渔民自觉参与和国家政策扶持”两大基石。只有坚持这两点，渔村改制建设才能在符合渔民意愿、带给渔民实惠、得到渔民拥护的基础上扎实稳步地推进。

(二)基本原则：实施村社一体化，完善渔村社区治理结构

建议因地制宜的在各渔村区域开展社区建设，强化社区自治与服务功能，全面撤销原渔业联社所属分社管理机构，促进渔村组织扁平化。以后渔村实行村社合一的体制，并将与渔村合作经济股份制改革联动，构成基层社会治理体制机制创新格局，助推城乡一体化。针对既往渔村管理体制存在的渔业分社法律地位缺失、渔村空心化、社企不分等历史遗留问题，明确坚持村社一体化完善渔村社区治理结构的方针，从外部管理体制和内部治理机制两个方面对渔村社区进行创新改革。“村社一体化”主要是指借鉴城市社区组织设置与运行模式，改革传统的村庄体制模式，调整设立渔村社区党组织、居民自治组织、社务监督委员会、社区股份合作组织或公司，实现原渔村体制和社区体制的合一。

(三)基本路径:推行"渔村—社区—合作经济组织"的模式

集体经济底子薄弱、公共基础设施建设滞后、公共产品和社会化服务短缺,是制约海珠渔村经济社会协调发展和实现城市化社区转型的重要因素。新型渔村改制过程,可借鉴城市化转制社区建设的理念和成功经验,探索推进渔村新社区建设。政府要在改善渔村基础设施条件的基础上,帮助指导建立城乡一体化的公共服务和社会管理体系,提高渔民群众的生活品质。创新渔村管理体制与治理机制,必须打破城乡二元体制与孤立封闭的治理机制。现代城市化社区建设和治理要有一定数量的人群、一定范围的地域、一定的生产和生活服务设施以及其他共同资源和共同利益、一定的共同活动和相应的公共管理权威及社会规范。而渔村新社区在此基础上还应当突出渔村特色,以整合资源、改善设施、发展经济、实践民主、提高社区群众物质文化生活水平为根本,促进渔村和谐健康发展。

渔村(社)、社区、合作经济组织之三者关系的协调处理和发展,对渔村改制暨新社区建设开展关系甚大。在"渔村—社区—合作经济组织"模式中,三者之间的矛盾并不突出。在法律上,村、社区、合作经济组织均属于法定的平等主体,其若不协同配合工作就会产生矛盾冲突。一是形成明显的"两张皮"。各管各的,社区难以统筹安排有关公共事务和公益事业,政府布置的工作既要到社区,又要到渔村经济组织。一些通过股东选举产生的合作经济组织负责人不配合街道、社区的工作,就会让社区的凝聚力、协同性下降。二是制约社区统筹发展和村庄规划建设。对于新社区建设,群众期望值高,其中自来水安装、路灯安装、道路硬化、文体活动设施建设等项目需要投入大量的经费,而社区自身没有很多的"造血功能",财政支持有限,资金来源缺乏,所以需要集体经济的支持。社区集体经济合作组织若没有全局观念,容易使村庄整治、基础设施建设以及社会事业、公益事业等各管各的,资源整合无从谈起,从而导致社区总体规划和建设难以落实的情况。三是集体经济底子薄弱。合作经济组织是依法管理经营渔村集体所有的资源性资产和经营性资产,是集体资产经营活动的法定主体。在管理上,合作经济组织既拥有所有权,又有经营管理权,社区党支部和居委会自然管不了,有些合作经济组织班子不是社区干部,没有养老保险等待遇,甚至连工资也难以保证,他们发展集体经济的积极性普遍不高。

成立"渔村—社区—合作经济组织",不仅是渔村新社区建设的需要,同时也有法律和政策的支持。海珠的转制社区基本上都是以原单村形式理顺了"一村一社区"关系,为三个渔村的转型改制提供了借鉴。《农业专业合作社法》

《广东省农村集体资产条例》《广东省农村集体经济组织管理规定》等在法律和政策上提供了支持。当然,推进渔村的转型改制,不搞“一刀切”,要采取灵活的方式,因地制宜地选择合适模式,才能妥善处理好村社“融合”问题。“村社并账”,适合集体资产量较少,各项收支基本平衡的渔村,可以根据渔村集体资产设一基准值,超过基准值的部分用于社区建设发展。由于各渔村集体资产、社员福利有一定差异,政府近期可能实施征地改造政策不同,缺乏群众认同感的,可以成立新的合作经济组织,承担集体资产统一经营、公共事业发展建设等职责。也可以探索现将集体资产按股份量化到原渔村域内的渔民社员,集体资产妥善处置后再实行社区股份合作制。另外,涉及“联合建社”的问题,对有特殊原因或同毗邻村社有合并条件,双方社员群众认同的,可以选择在街道协调下“联合建社”,发展壮大集体经济,统筹新社区建设;同时还可有更大胆的设想——若把海珠辖区三个渔村(社)合并考虑,即共同推进村社一体化,各自组建股份合作经济组织(包括公司形态)或经济社,协调组建一个渔业经济联合体(包括资产公司)或经济联合社,不失为“统筹谋划、一步到位”的改制模式或策略。

七、海珠区渔村(社)管理改制与服务创新基本方案

(一)海珠区渔村改制面临的现实问题

1.融入新型城市化社区的渔村转制及治理组织建设,广州尚无通行或可借鉴的成熟模式暨明确定位

即使如番禺(莲花山四条渔村)、黄埔(鱼珠九沙围)等地的先行实践探索,也是采取因地制宜、借助特定时期的政策协调进行属地化统筹安置,但至今仍存在一些遗留问题(突出表现如普遍缺乏发展用地或与邻村组织存在土地权属争议,集体经济底子薄、基础差,组织发展渔业类或新型合作经济的主客观条件均不具备)尚未解决,基本上依靠辖区政府有限的财力支持维持日常运转。而就海珠辖区三个渔村(社)而言,其不同于番禺、黄埔等地原本存续行政与行业的管辖关系,且沿袭原有的村社组织建制基础,却在无任何历史管辖关系的前提下,基于行政区划调整、渔业产业改革与纳入属地管理的要求,让海珠区承接原白云区及其原渔业联社体制遗留问题;特别是在三个渔村(社)的社情民意和基础条件差异较大的情况下,合理设计统一改制方案及付诸顺利实施工作的难度可能较大。

2. 渔村集体经济极其薄弱，产业结构残缺，组织化程度较低

海珠区三个渔村（社）虽各有一小块集体土地及少量的物业，但产业单一，主要是捕捞业并未形成合作经济的基础实力或者适度规模，基本上是单家独户作业形态；第二、三产业（如水产品加工、运输、贸易、旅游、餐饮等）发展滞后或空白，未形成产业链，与现代渔业的专业化分工和产业化经营相去甚远。传统的捕捞业经济效益低下，中老年渔民基本维持糊口生计，青壮年大都外出打工谋生，新型合作经济不成气候，跟外部几乎也无经济合作。然而，相对封闭的渔村社区管理服务等维持日常运转的开支较大，如果自身缺少足够的资金积累和稳定的创收渠道，保障比较困难。尤其是渔村社区缺乏承接上级政府开展统筹城乡公共服务保障支持的规范组织载体，社区内部的渔农或经营户各行其是的状况，使社区统筹和协调能力差，资源整合利用程度低，更加削弱了社区公共建设和公益服务的保障。

3. 渔村基础设施相当薄弱，服务设施不健全

就客观而言，长期以来，政府对渔村公共基础设施建设投入不足、历史欠账严重。海珠区三个渔村的村容村貌呈现杂乱不堪的景象，与周边的城市化社区或改造中的“城中村”形成鲜明反差。其主要表现为：三个渔村虽都临水临路且位于城郊道路末端，进出及村内路巷狭窄，陆上交通不便；公共服务及办公设施不全且陈旧，包括原渔港作业码头设施设备老化或破损严重；缺失水产品交易市场及加工场所；渔船装备水平总体落后，机动船能耗不断增加；村容也不整洁，社区环境不雅观，邻近水域环境较差，“握手楼”鳞次栉比，电线东拉西扯，社区内供水供电、垃圾及污水处理等设施不全；文化娱乐等公共配套设施更为匮乏，渔村内缺少购物消费场所，医疗卫生、教育和社会福利事业发展滞后，依靠毗邻社区附带提供服务。

4. 渔村社区管理体制不顺，社区治理体系不健全

我国渔村改制及其社区建设在总体上刚起步，并无成熟模式或者统一的政策指引。渔村社区化管理体制及其治理机制还不健全，尤其是广州海珠辖区的三个渔村改制，因其特殊的体制因素而滞缓于黄埔、番禺等地的渔村，似乎被长时期遗忘或者搁置了。其实从根本上讲，渔村改制及其社区建设主要依靠属地政府的组织推动，而长期以来政府对渔村的历史欠账较多，更无从谈起社会资源的有效投入。如今，海珠区三个渔村仍保留原白云渔业联社—分社计划体制的空壳，“社企不分”和“党社不分”并存，自主管理运行；都缺乏规范的管理机构及专业人员，似乎由渔社党支部统管一切，社区治理机制不健全，其管理和服务不到位，难以适应渔村社会转型发展和渔民的现实需求。

5. 渔社组织管理认识不到位,管理人员力不从心

渔村现有管理人员基本上是由原渔社组织沿袭下来的,他们的文化知识和年龄结构普遍欠佳,没有接受过社区管理的相关培训,缺乏创新发展思路,没有渔村年轻精英的参与或发挥带动作用,因而在组织推进新社区建设、盘活利用资源、沟通协调、化解矛盾等方面势单力薄或者力不从心;加上管理干部工资、福利待遇低,严重影响其工作持续性积极性的发挥;具体工作仍受原计划体制的影响,工作作风不够端正,为民服务意识淡薄,过于注重烦琐杂务而疲于应付,怕难怕烦,得过且过,缺少组织的正确引导和激励。另外,缺乏内外必要的监督管理,群众意见比较大,也增加了社区工作的困难度。

6. 渔民群体对新型城市化社区发展期望较高,但由其自行转移或融入城市化比较困难

对新型城市化社区发展方向的渔村转制及治理组织建设,渔民们"等、靠、要"的思想较重,普遍希望上级政府能够组织协调好并将其完全纳入毗邻社区接收管理,或者政府保障他们自成一体而进行新建社区管理,但要他们自行谋划参与城市化转移的积极性不高,唯望属地政府能够包揽渔村各项基础建设和公共服务,渔民普遍对政府长期以来的"冷落"抱有不满情绪,缺乏社区自治管理的参与热情和能力,亟须政府暨基层组织的引导和培训。由于渔村二、三产业发展滞后,大多数渔民普遍存在年龄偏大、文化偏低、技能偏少的劣势,缺乏从事其他行业的技能,上岸转产转行暨融入城市化生活的难度较大。

(二)海珠区渔村(社)改制组织类型及转制模式

调研发现,渔村社区组织管理与公共服务体制改革创新应当结合各渔村的社情民意及基础条件的特点,选择不同的改制路径或者模式。总体要求是应当纳入所在地政府统筹城乡一体化管理及城市化新社区建设发展的部署,积极引导各渔村切实调整产业结构,健全融入城市化社区的管理体制和治理结构,促进渔民自治组织创新暨带动新型集体合作经济的转型发展。

1. 基本的组织类型

(1)渔民专业型合作经济组织。该类渔业合作经济组织是以渔民个人或渔户家庭独立的财产权投入为基础,抱团协作经营的经济组织形态。在市场经济条件下,当捕捞许可证为家庭和企业等纯经济组织所有时,家庭经济、渔船股份制经济和企业的活动目标是追求利润最大化,当企业经济利益与公共利益发生冲突时,经济主体就会放弃公共利益去追求私利,必然导致渔业资源的过度利用。因此,政府依法引导拥有捕捞许可证的承受人,接受主体主要是原渔村

(社)组织的捕捞渔民及渔业经营户。政府鼓励原渔村(社)组织的渔民参与渔业合作经济组织,既要提高市场经济效率,又要兼顾社会效应,实现渔业经济的可持续发展。传统渔村(社)组织制度的演进,确立渔民家庭经营的生产自主权和生产经营收益的分配权。政府引导渔民专业合作组织获得国家水域资源的渔业权后,扮演国有资源所有者的角色。我国捕捞渔民都是属地管理,任何渔民都应属于某一集体。因此,政府引导渔民专业合作组织应当建立在原渔村(社)集体的基础上,注重捕捞专业合作与渔村集体的组织融合。以原渔村(社)集体为基础建立渔民专业合作经济组织时,由于渔民的属地管理性,属于该集体范围的渔民可能别无选择地成为合作经济组织的成员,但是,渔民专业合作组织必须奉行成员自愿加入、自由退出的原则,有别于传统计划体制的集体渔社组织。

(2)市场主导型企业组织。经济增长和社会发展依赖于产业分工程度。渔业经济的发展转型,不仅与渔业生产本身密切相关,而且与渔业生产上下游产业活动密切相关。生产与营销的分离使独立分散的小规模家庭与私有制捕捞渔船经济难以适应市场竞争。在市场经济机制下,交易成本是水产品生产和进入市场的关键。当外部市场交易成本过高时,分散经营就会表现出低效率。生产家庭和股份制捕捞渔船经济组织适应市场经济体制,是渔业生产经营过程中效率较高的经济组织形式。不过,从渔业生产上下游经营过程看,并非合理的组织形式。为了提高渔业生产经营效率和提高渔民维护资源利用权的意识,应当降低交易成本,提高其家庭作业和股份制捕捞渔船经济组织的效益。市场主导型企业组织运作以市场机制为主导,具有趋利性和开放性,其可以是不同区域各类主体组成的地域开放性、所有制开放性的合作经济组织,也实行自愿互利、民主管理的原则。当然,市场主导型企业组织不排除政府引导和社区凝聚的非主导作用,这类组织的根本特征是面对市场,由渔民及经营户自主选择。

(3)渔村(社)集体主导型股份合作组织。渔村集体主导型渔业合作经济组织是以明确渔民个人或渔户家庭的股份权结合集体积累投入为基础,并由集体统一经营的经济组织模式。渔村集体主导型渔业合作经济组织向来就是渔业捕捞权的承受主体。渔业合作经济组织获得渔业捕捞权后,应根据村社集体组织的发展实际、社会发展目标,坚持市场经济机制和公平公正的原则,将渔业捕捞权配置给家庭。同时,在资源资产量化实行股权配置和管理过程中,渔村集体应发挥合作经济组织的协调功能,组织生产经营,壮大规模,引导产业结构调整,推动渔业经济增长,实现股东福利最大化。由于渔村集体产权主体虚置、经营分配不规范、社企界限不清等现实矛盾,加上其受到资金、债务、观念等因素影响,存在对发展集体经济认识不足、缺少盘活集体资产的平台、经营集体资产手段单一等问题,制约着渔村集体经济转型发展。为此,规范推行渔村社区型股份制改革具有可行性,在某种程度上可弥补渔村组织化管理和社区治理的空白。

2. 可选择的组织形态

(1)组建渔民专业合作社

渔民专业合作社,是指渔民按照自愿联合、民主管理的原则组织起来的互助性生产经营组织,其通过渔民(户)及渔业经营户的合作与联合,不仅要解决传统捕捞渔民家庭经营存在规模小、经济效益欠佳的缺陷,还要通过技术、资金等合作,带动捕捞及渔业养殖、加工、销售等集约化经营。实践证明,渔民专业合作社在解决分散的小规模经营与水产品大市场的矛盾方面可发挥重要作用。在渔业市场化进程中,小规模经营渔户面临市场信息、生产资料和水产品价格、市场竞争和交易条件,以及水产品标准、新技术应用等多方面的困难,发展专业合作社是解决这些困难的有效形式之一。渔民专业合作社是一种互助性的营利性组织,对现有的渔村(社)进行组织制度变革,重在健全章程制度、完善运行机制、明晰产权关系、规范内部管理。当然,也可促进合作社与企业的合作。针对目前渔村(社)规模较小、缺乏加工设施、市场信息不灵、应变能力弱的状况,政府部门可根据合作社主营项目、生产规模、管理水平、产品质量,帮助其寻找经营项目接近的企业,促进双方合作,建立起"企业＋合作社＋基地＋渔户"的规模化经营模式,由企业提供生产标准和产品质量标准,提供苗种等生产资料,合作社组织基地和成员按照标准进行生产,产品由企业负责收购,作为加工原料或直接销售。也可以引导部分企业参股合作社,作为企业加工的原材料来源基地,以企业的优势带动合作社发展。如此,企业和合作社可以资源共享、优势互补,实现双赢。《农民专业合作社法》对合作社发展扶持政策有原则规定,但有的政策不够具体,缺少可操作性,难以落实到位。因此,渔业主管部门要加强与相关部门的沟通,制定出台切实可行的具体优扶措施并抓好落实。在拥有大型水产加工企业的地区,可采用"龙头企业＋合作社＋渔民"的形式,注重以龙头企业的需求拉动渔民生产供给,以"诚信、互惠"为基础,企业的高度组织化带动渔民的合作化、组织化程度的提高。在渔业经营形式较多的地区,可以走"市场＋渔民合作社＋渔民"的发展路子,通过渔民合作社的纽带作用,加强渔民与市场的连接,引导渔民开拓市场、整合资源。专业合作社的建办,使渔村由过去每艘渔船或经营户各自分散的后勤服务,改变为合作社集中服务,如统一组织渔民技术培训考试,传递市场、安全、生产等信息,集中办理渔船年检换证及领发各种证书等,既节省人员配备减少环节,又使集中服务的优势得到发挥。引导鼓励和选择条件较好的渔船和经营户率先试点,创造示范经验。加强规范引导,稳步推进渔民专业合作社发展。坚持尊重自愿、积极引导、稳步推进的原则,围绕着捕捞、加工、运销及休闲渔业等优势产业和区域性特色产业,引导渔民组合起来走专业合作社道路。结合本地实际,争取在工商登记、税费优惠、信贷支持、品牌创建、政策性保险、建设用地、财政投入等方面的扶持,建立对渔民合作社支持的长效机制,并把对渔民合作社的培育支持与渔业特色优势产业的培育、渔业生产标准化的实施和及休闲渔业模式的推广等有机结合起来,全面提升渔业发展水平。

鉴于广州渔民专业合作社处于探索发展阶段,尚未全面涵盖渔业生产经营类型,其局限性主要是组织建设进程缓慢,运作机制不够规范健全,合作层次较低,不能满足渔民组织化走向市场的需求。为此,应按照《农民专业合作社法》的要求,应当引导渔民专业合作社规范发展。对一些具备条件的专业协会,根据渔民意愿和扩展服务的要求,有计划地进行引导和帮助改造,建立健全利益联结机制和盈余分配机制,向经济实体过渡。发展渔民专业合作社应以自发成立为主,行政引导为辅,对其给予法律、政策、行政、资金方面的指导和帮助。对现有的专业合作社中符合本地区渔业产业实际、组织较为健全、建设发展健康有序、规模影响较大、具有一定发展潜力的,给予重点扶持和引导。发展渔民专业合作社要尊重渔业从业者的意愿,尊重渔业生产和市场经济规律,提倡多样化选择,要做到“可树范,可引导,不下达任务,不强制推广”。政府及主管部门、公益服务部门要从维护渔业从业者现实利益出发,根据渔业生产不同的业态、产品、市场、地域特点,以及不同的自然环境、经济背景,完善有利于促进发展的渔业基层经营组织,探索专业合作社组织形式,完善其“专业”与“合作”的功能和机制。依据当地实际,发展不同模式或特色的渔民合作社。渔民专业合作社既可以股份为纽带的协作分工、联合经营的组织形式,也可以利益为纽带,连接生产、加工、销售、后勤各环节的产销一体组织,这些形式有利于组织渔民应对市场风险和自然灾害。

若比较海珠区三个渔村的社情民意,鉴于珠江、沥滘两渔村地处位置相对比较偏僻,但有发展渔业等相关产业链的基础及具备可以提升产业规模的空间,暂且不会受到城市更新区域改造的挤压,可能适合于选择渔民专业合作社的组织发展形态。另外,两渔村居民(渔民)人数较少,可能也适合于选择组建渔业公司的组织形态。

（2）公司化改制

渔村改制若选择渔村集体经济转型路径，可以公司化为运行平台，以确立法人实体地位为目标，稳妥地选择相应的公司制组织形态。一是将资产规模较大、经营基础稳定、股东人数较多（超过200人）、较有发展前景的渔村原有公司变更为股份有限公司；二是将资产规模相对较小、股东人数较少（50人或50户以内）、经营尚不受制约的渔村原公司规范为有限责任公司；三是将净资产为负数、负债数额较大、经营确实困难的渔村公司破产处理，再以渔村集体现有经营性资产为基础，吸收渔民入股，重新组建新的有限责任公司。

其一，规范出资行为。必须遵循公开、公平、公正的原则，每一个环节都必须得到渔民群众的认可。规范程序把握以下几点：一是民主监督。改制组织机构渔民代表应占有一定比例，成立由党支部、渔村组织和党员、渔民代表参加的集体资产管理委员会，健全对集体资产的监督机制，防止集体资产流失，提高集体资产效益。二是清产核资。由中介机构参与，准确地摸清生产性资产和非生产性资产以及确认负债，并出台相应的清产核资办法。三是界定产权。经评估确定的资产，按照“谁投资，谁所有”的原则由街道予以产权界定。四是量化到人。把渔村集体资产量化折股给渔民，从根本上改变集体资产“人人有份又人人无份”的虚化状态，使渔民转变成渔村公司的股东。五是健全法人治理机构。确定合理的运行架构，严格按照《公司法》及相关法律法规的要求制定或完善公司章程，建立由股东大会（或股东会）、董事会、监事会和经理等高级管理人员组成的相互依赖、又相互制约的公司法人治理机构，形成有效的公司内部管理机制，建立经营风险责任机制，充分调动经营者的积极性，实现股东权益的最大化。

其二，破解改制难题。首先，要解决债务问题。对于“政策性负债”由政府部门拿出整体化债方案。对于擅自建设或经营失误所致负债，政府查清根源后，尽力争取补报立项，或协助渔村争取资金化解债务。对于历史陈债，采取冲抵、降息、销账、挂账等办法化解。同时，要建立城乡一体的公共财政体制和偿债机制，落实城乡基本公共服务均等化发展规划，将渔村公益事业建设纳入公共财政，避免由此增加新债。还要建立新增债务责任倒查制度，严格实行责任追究，确保控债。其次，要处理好股权设置问题。股权设置既要体现公平，又要体现效率，建立风险机制，鼓励经营者通过购买实现持大股，股权比例要严格限定。最后，要确保改制前后的渔民社会保障资金。入股的渔民退休后领取社保金，仍享受股权分配权，可合法继承。

比较三个渔村的社情民意，且鉴于沥滘渔村（社）延续保留有一个渔业公司和一个打捞队的空壳，且保有一定的集体物业资产及租赁收益，加上该村居民

(渔民)人数较少(居民约200人,渔民约40人),可能适合于重组改制为渔业公司的组织形态。若由经营大户或企业牵头,也可以选择组建为渔民专业合作社。珠江渔村(社)也具有居民(渔民)人数少、保有一定的集体物业资产、历史包袱相对较轻的特点,适合改制为公司组织形态。

(3)实行社区型股份合作制

社区型股份合作制是在城市化工业化背景下产生的。它既不同于以资本和劳动两种生产要素结合为主的城市股份合作制,也不同于现代企业型股份公司,而是一种将原农村集体存量资产进行评估清核,在综合衡量集体成员生活补助、养老保险等基本福利及集体公益的基础上折股量化到人,按照产权归属明晰的思路,界定终极产权和法人产权,将模糊的"共同所有"变为有名有分的"按份持有",实行按股分红的合作经济组织形式。社区型股份制是源于实践探索渐趋成熟的集体资产新型管理模式,各地做法各异,但其基本理念趋同——通过明晰产权,界定权能主体的责权利,探索集体资产有效运行模式,实现集体资产保值增值,促进集体经济发展及保障民生、稳定社区的目的。作为渔村集体经济实现形式的社区型股份合作社,既是股份制,又是合作制,包括渔民所持股份的资本合作(投资)与劳动合作(投劳)。从渔村实际出发,特别要对社区渔船股份的设置、组织形式、财产处理、分配比例等政策进行规范和完善,使股份合作制运行适应市场经济要求,促进渔村集体经济转型发展。要把章程、合同管理工作抓好。重点抓好"一个章程"(股份制组织章程)"三个合同"(公司或渔村与生产单位合同、股东之间的合作合同、股东与雇工之间的合同),"四个制度"(资产管理、股权管理、财务收支管理、收益分配政策);同时,切实地帮助渔民解决一些孤立难办的问题,为渔民提供全过程的服务,发挥集体资产的保障功能。

基层政府指导成立渔村(社)股份合作制清产核资组织(清产核资评估协调小组),基于公平协商的原则,负责清理渔村(社)资产及其评估、产权调解工作。不过,社区型股份合作制必须在章程规定的期限内保持稳定,股东不得无故中途退股弃船。生产经营单位资产清理后,必须经股份合作社同意方可进行渔船转让或出售。股份合作社或生产单位聘用外来非渔民工的,必须符合条件按程序签订劳动合同,同时适当控制外来非渔劳力人数。当然,社区型股份合作社除了组织合作经营的职能外,目前还要组织承担社区公益建设和为社员提供公共服务及公共福利的职能,相当于社区自治型组织。

比较海珠区三个渔村的社情民意,鉴于新洲渔村毗邻黄埔古村且拥有三个渔村中最大一块土地(约60亩),土地等物业资产及公共基础设施相对比较完善,有一定的产业基础暨经营性集体资产,加上该村渔民人数最多(渔民约500人、总居民约1000人)且自成一体进行自治管理,可能适合于选择改组为社区型股份合作制组织形态。倘若该村社区型股份合作社能够改组成立,或将还有便利条件可获得纳入周边开发商就黄埔村域正在进行的城市更新("三旧"改造)范畴的合作发展机会。另外,若出于渔民的强烈意愿和特别需求,将其改制组建为专业合作社或者组建若干个有限公司或2~3个股份有限公司的组织形态,也未尝不可。不过,无论如何选择,各有500余人的渔民群体和居民群体就保有的集体资产折股量化配设个人股份,可能协调处理的难度比较大,难免会引发矛盾纠纷,进而影响社区稳定及改制顺利。当然,首当其冲是谋划新洲渔村的改制,不管其改制选择为何种组织形态,都可以让其牵头作为海珠渔村改制的引领示范,或者明确总目标进行统筹协调改制,即一体化运作。

八、促进海珠区渔村(社)改制与完善公共服务的重要举措

通过渔村(社)改制推进社区化组织建设和管理,是事关渔村经济社会协调发展的基础工程和系统工程,也是一项民心工程,是扩大基层民主和完善渔民群体自治的有效载体,更是加强社会服务管理、打造公共服务平台和促进城市新社区建设发展的必然要求。因此,深化海珠区城乡一体化综合配套改革,必须囊括推进渔村社区管理体制改革和创新,终结目前不适应海珠城乡融合发展的渔村管理失范的状态,创新渔村社区化规范管理和常态化服务模式,完善渔村社区组织结构,做到渔村社区组织健全、运行顺畅、群众自治、管理规范、服务完善,实现政府治理与基层自治的良性互动。

(一)科学谋划渔村改制社区建设的总体方案及制订规划

渔村改制、社区建设与治理完善是一项连贯有程序、有步骤也有交错的复杂任务,既要着眼于改善村容村貌,又要从渔村实际出发,尊重渔民群体意愿,充分考虑渔村的基础条件和渔民群体的承受能力,促使渔民安居乐业,可谓"硬环境"建设与"软环境"营造的任务并重。创建渔村新社区的目标应明确为"体制创新、经济发展、生活富裕、社区文明、环境优美、社会和谐"。鉴于三个渔村发展基础与社情民意的差异较大,改制、改造和治理的模式、方案及基点、路径等均有差别、节奏有快慢、幅度有大小,必须坚持从实际出发,分别规划,分步实施,因地制宜,稳步推进。因此,海珠区政府的科学谋划和合理决策是关键保证。应当置于城乡一体化发展视域,发挥政府的主导作用,克服渔村社区建设

的“短板”。加强渔村基础设施建设,发展渔村社会事业,促进城市基础设施向渔村延伸、公共服务向渔村覆盖、现代文明向渔村辐射;推进城市更新带动渔村改造,构建就近转移渔民、整治渔村的有效载体。围绕着区域一体化、城市社区化、设施现代化的要求,统筹抓好渔村改制暨社区建设的规划、建设、管理,完善公共服务体系,增强城市新社区的辐射、带动力,通过城市更新社区发展实现渔民的有效转移。遵循“规划先导、有序推进”的方针。重视编制渔村改制暨社区建设规划,注重与城市更新暨“城中村”改造规划相衔接。目前,海珠辖区新洲、沥滘两个渔村毗邻的“城中村”(黄埔、沥滘)已经完成村庄区域改造规划暨纳入“三旧改造”城市更新实施。按照城市更新“三旧改造”区域整治的要求,通盘考虑,协调渔村一并改造;聘请专业设计单位建筑和环境设计;区政府要研究出台扶持政策,在财政、用地、信贷、规费减免等方面支持渔村改造暨社区建设。

(二)建立健全渔村改制社区建设的领导协调机制

区委区政府要将渔村改制社区建设纳入城市更新社区建设规划,一同部署、一体推进,加强对渔村社区建设的规划指导、综合协调和督促检查,形成上下配合、相互协作的领导协调机制。一是建立领导责任机制。相关街道党工委、办事处要将渔村社区建设作为重要议题,及时研究解决改制的重点难点问题;将渔村改制社区建设经费纳入政府财政预算,建立稳定可靠的资金投入机制;并将渔村改制社区建设成效作为所在街道领导班子及干部实绩考核的重要内容,建立街道党工委和办事处目标考核、群众评价和社会评议相结合的渔村改制社区建设绩效评价机制。二是完善工作协调机制。建立由区政府领导、民政部门牵头、有关部门协同、基层组织配合、社会力量支持、群众响应参与的渔村社区建设工作推进机制。民政部门作为渔村社区建设的牵头部门,加强渔村社区建设的政策拟订、组织协调、工作指导、督促检查和业务培训等工作;组织人社部门要抓好渔村社区组织及工作者队伍建设;财政部门要落实促进渔村社区建设的政策措施;农业部门指导街道做好渔村集体资产的清产核资、产权协调、折股量化及规范管理等,还要协助落实上级渔政管理服务;公安、国土、住建、环保、司法、教育、社保、文化、卫计、工商等部门要主动地将监管服务职能延伸到渔村社区,保障相应的公共服务;妇联、共青团等组织要积极参与渔村社区建设,大力倡导团结互助、扶贫济困的良好风尚;宣传部门要积极宣传渔村社区建设的重大意义,发挥好渔村社区建设典型的引领作用,营造推动渔村社区健康发展的良好氛围。

政府主导协调是建设渔村新社区的必然要求。从渔村新社区建设内容看，大部分属于公共产品范畴，决定了政府在其中起主导作用；从制度创新角度看，也要求政府发挥好主导作用，政府是推动制度创新的最有效最合适的主体。因此，首先，政府要为渔村新社区建设提供方向支持；其次，政府要为渔村新社区建设提供动力支撑。一是提供资金支持，现阶段渔民群体增收困难，并不具备自筹资金的能力，渔村需要“补短板”的基础设施和公共设施应以政府投入为主。二是提供人才支持。人才是渔村新社区建设的核心要素。加大对渔村教育投入，抓好渔民转产就业培训。政府要不断创新培训形式，拓展培训渠道，加大培训投入，确保培训效果，确保大多数渔民基本掌握一门非渔就业技能；同时，抓好就业带头人的队伍建设，发挥他们信息灵、门路广、点子多的特点，带领和介绍部分渔农民转产转业。三是政府为渔村新社区建设提供政策支持。要从财政、税收、金融等各方面统筹支持渔村建设和经济转型发展，加大渔村公益设施投入，加快渔村公共服务建设等方面制定相应的支持政策；完善促进渔民创业就业的教育培训政策，提高渔民社会福利的医疗、卫生、就业和社会保障等政策。完善机关单位、城市文明单位与渔村新社区结对共建制度，重视和支持渔村建设。推行渔村工作指导员制度，将素质较高的人员下派到渔村改制社区建设第一线开展工作。

(三)完善渔村融入城市化社区治理结构

探索建立以渔村社区党组织领导为核心、渔民自治为基础、渔村居民广泛参与、各社团组织互动协作的渔村新社区治理结构。首先，加强渔村基层组织建设。明确渔村基层组织的职责，使组织建设与社区建设同步进行，使社区公共事务的运行规范化、制度化。强化渔村社区党组织的领导核心地位。通过加强渔村基层党组织、自治组织等建设来提高渔村社区自我管理水平。探索渔村社区党建创新路子，发挥渔村基层党组织推动发展、服务群众、凝聚人心、促进和谐的作用；加强渔村社区群众自治组织建设，规范党组织领导下的渔民自治运行机制，推进社务公开和民主管理工作，推动渔村社区建设按照民主化、科学化轨道进行。其次，建立社会广泛参与机制。推进渔村新社区建设和治理，仅仅依靠党委政府和基层组织的力量是不够的，还需调动工商企业、社会团体、民间组织等社会力量的积极参与，发挥其动员群众、提供服务、反映诉求、规范行为的作用，拓宽渔村居民参与社区建设的有效渠道。挖掘和发挥渔村社区的各种人才资源，创造条件吸引人大代表、政协委员、企业家或经济能人、大学生“村官”等参与社区建设，调动社区群众的积极性和创造性，把各种力量凝聚到渔村新社区建设中来。最后,推进社区队伍建设。社区管理者是社区各项工作开展的执行者,是社区工作的主体。一要开辟渔村社区工作者任用渠道,把工作能力高、服务意识强、思想作风硬、渔民群众信得过的"精英"选拔到社区管理队伍,尤其是要选配好渔村社区党支部书记,班子其他成员的配备,可采取公开招聘、民主选举等办法,选聘社区管理工作人员,逐步实现社区管理专职化。二要完善渔村社区工作人员的任用、考核、监督、待遇、奖励机制,形成科学的管理运行机制。三要重视培训教育,加强对社区管理者专业技能和职业教育培训,不断提高社区管理者的素质、工作能力和服务水平。

(四)建立渔村改制社区多元化投入机制

渔村社区建设是一项长期工程,建设的周期和投入的精力都要比城市成熟社区大。妥善解决渔村社区建设的经费来源,逐步形成财政投入、村社支持、社会资助的多元化社区投入机制。首先,加大政府的财政投入。与城市化转制社区相比,渔村社区经济基础相当薄弱甚至积累几近空白;在初期的基础设施、公共服务投入"还欠账"上,必须以政府投入为主。辖区政府要将渔村社区建设作为城乡一体化发展、实现公共服务均等化的举措,纳入区域发展规划,加大公共财政投入,为渔村社区基础设施和公共服务设施建设提供"弥补亏欠"的支持。其次,盘活资源、发展渔村合作经济补充投入。在政府公共财政尚无全覆盖或长期"包揽"渔村公共服务建设的时候,村域集体经济的收入将要补充后续的社区公共服务水平。发展渔村合作经济、盘活资源,提高渔村集体可用收入和自筹资金的能力,变"输血"为"造血",切实增强渔村自身投入渔村社区建设的能力和长效性。最后,增加社会力量的投入。采用补助、贴息、奖励、收费减免、购买服务等激励措施,鼓励动员社会团体、企事业单位和个人投入渔村社区建设,拓展多元投入的渠道。鼓励社会团体、企事业单位和个人以资金、设备、技术、信息等方式资助社区公益事业或经营性项目,逐步建立多元化的社区建设投入机制。

(五)完善渔村改制社区建设保障

一是完善工作机制。区委区政府要把完善社区管理服务体系作为巩固基层基础和新渔村建设列入重要的工作议题,健全工作机制;区属有关部门加强调研和指导,帮助渔村改制社区建设,形成高效管理服务的责、权、利相统一的体制。

二是完善政策举措。区委区政府在制定各项公共服务政策时,各部门根据职责分工,要帮助和指导渔村改制社区完善管理服务体制,大力推进经济、政治、社会、文化和党建"五位一体"建设。深化机关事业单位、工商企业等社会各界与渔村社区结对共建活动,帮助渔村谋划发展。试行渔村社区建设工作指导员制度,创新派驻方式,精准指导,完善其工作管理制度和考核评价机制。公共财政现阶段适当地向"三渔"倾斜,提高政府土地出让受益用于渔村社区建设的比例;预算安排的城市维护建设支出要确定部分资金用于渔村社区规划、基础设施、公益服务设施建设和维护,推动城乡统筹发展。

三是谋划促动社区合作经济。通过盘活渔村资源、增强集体资产的"造血"功能;争取通过3~5年的扶持,使渔村社区拥有一定的物业经济或者合作经济新业态,形成稳定的集体经济收入。渔村社区要处理好内部经济关系,明确产权,促进资源整合和规划统筹建设,使社区居民共享发展成果。

四是营造良好的管理服务环境。相关街道党工委、办事处营造有利于完善社区管理服务体制的良好环境,加强舆论宣传引导,充分利用媒体,宣传完善渔村社区管理体制的目的和意义,形成全社会关心、支持和参与的良好氛围。

(六)构建完善渔村改制社区公共服务体系

社区服务是渔村社区建设的核心内容。结合渔村生产生活的特点,要以渔民需求为导向,构筑起以基本公共服务为基础、社会化服务为依托、志愿性服务为补充的相互衔接的渔村社区化服务体系,缩小与毗邻社区公共服务的差距,真正使渔村群众困有所助、难有所帮、需有所应。首先,健全政府公共服务网络,推动政府服务资源向渔村社区延伸,重点开展社会保障、社区卫生、社区救助、社会福利、社区安全、社区就业、计划生育及社区文娱体育等基本公共服务,为渔村居民建立完善的公共服务体系,让渔村居民切实享受到"城里人"的服务,增强社区幸福感和归属感。同时,应当创新公共服务提供方式、公共服务绩效考核等机制,激发社会力量参与公共服务提供的积极性,让公共服务提供符合时代特色和渔村居民需求。其次,发展社会化服务。完善规划,制定措施,鼓励和支持各类组织、企业和个人开办社区服务项目。通过投资入股、合作经营等形式,进渔村社区兴办便民超市、农机维修、渔家乐等生产生活服务项目,切实满足渔村居民多样化的需求。对开办商业性服务项目的,街道积极提供平台,创造条件,简化审批手续,落实优惠政策。最后,培育志愿性服务。鼓励和支持驻社区单位、居民和志愿者开展便民利民、助老扶幼、扶残助残、纠纷调解、环境保护等群众性自我服务活动,为孤寡老人、残疾人、优抚对象、低收入者等解决其实际困难。倡导社区居民和驻社区单位开展社会捐赠、互帮互助,对困难群体实行辅助性生活救助。

渔村改制社区向渔民提供上述公共服务,尝试引进城市社区的管理服务模式,健全网络完善配套,构建社区服务供给体系。一要建立渔村社区服务供给平台。建设渔村改制社区,就是将公共服务从城市延伸到渔村,要使各类公共服务"落户"到渔村,"根植"在渔民中间,必须建立有效的服务平台和载体。目前街道均设有便民服务中心,可考虑在新洲渔村设立便民服务点,作为街道服务工作的延伸。便民服务点重点要完善医疗、计生、户籍管理、社会保障、渔民培训、就业推荐等事关群众生活的服务项目,渔村要注重转产转业方面的服务,在社会矛盾集中区加强综合治理,提供综治、警务、治保、安全、计生等服务。二要建立渔村改制社区服务供给网络。从纵向看,逐步建立区—街道—社区三级服务供给网络:区政府是渔村社区服务网络建设的主推者,对辖全区服务资源进行统筹规划;街道要建立综合性社区建设管理机构,完善便民服务中心,对渔村改制社区建设进行直接指导;社区要做好服务点工作,充分发挥便民、惠民的功能。从横向看,社保、公安、民政、文化、农业、教育、卫计等部门要将工作中心下移,根据自身职责搞好服务延伸、网络覆盖,提升服务水平。三要创新渔村改制社区服务供给模式。政府要制定扶持政策,安排专项资金支持渔村改制社区服务体系建设,主要是公共卫生、培训就业、社会保障、基础设施建设等公益性较强的项目。要更新观念,走社区服务市场化之路。比如,让渔村组织承担水域和邻水区域的绿化、保洁工作,政府通过招投标购买其专业服务。

渔民也是城市社区建设的参与者和受益者,只有充分发挥渔民的主体作用,才能使渔村改制社区建设持久有效地开展下去。一要开展社区公共活动,培育渔民的社区归属感。健全社区居委会、社区居民会议、经济合作组织等,健全民主协商机制和决策机制,完善民主选举制度,增加渔民参与社区事务、决策的机会,强化他们对自身利益与社区整体利益相关性的认识,调动其参与渔村改制社区建设的积极性。要组织开展丰富多彩的社区活动,其类型包括:教育培训型如文化素质培训、技能培训等;文化娱乐型如播放电影、搭台唱戏等,公益服务型如慈善捐款、义务劳动、帮扶贫弱等。组织开展这些活动,既能丰富渔民群众的精神生活,增长知识,提高素质,还能通过互动接触建立良好的人际关系,增进社区认同。二要落实政策措施,建立渔民对社区建设的信任感。宣传落实好上级党委政府支持渔村建设的政策措施。三要加强宣传发动,引发渔民建设新社区的责任感。社区应将建设发展规划以及重要项目的实施情况在群众集聚地予以公示,让社区群众及时了解社区的发展状况和前景,感受到社区建设自己也是一分子,使渔民群众成为建设自己美好家园的主要力量。

九、有关改制策略及配套措施的建议

(一)基本策略

目前,海珠区三渔村集体经济基础主要是小块土地及有限的物业,由于渔村改制及新社区建设尚无非常成熟的模式或者统一政策指引,仍要依靠属地政府积极的探索。可采取的基本策略在于:

1. 统筹谋划后分别进行组织制度设计。受诸因素影响的各渔村股份合作经济基础及优选模式不尽相同。虽然现代股份合作经济都是在政府主导下、按照政府指引进行,但政府指引毕竟不具有强制性,仍要以尊重社区群众的自主选择为原则。换言之,政府仅可提供可选的原则方案或制度框架。相对于既往实践少数"一刀切"的改制策略,"一村一策"改制可能更符合待转制渔村的实际。逐步构建社区治理结构,渔民股东在股份合作的框架内,借鉴股份合作型法人治理机制进行制度完善,达到"产权清晰、权责明确、民主监督、管理科学"的现代企业制度之改制目标。

2. 前述参考方案仅是比较乐观的、框架式的设想动议,具体实施方案应遵循"一社一策""一社一方案"的原则。根据各渔村实际情况,以及全体渔民及社区居民的意愿优选其一建议方案并制定切实而详细的改制实施细则,或在综合比较参酌多种建议方案的基础上设计出更适合某渔村实际的新方案,或将三渔村统筹考虑一体化运作。

3. 正确引导与合理监管社区民主自治,兼顾非具有渔民身份居民的合法权益。基层民主自治赋予社区居民"民主决策、民主管理"的权利,同时伴生多数人利用"自治章程""村规民约"和民主表决的形式侵犯少数人权益的不良倾向。渔村改制社区居委会取代原渔村管理组织,但不再具有经济管理职能,既有的合法"村规民约"或传统习惯被沿袭并有向股份合作组织章程"转移"的趋势。

4. 打好社区股份合作改革的基础。首先,协调白云区组织对原渔业联社海珠三个渔业分社进行清产核资,这既是实现股份合作制的前提,摸清可量化底数,也是利用股改机会对集体资产进行清点评估,明确集体产权形态及关系,即为实现产权的有效保护奠定基础。其次,对集体资产进行股份量化,明确产权主体股权数量。渔村城市化社区股份制改革往往同"村改居""城中村"改造相结合。“村改居”使农村社区化、农民市民化;“城中村”改造使农民在城市中“居者有其屋”;社区股份合作制改革使农民成为股东,把传统集体经济组织形态转化为社区型股份合作社。社区股份制是市场经济条件下城市化发展到一定阶段,对传统集体资产管理体制进行创新的重要选择。不过,社区股份制改革必须具备一定条件,其主要包括:一是村集体拥有一定数量的净资产和稳定的非农经营收入,确保改制后股份合作组织拥有足够的资本运作;二是群众有改制的普遍愿望和要求,确保社区群众意志成为改制主导力量;三是村社管理班子团结务实,确保改制工作有有效的组织保障。

5. 设计好改制的基本程序。渔村改制和其他村社转制一样,同样需要遵循内部民主决策和外部行政审批程序。在筹划拟定渔村改制方案的过程中,需要征询全体渔民及社区居民代表的意见,对于拟定改制实施方案,需要按照村务公开的规定提前进行公示,并提交成员大会表决通过。对于各渔村的改制方案,须提请所在街道办事处、区农业局、区民政局等职能部门就其合法合规性等进行审核批准以后,才可付诸实施。

(二)配套措施

1. 创制渔村改制的特殊政策。由于渔村改制属于新生事物,目前缺乏具体的法律法规和政策性指导意见进行系统的指导,也无成功范例可参鉴,地方政府及相关职能部门应当鼓励和支持条件成熟的某一渔村先行试点。由于渔村的存量集体资产主要表现为有限的土地及物业资产,在改制过程中需要工商、国土、住建等部门对其拟出资验资、出资房地产过户等特事特办并对改制过程形成的税费等予以减免。为平衡其改制前后的税收负担,在地方政府全面承担改制社区公共设施维护和公共服务产生的费用之前,对于改制后组织规定一定时期的税收优惠期,以免股份合作组织因担心税负加重而抵制改制。对待转制渔村社区集体经济在税收上给予特殊政策,根据公共财政承担社区建设的程度确定其税负水平。在公共财政还未承担社区公共建设的情况下,应对集体经济实行税收减免或返还政策。若对经营非农项目达到一定规模或比例的股份合作组织以集体资产出资设立控股的“有限责任公司”,在政策上为其提供一个税收减免过渡期,在公共财政尚未承担社区公共支出之前,将其税负控制在集体资产经营收入的5%以下,以与过去农业税大致相当。

2. 解决各渔村因股份配置而产生的争议问题及历史遗留问题。在改制过程中,对于因股份配置而产生的争议问题和历史遗留问题,可以考虑让部分有争议的非渔民股东以折扣价或优惠价向改制后股份组织入股等形式一并解决，但需要征得社员大会或户代表会议的同意，以免引发更多的争议。

3. 做好对公益性或非经营性集体资产的处置。对于渔村社区范围内集体土地上建设并由渔村(社)出资维护的部分公益性或非经营性资产，原则上不评估作价置入改制后股份合作组织，可以视情况和多数成员意见将这些资产或设施向社区居委或相关职能部门移交或托管，或维持现状。

4. 明确集体建设用地及地上物业、报建手续不全或产权不完整的集体物业资产能否用于出资的问题。十八届三中全会决定指出："在符合规划和用途管制前提下，允许农村集体经营性建设用地出让、租赁、入股，实行与国有土地同等入市、同权同价。"这些集体资产虽然存在产权瑕疵及交易过户的障碍，但这些资产具有经济价值并可以产生经济收益，资产评估机构或验资机构可按照一定的标准对其进行价值评估或折价。

第 五 篇

公司化改制：
海珠集体经济组织公司化改革探索

——调研报告暨政策建议

【附注】

课题名称	广州市海珠区农业局委托的“海珠区集体经济组织公司化改制试点调研及法律政策论证”
研究组织	华南农业大学农村法治与社会发展研究中心
主持人	王权典
调研人员	邓定远　陈风波　梁启祥　蔡晓琪
调研指导	邹国成(海珠区农业局调研员) 邓　敏(海珠区农业局副局长)
联络协调	阳彩平(海珠区农业局科长) 谢铮淳(海珠区农业局主任科员)
主要撰稿	王权典　邓定远　梁启祥

一、前言

随着海珠区新型城市化的快速推进和村社管理体制改革的逐步深入,转制社区(城中村)集体经济组织(以下简称“转制社区集体经济组织”)的产权形式和经营机制已越来越难以适应城市化更新改造以后的现实情况和发展要求,部分条件成熟的集体经济组织迫切需要进一步明晰集体产权、探索公司化改制暨建立现代企业制度。根据国家及省、市相关政策法律及优化集体资产管理和产权改制的指导规范要求,对转制社区集体经济组织的公司化改制探索,应当做好细致的调研、审慎的政策分析与严密的法律论证,充分预见并合理规避重大政策障碍或者法律风险,适当参酌其他改革先行地区的经验和做法。在此基础上,选择条件相对成熟和具有典型代表性的个别经联社及所属经济社进行公司化改制试点,进而探求具有普适性暨在全区范围内可以推广的改制基本模式。

鉴于新一轮改制将要迈出的步子大、涉及面广、资产金额巨大、可能显露的历史遗留和现实问题错综复杂、诸方面利益关系协调难度大等客观情由,改制方案的拟订及付诸试点实施,全程需要政策、法律、管理及资产评估、审计等诸方面的专业支持与顾问指导。因此,作为转制社区集体经济组织主管职能部门的区农业局,特别委托华南农业大学农村法治与社会发展研究中心承担“海珠区部分集体经济组织公司化改制调研及实施方案之法律政策研究”项目之前期调研、可行性论证、政策咨询、方案构思及执行跟踪辅导等综合性工作任务。在 2014 年上半年,由区农业局分管领导牵头的调研组基于对现有的相关文件及对法律政策精神全面熟悉与认真领会,经过对比了解区内各集体经济组织城市化程度后酌选改制条件较为成熟的琶洲经联社社区作为主要考察对象,协同琶洲街道办负责人员进入该社区逐批召集有关“两委”干部、社员代表进行专题座谈,广泛听取各方面意见,并设置网络平台进行书面问卷征询意见。同时,调研组还了解市内外其他地区集体资产处置和集体企业产权改制政策法规及部分案例,总结其经验教训，重点考察了省内佛山南海、深圳龙岗等地在该方面改革探索的某些做法及实效。通过切实组织开展调研及对各方面条件和因素的认真分析与综合考量，现拟就形成具有决策参考价值与实操指导意义的法律政策论证意见，并将有关调研论证思路、基本依据及建议方案报告如下：

二、海珠区转制社区集体经济组织发展改革现状

海珠区转制社区集体经济组织（经济联合社、经济合作社）源于人民公社时期的生产大队、生产队及后来的乡镇人民政府所辖村民委员会、村民小组，其在城市化转制前原隶属于新滘镇城郊村。为适应广州现代化中心城区功能定位及统筹城乡一体化发展的需要，海珠区自 2002 年进行城市化体制改革——撤销新滘镇建街并撤村建居，当时 6. 5 万名农民转为居民，原 20 条行政村（组）属两级农村集体经济组织即 20 个经济联合社和 229 个经济合作社继续保留运作，现分布于琶洲、南洲、江海等 8 条街道。经过 10 余年的改革发展，随着城市化建设不断征地特别是近年来海珠湿地（生态城）建设征地与“三旧”（城中村）改造，大部分村社集体农用地已经所剩无几，仅留有少量的边角插花地、集体经济发展用地。城市化建设使原农村集体经济结构与存量资产规模及形态发生了根本变化，如土地权属由集体土地逐步转变为国有土地，资产形态由土地变成资金，再变成厂房、商铺、商贸设施等物业型经济。不过，20 个经济联合社及 229 个经济合作社基本上是在 20 世纪 90 年代通过制定股份制章程开始实行内部股份制，至 2002 年海珠区全面推进城市化“撤村建居”后，绝大多数已经实行内部分配股权固化。2014 年年初的换届审计表明，海珠全区 20 个经济联社、229 个经济社及其附属 19 个集体经济发展公司之两级集体总资产达 105. 12 亿元，负债总额 46. 71 亿元，净资产总额 58. 41 亿元，其中 20 个经济联社资产总额 43. 65 亿元。2013 年集体经济总收入 35. 5 亿元，人均所得 3. 64 万元。其中，最高收入是凤和经济联社，人均 10. 16 万元；最低收入是龙潭联社，人均 0. 73 万元（2013 年农经统计结果）。全区转制社区现有社员身份的 7. 2 万人，早已全部转为居民户口。

随着原“三级所有、队为基础”的集体经济管理体制发生变革，逐步引入城市化社区股份合作制的经济组织形态、管理模式及运行机制；传统的农村集体经济组织转变为社区股份合作组织实体——基本上是以原村组集体为单位，对其进行股份合作制改造后由经联社、经济社作为继受主体继续行使对原村社集体资产的所有权和经营管理权。其主要是以理顺集体内部经济关系为基础，以

明晰集体产权的归属为核心,以建立近似于公司企业法人治理结构为重点,以促进集体资产保值增值和集体成员增收分红为目标。然而,这种股份合作制运作逐步面临管理体制、发展积累与收益分配、公共福利及公益负担等多方面的矛盾:

一是涉及内部管理体制问题。某些经联社与不少经济社内部管理机构不健全、运行不规范,村社干部惯于统揽重大事项决策权;民主理财监督小组(监事会)无法有效发挥其民主监督作用;社员股东权利义务不对称,对集体经济事务参与、知情及监督相当有限,股东较关心分配结果,不太关心村社运作,内部治理与外部政策缺乏对经营者的激励与监督措施,集体经济的经营管理基本依赖于物业型经济的基础优势及少数经营者的业界良心。

二是涉及社区集体经济发展转型问题。突出表现为不同经济联社或不同经济社之间经济发展不平衡,城市化较早的村社占有可观的基础优势,社区集体经济尚能持续现阶段的稳定发展;城市化较迟的村社则基础薄弱,刨除维持正常公共开支运作后所剩无几,勉强维持较低的分配水平;无论是“富村”或“穷村”的集体经济,均依托于传统守成的土地资源及物业条件,并无前景明朗的创新发展规划或思路。

三是涉及合作经济收益问题。社员群众对集体经济普遍信心不足,不愿意增加集体积累,强调提高分配比例,甚至过分注意各村社眼前利益分配,相互之间进行攀比,更有个别村社(如官洲村)部分群众起哄要彻底解散集体经济,要求一次性“分光吃光”。

四是涉及社区公益建设与公共事业负担问题。绝大部分村社及社员群众认为经济联社或经济社是经济组织和经营实体,不应以集体资产收益来承担社区公共建设支出,要求由政府全面接管。可见,相当一部分村社群众对集体经济发展思路和集体资产管理模式存在误解,干部群众在集体资产盈利水平、分配收入差距、财务账目监管、公共投入等方面因信息不对称而产生认识分歧,加上沟通解释工作不足,诱导部分群众习惯于通过上访等活动表达诉求,甚至不时引发某些群体性事件或社区干群间的矛盾冲突。

为缓解社员群众与村社管理班子的对立情绪、消解社区内部矛盾,促使集体经济发展和改善集体资产经营管理,完善收益分配机制,区农业局积极贯彻区委、区政府的相关指示,在现行政策法律框架内和体制条件下,协同有关部门及街道,推进农村集体“三资”交易平台和财务监管平台建设,通过建章立制,加强监管,积极筹划转制社区集体产权改制,以促进集体经济发展转型和集体资产经营机制创新,维护社区的和谐稳定。

之前的改革发展探索虽然解决了不少问题,但当前海珠区转制社区股份制改革整体上还处在存量折股型阶段,仍属于封闭式的社区内部股份制。社区集体经济组织具有社团法人与准企业法人(非工商登记意义上的企业法人)之双重属性,其依据省政府《农村集体经济组织管理规定》(原 109 号令,现 189 号令)所办理的组织登记证明书并没有足够的国家法律保障效力,股份合作组织的股权也就缺乏足够的法律效力——股东持有的股权证只是合作社制发仅作为组织内部的分配凭证,并非国家及有关部门依法确认的财产权凭证,更没有得到社会公众的普遍认同。

近年来,随着城市化发展及“城中村”改造的推进,海珠区逐步出现部分资产质量及效益较好、具有较高经营管理水平的社区股份合作社,在彻底实现社区自治事务与经济发展事务分离以后,它们将不再需要承担相应的社区公益建设及公共管理事务,可专注于发展社区型集体经济,可望演变成为真正的企业法人,条件成熟的可探索向公司化转型发展。譬如,源于人民公社时期的新滘人民公社琶洲大队的琶洲经济联合社,现辖有 10 个经济合作社,该经联社自 1993 年开始实行内部股份制,尔后实行内部分配股权固化,原界定股东有 3020 人。当时实行的股份制主要是为了解决其社员按股分配问题;客观上并未将全部资产折股量化,且折股量化的资产类型、范围及评估价值的核定不清晰,可资分配的股份价值根据不同时期经营管理状况的不同呈动态式的波动。因此,该内部股份制的股份,无法体现其持有者在集体资产中的对应份额和真实价值。该经联社经过多年的城市化建设不断征地特别是近年实施的“城中村”全面改造,如今已没有集体所有性质的土地,集体经济将完全演变成为非农化物业型经济,已具备条件探索规范和彻底的股份制乃至公司制改革,使集体经济组织在股份量化固化的基础上建立起现代公司企业法人制度。

海珠区转制社区集体经济组织与琶洲社区情形近似的还有联星、官洲、桂田、瑞宝、凤和、五凤、红卫等社区,其城市化程度也相当高,非农产业型集体经济实力较雄厚,均有较成熟的基础条件推行彻底的股份制乃至公司制改造,只要政策允许并加以积极引导,即可以尝试终止经联社——经济社的组织架构向现代公司制企业化转型。

三、社区股份合作制组织公司化改制的动因基础分析

(一)改制的必要性

一般来说,社区股份合作制是在城市化工业化背景下产生的。它既不同于以资本和劳动两种生产要素结合为主的城市股份合作制,也不同于现代企业型股份公司,而是一种将原农村集体存量资产进行评估清核,在综合衡量集体成员生活补助、养老保险等基本福利及集体公益的基础上折股量化到个人,按照产权归属明晰的思路,界定终极产权和法人产权,将模糊的"共同所有"变为有名有分的"按份持有",实行按股分红的合作经济组织形式。社区股份制是源于实践探索渐趋成熟的新型集体资产管理模式,不同地区的做法各异,但其基本理念趋同——通过明晰产权,界定权能主体的责权利,探索集体资产的有效运行模式,实现集体资产保值增值,促进集体经济发展及保障民生、稳定社区的目的。一般而言,社区股份合作制改革的基础环节包括:首先,进行清产核资,这既是实现股份合作的前提,摸清可量化底数,也是利用股份化改制机会对集体资产进行清点评估,明确集体产权形态及数量,即为实现产权的有效保护奠定基础。其次,对集体资产进行股份量化,明确产权主体股权数量。城市化社区股份制改革往往是同"村改居""城中村"改造相结合。"村改居"使农村社区化、农民市民化;"城中村"改造使农民在城市中"居者有其屋";股份合作制改革使农民成为股东,把传统农村集体经济组织形态转化为社区型股份经济合作社。总体来看,社区股份制是市场经济条件下城市化发展到一定阶段,对传统农村集体资产管理体制进行变革创新的重要选择。不过,社区股份制改革必须具备一定条件,其主要包括:一是村社集体拥有一定数量的净资产和稳定的非农经营收入来源,确保改制后股份经济合作组织拥有足够的资本运作;二是群众有改制的普遍愿望和要求,确保社区群众意志成为改制主导力量;三是村社管理班子团结务实,确保改制工作得以有效的组织保障。

然而,股份合作制毕竟尚属于区域改革的新事物,国家并无统一的立法确认或政策指引,各地操作依据大都是地方政府指导意见,遇到一些重大争议或疑难问题,难从"土政策"中找到明确的解答依据。因此,社区股份合作制实践可能是多方博弈的结果,不少属于"摸着石头过河"。实践中存在两个突出的困惑:一是社区股份合作组织的法律地位不明确——主要表现在其作为法人登记缺乏明确的国家法律依据,使社区股份合作组织地位暂且依地方政府规章非经

工商登记确认。二是其特定的股权缺乏法律效力。股权本是财产所有权的一种表现形式,所有权包括占有、使用、支配和收益等权利。目前,社区股份合作制组织成员手持的“股权证”,普遍是由其组织内设的一种分配依据,未能得到国家有关部门的确认,缺乏足够的法律效力。成员凭股权证享有收益分配,其组织章程及相关制度一般明确规定股权可有条件的继承,但不得转让、买卖或抵押,带有较强的福利性和封闭性。因此,集体经济经营良好,则股东成员可享受分红;若经营亏损,成员也无实际损失,即无须负责。显然,如此有违股权属性,不符合股份制内在要求。从严格意义上讲,目前实行的社区股份合作制,并非真正意义的现代企业组织形式。

由于传统的农村集体经济组织是依附于集体土地并以土地经营为中心,其成员主体是一定乡村区域世居农业人口;在农村城市化进程中,随着集体土地被征收为国有土地,村民变为市民,村自治单位建制变为城市居民自治单位——以居委会取代了原村委会,相应地涉及转制社区居民社保、社区公益事业等纳入城市管理体制。原农村集体经济组织的财产基础、职能、主导业务等发生了根本变化,对其进行重组或改造是必然的。为适应脱离土地后生存和发展的需要,集体经济组织大都要进行改造,包括主要解决内部分配问题的股份合作经济组织逐步为具有现代企业制度构造的股份制公司和有限责任公司所替代。发达地区已有相关实践探索。譬如,一是以股份合作公司形式组织和运营集体资产。股份合作公司就是对传统的集体经济组织加以股份制改造设立的,深圳主要采取该模式,即依据《深圳经济特区股份合作公司条例》进行股份化改造,参照股份公司组织形式成立股份合作公司,办理工商登记。二是以“股份合作社+有限公司”形式组织和运营集体资产(如广州天河与中山)——其先对传统的经济合作社进行股份化,成立股份合作社,再以股份合作社作为出资人,参照《公司法》规定成立有限公司,办理工商登记,由有限公司管理和经营集体资产。第二种做法相对于深圳特有的立法许可,较具有普适性;其分配方式是由有限责任公司向股份合作社分配,股份合作社再对社员按股份进行分配。无论如何,均已彰显发达地区社区股份合作组织公司化改造路径选择的必要性和可行性。

随着城市化的推进和“城中村”的集体经济的发展壮大,转制社区集体经济组织经营管理的集体资产主要为城市物业,不再依靠农业生产,已不同于传统的依赖集体土地发展农业生产的农村集体经济组织,用原有的适合于农村和农业的集体经济管理模式来管理转制社区集体资产已明显不合时宜,原有的矛盾和问题尚未解决,又不断涌现各种新的问题,因此,有必要在政策法规允许的框架内积极探索集体资产和集体经济新的产权形式和经营机制。从现实和调研了解的情况来看,在原有的产权结构和治理结构下,由于责权利不清晰和监督难以到位,容易诱发村社干部侵占、挪用集体资产的道德风险与挥霍浪费集体资产的情况;集体资产总量庞大但分红不高、资产经营效率偏低,社员股东普遍不满,甚至产生彻底分掉集体资产各谋出路的愿望;集体所有制作为特殊的公有制形式自身存在缺陷,容易出现产权不清、权责不明的弊端;集体经济组织股东身份与社员身份捆绑使集体经济组织的股份配置和股东身份确认出现较多争议(如外嫁女、入赘郎、一定时间之后新嫁入的妇女或新出生的人口是否该配置股份等),且随着时间推移,各种隐藏的矛盾不断暴露,因股份配置引发的诉讼和信访事件不断,严重影响转制社区的和谐稳定;股份固化以后实行“生不增,死不减”的政策本身带有权宜性和过渡性,若股份固化时的社员股东全部过世后,将会出现无拥有表决权的股东的尴尬局面。上述种种情形决定有必要在集体资产股份量化和固化的基础上进一步明晰集体经济组织内部的产权结构并完善集体经济组织的治理结构。

(二)改制的可行性

海珠转制社区集体经济组织虽然和规范的公司制企业存在较大的区别,但经过新型城市化建设的推进与转制社区集体经济的发展壮大,一些条件成熟的转制社区集体经济组织目前已经基本具备进行公司化改制的基础,主要表现在:公司化改制本质上是在集体所有的资产内部进一步明晰产权和转换经营机制,目前,海珠区转制社区的集体经济组织已经对存量的集体资产进行了相对明确的股份量化与固化,为后续的公司化改制打下了坚实的基础;集体经济组织的社员股东通过就业、自有房产出租、经商等途径实现了个人与家庭收入的多元化,家庭生活不再单纯依赖集体分红,公司化改制对社员股东造成的影响和震动不大;“村改居”转制完成以后,转制社区居民已经开始享受过渡性的社会保障待遇,并有望和其他城市居民享受相同的社会福利和社会保障;推行政社、政经分离,居委会(社区工作站)与集体经济组织职能各自独立,海珠区政府和各街道办事处积极筹措财政资金逐步承接转制社区的公共管理和公共服务,使“减负”以后的集体经济组织可以专注于发展集体经济;原“城中村”依附于土地和农业生产的农业经济早已全面过渡为以出租物业为主的物业经济;由于城市化过程中的征地开发,原“城中村”相对封闭的居住和生活圈子逐渐被打破或分割,“村改居”后的居民与其他城市居民混居后逐渐相互渗透和融合,原“城中村”村民已熟悉和适应城市生活;部分村社“城中村”改造已基本完成,基本无剩余的集体土地,尚未开发或尚未规划到位的发展用地也是国有性质;集体经济组织名下的物业经济与国有性质的土地便于对集体资产的折价与评估;从政策环境上看,省、市、区等各级党委和政府及相关职能部门对转制社区集体经济组织的制度创新比较支持和期待。

社区股份合作制引入类似现代企业的管理体制和机制,原农村集体经济组织改称为"股份合作社"或"股份合作公司"等,似乎实现了实体化、法人化,使其成为看似独立的市场主体。其实不然。因为集体经济组织改制的股东资格界定还不明确,股权设置以及折股量化的资产范围、组织机构设立及其职责、民主管理监督的方式及其实施保障机制还没有建立起来,并且还涉及股权固化后新增人口的股份额处理、利益分配、股权的流转性等诸方面的问题如何解决仍"不清楚"。各地做法虽千差万别,但由于缺乏统一的标准规范,故存有改制不彻底的痼疾。首先,由于社区股份合作组织基本是以村组为单位组建,范围狭小,力量有限,具有天然的地域性和封闭性,多考虑社区利益,外面力量难以进来,开放性有限。如股份合作组织股本中较少有募集股,即使有也不会超过总股本的10%,且募股对象一般针对本社区新出生或婚嫁新增人口,无关的外来人员很难进入。其次,社区股份合作组织大多残留着行政性质,改制后集体资产管理长期摆脱不了"政经或村社合一"的体制束缚,不仅是许多社区股份经济组织与村委会(居委会)是"一套班子,两块牌子",甚至同党支部"三块牌子,一套班子",且其经营管理人员几乎都由原村干部或村民担任,极少有外聘的。即使在某些转制后新组建的股份制公司内,虽设立有股东大会、董事会和监事会(以下简称"三会"),且章程明确其职责和权限;原来的合作社主任变成了股份制公司的董事长,社区股份合作组织难以冲出"党政社合一"的体制束缚,"三会"职责并无真正落实,不少地方以党支部、村委的决定代替董事会的决定,以书记或村委主任的意见取代董事长的意见。当初奉行"村社合一"管理体制的动因可能是出于协调运作并节省管理成本,其实社区股份合作组织自主权及民主决策机制难免受到侵蚀。法人治理结构形同虚设,机制不灵,封闭僵化的组织体系与运行机制距离现代企业制度要求甚远。"政社合一"的管理体制与制约机制不科学欠完善,不利于对经营管理者有效监督,容易造成集体资产流失和财务损失,且因治理机构不健全导致决策效率低下,难以实现资产的保值增值,容易出现短期行为,不利于集体经济长远规划及转型发展。所以,加强集体经济组织建设,首要推进"政经分离"即真正引入现代企业制度,既是市场经济的客观要求,也是集体经济转型发展的形势所迫。经济发达地区市场化程度较高,具备社区集体经济组织公司化改制合适的外部环境条件。发达地区集体经济组织除了拥有商业价值高的土地资源外，还衍生积累了较多的物业资产，是其作为企业运作的基础保证；经济发达社区集体均有经济实体，或者按企业化运作已有一定时期，积累了公司化运作的经验。因此，发达地区社区集体经济组织改制为纯粹的公司，无论是从外部环境来说还是从自身基础条件来说，都具有现实的可行性。

在城市化转制社区，集体经济组织公司化改制还得具备一个重要前提——社区公共建设和公共服务须由公共财政来承接，以确保公司化改制的“公司”享受与其他工商企业同等待遇。一些地方在公共财政无力承接改制社区公共建设的情况下就仓促让集体经济组织打出“公司”的“旗号”，引致其地位职能处于尴尬境地。不过，股份合作制也“是一种‘资本’的合作，股份合作经济组织的收益实质上即原有积累和积累中的资本收益，这与有限责任公司的性质相当接近”。至于改造的途径，既要严格依照公司法的标准，有别于计划体制下的传统企业，又要切合社区型集体经济组织的现实特殊情况。概括来说，转制社区集体经济组织推行公司化改制的基础条件在于：

第一，“政经（社）分离”，明确社区基层组织的职责，确立集体经济组织的经济主体地位。政企分开是现代企业制度的重要内容，也是市场经济的基本要求——使企业摆脱行政干预而成为独立的经营主体，自主参与市场竞争。集体经济组织公司化改制的基础保障即建立独立于村（居）委会的组织载体，明确其经营管理集体资产的职能。公司化改制须彻底打破“村社合一”的模式，政社分离的关键在于确保集体经济组织公司化改制后拥有对集体资产管理的自主权，故应明确界分三个基层组织的职能：党支部是社区领导核心，讨论决定社区经济社会发展的重大问题，既要尊重村（居）委会依法行使村（居）民自治组织的职权，又要尊重集体经济组织依法独立经营的自主权；村（居）委会是村（居）自治组织，负责制订社区发展规划、公益事业建设计划，并负责社区公共事务、调解民间纠纷，协助维护社会治安，村（居）委会接受党支部的领导和村（居）民群众的监督；集体经济组织是土地等集体资产的所有者和经营管理者，主要承担生产服务、管理协调、资产积累、资源开发、兴办企业等职能。

第二，股份合作制作为社区集体经济基本组织形式，可实现民主性与资本性的有机结合。从珠三角等地改革实践看，社区集体经济组织引入股份合作制的实质是将原来不够明确的、较为隐蔽的合作经济性质显化，其基本属性无改变。例如，“一人（户）一票”制，合作兴办公益事业，为本组织成员提供生产服务，承担公共建设开支等。如此，对于社区合作经济引入股份制改革，仍应定位于合作经济范畴。而现代公司基本特征是产权明晰，集体经济组织公司化改制，重在明晰产权，明确界定以土地资产为主的集体财产归属。股份合作制是切合农村集体经济实际的良好选择，其对外以经营获利为目的，对内实现按股份分红。然而，首先要明确集体土地及集体投资所形成的可量化资产，在股改中可折算为集体股，类似国有企业的法人股；其次要以户籍、义务贡献等为参考标准确定股东资格，或者需投入一定资源才成为股东，此后本组织成员娶妻生子或有新户籍加入，则不再分配取得股权，而可通过购买、受让或继承等方式取得。

第三，股份合作组织已具备公司企业治理结构的雏形。在现代公司一般治理结构，所有者将其资产交公司董事会托管，形成信任托管关系；董事会作为股东的受托人，托管公司法人财产和负责公司经营；其作为最高执行机构，拥有对经理人员的聘用、奖惩及解雇的权力。董事会与经理人员之间是一种委托代理关系，经理人员作为董事会的意定代理人，拥有对公司事务的管理权和代理权。股份合作组织的股东大会与职工大会合一，作为企业权力机构，实行"一人一票"合作民主制；董事可由具有经营管理才能的村社干部或代表担任或引入外部独立董事及投资者代表；经理人员可从内部选任也可外聘。譬如，某"城中村"改造后，注册资本由股份构成，社员股东按照《公司法》和公司章程相关规定享受权利和承担义务。公司成立工会持股会和集体持股会，行使集体股的管理分配权，把集体经济组织改制成为符合现代公司架构，这对于维护村民（社员）的切身利益，促进集体经济发展及推进"城中村"改造有积极的保障作用。其成效主要包括：一是明晰了产权，探索出集体所有制转化实现的有效形式；二是调整了经营管理结构，找到一种由村集体经济组织到公司过渡期转化的模式；三是兼顾村民变股民的经济利益保障，塑造"城中村"改造集体资产经营管理的承接平台。

（三）改制的障碍因素

2009 年以来，广东省在珠三角地区选择 10 个已实行"村改居""农民改市民"的社区开展集体经济组织公司化改制试点。改制试点主要内容包括：一是深化产权制度改革，完善治理结构，建立现代企业制度；二是实行居民自治组织与集体经济组织分离的管理体制；三是建立与集体经济组织改公司相适应的公共产品提供机制与税赋机制，并建立"农转居"居民与城镇原居民公共待遇均等化的社会保障体系。但试点改制推进的阻力也不小，难度很大。其主要的障碍因素包括：

一是股权应有之义难以真正赋予。大部分社区配设的成员股仍然只能作为分红的依据,不能继承、赠送,更不能抵押、转让。股权高度封闭、不能在社区外流通。不论是社区集体经济股份合作制或社区集体土地股份合作制,还是社区集体企业股份合作制,都继续维持农村社区合作经济组织即原生产大队、自然村、生产小队的社区特性。

二是公共开支和税费问题。(1)地方公共财政难以全面承担集体经济组织的公共开支,成为影响集体产权制度改革的最大"瓶颈"。(2)在集体经济组织转型改制工作中,原登记在集体经济组织名下的资产变更登记至公司名下时,税务部门要征收相关的税费。(3)集体经济组织改制为公司的运营所得,税务部门要征收23%以上的综合税费。类似这些,严重影响了集体经济组织公司化改造的积极性。

三是工商登记和土地承载问题。集体经济组织改公司可能遇到两个直接的法律障碍:(1)现行《公司法》对公司股东人数做了严格的数量限制,有限责任公司以50人为限,股份有限公司以200人为限。但农村集体经济组织成员股东总数一般都超过200人。(2)集体经济组织原土地及其衍生物业不能转入改制公司名下。

四、海珠区转制社区集体经济组织目前的股权设置、运作形式与规范的公司企业之比较

(一)公司法规定的公司基本形式及治理结构

我国《公司法》规定了有限责任公司(含一人公司和国有独资公司)和股份有限公司两种公司形式。有限责任公司的股东人数为50人以下(一人公司和国有独资公司仅一个股东),股份有限公司的股份的发起人人数为2人以上200人以下(采取募集设立的股份有限公司还可以向发起人以外的股东公开募集股份和出资)。两类公司都需要向工商部门办理登记,并依法设立股东会、董事会、监事会相互分工和制衡的法人治理结构。

(二)以琶洲经联社为例的海珠区转制社区集体经济组织的村社资产结构、股权结构与治理结构

海珠区的农村集体经济组织目前虽然基本完成对集体资产的股份量化与固化的工作,社员(股东)的分红也主要依据在集体经济组织所持股份的数量,但仍然基本保持了经济联社与经济社两级所有与两级核算的村社资产结构,各经济社和经济联社都有独立的集体经济组织章程,并以经济社为依托进行社员

(股东)资格的确认、股份登记与股份分红的分派。经济联社和经济社除建立基层党组织外,都设有社员(股东)大会及社员(股东)代表会议作为最高决策机构、社委会作为执行机构、民主理财监督小组(监事会或社务监督委员会)作为监督机构。珠三角地区广州其他区、佛山(南海)等地也和海珠区类似,仅依据《广东省农村集体经济组织管理规定》(省政府189号令)进行集体经济组织登记,在对集体资产进行股份量化与固化之后便停步不前;深圳市依据其特区专门立法允许集体经济组织统一改制为进行工商登记性质的股份合作公司,这种股份合作公司虽有公司之名,但仍是以社员身份为基础的相对封闭式集体经济组织和股份合作企业,和公司法意义上的公司仍存在较大的差异。

(三)海珠区转制社区集体经济组织与规范的公司企业之间的差异

经过对比分析,我们认为海珠区现有集体经济组织与规范的公司制企业相比存在较大的差异和差距,体现在以下几个方面:

1. 设立和运作的法律依据不同。规范的公司依据《公司法》设立和运行(深圳市原有农村集体经济组织依据特区地方立法改制设立股份合作公司例外);而海珠区转制社区集体经济组织主要依据《广东省农村集体经济组织管理规定》设立和运行。

2. 注册登记方式不同。规范的公司制企业都是到工商部门办理注册登记领取企业法人营业执照,而农村集体经济组织则是由农业行政主管部门颁发《广东省农村集体经济组织证明书》。

3. 单位性质不同。规范的公司属于企业法人;而海珠转制社区集体经济组织作为一定范围内集体资产的经营管理组织,虽可对外独立承担民事责任,也有独立的财产和营业场所及组织章程,但其既不属于通常意义的企业法人,也不属于民政部门登记的社会团体。

4. 与行政区划及集体土地的依附关系不同。一般的公司制企业不依附于任何国有或集体土地,也不依附于行政区划,可以相对自由地迁移营业场所和变更营业范围;而海珠区转制社区集体经济组织作为集体资产尤其是集体物业资产的经营管理组织,既从属于街道办事处,事实上也依附于集体土地和集体物业。

5. 股东的性质、数量存在差异。规范的公司制企业,其股东身份并不和一定的社员身份捆绑,相对具有开放性,可以增资扩股等形式吸收原始股东以外的人投资,《公司法》对公司尤其是有限责任公司的股东人数作了限制性规定;而海珠区转制社区集体经济组织的股东和社员身份(村改居前的村民社员)捆绑,具有封闭性,股东人数也比较多,但一般不吸收社员以外的外部股东。

6. 股份能否流转存在差异。公司制企业的股份一般可以合法流转,如进行内部或外部转让、担保、继承;而海珠区转制社区集体经济组织的原始股份与社员身份捆绑,且社员持股有上限规定,因此不能在社员间及向社员之外的人自由转让股份,社员股东也不能对集体经济组织的股份设置担保物权,社员股东死后,其继承人只能按内部章程继承收益分配权,并不能继承完整的股东权益(如表决权、被选举权等)。

7. 治理结构存在差异。规范的公司制企业一般需要依法设立股东会、董事会、监事会相互分工和制衡的法人治理结构,并按照《公司法》、公司章程规定或实际情况对董事会、监事会人员进行选举、罢免或补选;而海珠区转制社区集体经济组织依据相关规定设立社员大会或社员代表会议、社委会(理事会)、民主理财监督小组(监事会或监委会),社员代表、社委会成员、民主理财监督小组成员依照广州市及海珠区的统一规定,定期进行全区的换届选举。

8. 是否承担社会公共服务费用存在差别。一般的公司只需要照章纳税和给员工按时发薪并缴纳社保,不需要承担社会公共服务费用;而海珠区转制社区集体经济组织仍然要承担大部分社区公共设施和公共管理费用,而且都不同程度地参与社区的社会管理和服务。

由上分析可见,海珠区转制社区集体经济组织既不同于传统的依赖土地与农业生产的农村集体经济组织,也不同于规范型的公司制企业这一现代企业制度的代表形式,而转制社区集体经济组织与公司制企业之间的差异也为其公司化改制指明了方向。

五、海珠区转制社区集体经济组织公司化改制的合法性与正当性

(一)公司化改制的合法性

广州市委市政府早在 2002 年就提出了“城中村”改制要完成四项基本任务,即村委会改居委会、农民改居民、集体经济组织改公司、集体土地改国有土地。但从改制的实际结果来看,广州市目前只是完成了前两项任务,而后两项由于缺乏明确的法律法规支撑和政策不配套而未实质推进。

由于转制社区集体经济组织在全部农村集体经济组织中并不具有广泛代表性,国家和省市并没有为转制社区集体经济组织的运作和中长期发展规划进行专门立法或出台专门性指导意见,但由于城市化的快速推进,普遍适用于农

村集体资产和农村集体经济组织的政策法规已经严重滞后于转制社区的集体资产和集体经济组织的现实需要，因此，需要地方政府和条件成熟的转制社区集体经济组织在政策法规允许的框架内进行制度创新，在局部探索和尝试并积累经验、教训的基础上推动全局性的立法或政策的出台。

党的十八届三中全会决定对发展集体经济和保障农民权益方面提出了积极发展混合所有制经济，鼓励国有、集体、非公有资本交叉持股、相互融合；在符合规划和用途管制前提下，允许农村集体经营性建设用地出让、租赁、入股；保障农民集体经济组织成员权利，积极发展农民股份合作，赋予农民对集体资产股份占有、收益、有偿退出及抵押、担保、继承权等一系列具有开创性的思路和方针，对城市转制社区集体经济组织进行公司化改制具有重要指导意义。

《广东省农村集体经济组织管理规定》第 2 条规定："农村集体经济组织改制为公司的，不适用本规定。"该规定虽然强调农村集体经济组织改制为公司后不适用该规定，但并不禁止农村集体经济组织改制为公司或者说并不排除将农村集体经济组织改制为公司的可能性。《深圳经济特区股份合作公司条例》虽然仅适用于深圳经济特区，但对海珠区的集体经济组织的公司化改制具有参考借鉴意义。

我们认为，集体经济组织的公司化改制是在转制社区集体经济组织早已进行的股份量化与固化改革的基础上依据《公司法》和十八届三中全会决议精神，探索如何进一步建立现代企业制度和规范的公司法人制度，培育以集体所有制为基础的混合所有制经济；公司化改制是在政策法规允许的框架内对存量集体资产的产权归属形式和经营管理方式进行革新；公司制与集体所有制并非相互排斥、相互否定的关系，公司制不是创新所有制形式，公司可以是经营管理一定范围内的集体资产的公司，集体所有的资产可以采取家庭联产承包责任制的分散形式进行经营，也可以采取集约型股份合作制或公司制的形式进行经营管理；公司化改制不是对集体所有制的根本否定，更非"分光"集体资产搞私有化，而是在坚持集体所有制的基础上对集体经济的产权形式与经营机制的转变所进行的大胆尝试与创新。

（二）公司化改制的正当性

从某种意义上来说，集体产权股份化改革可分为两个层次：一方面，一般集体资产的股份化与集体土地的股份化。在城市化转制社区，绝大部分集体土地将转为国有建设用地，进而成为工商物业型资产。因此，社区股份合作制改革实际上是对集体资产的股份化，集体产权股份化改革的选择定位应是股份制企业。若按照现代企业产权制度要求,股份合作组织应当进行工商登记,以取得合法营业资格,按照终极产权与法人产权相分离的原则组建,其法人登记更具意义,否则便不具备法人资格的责任能力,不能以独立人格参与经济活动而成为市场竞争主体。另一方面,其一旦注册登记,就是纯粹的企业法人主体,要根据其经营盈利情况依法纳税。由于股份合作组织毕竟是在原农村集体经济母体中孕育出来的,其在长时期内兼有谋取经济效益和提供社区公共服务之双重职能,既是经济组织也是准行政组织,普遍基础实力不强,抽税缴费将使其更加孱弱。因而其在法人登记上可能处于两难境地。有人认为,地方政府可在"农民减负"的政策背景下,给予集体经济组织改制一定的保护过渡期,即要么进行法人登记,在过渡期内以减免或退税的办法解决两难矛盾;要么在股份合作组织诞生后一定时期暂不登记,过渡期满再进行法人登记。前者主张在于首先保证它出生时便具备法人主体资格,有利于股份合作组织解决经济活动中遇到法律性质与地位不明的困惑;在地方难以给予政策支持的情况下,也可采用后者做法,即待条件成熟再引导股份合作制企业向公司制即股份有限公司或有限责任公司发展。鉴于股份合作制企业参股人数众多,若登记为有限责任公司,因有 50 人以下的法律限定而行不通,故进行工商登记为股份有限公司尚可。不过,可以考虑将众多的参股人员合并组建为职工持股会,作为一个团体股东代表来登记,从而符合公司法的要求。

公司制是一种适应市场经济要求的现代企业制度。农村集体经济组织公司化改制就是根据公司制的基本特征对其进行改造,通过引入公司法人治理机制,确立"产权清晰、权责明确、民主监督、管理科学"的现代企业制度,使其成为具有法人资格的市场竞争主体。公司化改制的重要目标在于充分利用公司制优势来发展壮大,其优势也在于可利用它的"开放性"大规模筹集资金,满足经营发展对资本的需求。实际上,早在广州"城中村"改造全面推行之前,个别条件成熟的农村股份合作组织就敢于"吃螃蟹","一步到位"进行了公司化改制。例如,原芳村区东滘村 1994 年就把行政村、经济社二级股份合作社进行了整合,取消了社一级经济核算单位,合并为村一级经济核算,1995 年按《公司法》的规定,在村级合作经济组织基础上组建"广州市东鹏(集团)股份有限公司";天河区沙东村于 1999 年实行"撤村建居",沙东股份合作经济联社、沙东股份合作经济联社工会作为出资人,分别以 90% 和 10% 的出资额,组建了"广州市沙东有利集团有限公司"。相较于少数"一步式"公司化改制策略,渐进式改革可能更符合转制社区股份合作组织的实际。社区股份合作组织借鉴公司法人治理机制进行制度完善,同"一步式"公司化改制策略一样能达到目标。然而,股份合作组织"渐进式"公司化改制首要解决的应当是股权封闭性问题,这是迈出"公司化"改制步子终究要突破的"瓶颈"。在我国三种公司制企业类型中,股份有限公司和有限责任公司都呈现一定的开放性。股份有限公司是资合公司,股份可自由买卖或转让;有限责任公司虽兼有资合与人合的性质,股份自由买卖受到一定限制(如股东有优先购买权),但股东的自由进入、退出机制并未受到影响。而社区股份合作组织基本上是封闭的,不仅股东身份资格受到严格限制,股份流转同样受到严格限制,股东没有入股、退股的自由;股东对其股权只有分红权,没有处置权,一般不允许自由转让、买卖、抵押和继承。有关股份制政策意见虽有类似"原村民股东迁出或死亡,其股份可以转让、继承和赠与"的规定,但在实际中组织章程一般限制为"股东内部转让、继承",股权交易不对外开放。

六、海珠集体经济组织公司化改制基本方案及利弊分析

(一)公司化改制方案构思

在我国现行的法律框架内,公司的基本形式包括《公司法》规定的有限责任公司和股份有限公司以及根据《深圳经济特区股份合作公司条例》组建的股份合作公司。但由于《深圳经济特区股份合作公司条例》仅适用于深圳经济特区的集体经济组织,广州地区的集体经济组织无法直接适用该条例进行公司化改造。所以,此处的方案构想主要是依据《公司法》的规定并适当参考《深圳经济特区股份合作公司条例》的部分规定和成功经验。

1. 转制社区集体经济组织改造为有限责任公司的方案构想

由于我国《公司法》规定的有限责任公司的股东人数为 50 人以下(一人公司和国有独资公司可以只有一个股东),而现有的集体经济组织无论是经济联社还是经济社,其股东人数一般都超过 50 人,因此,将一个经济联社或经济社整体直接改造为有限责任公司,存在一定的法律障碍,需要以一定的变通形式将集体经济组织改制为有限责任公司。

模式一:将经济社改制为有限责任公司,原经济社股东成为公司股东,经济联社可改制为资产管理公司或集团公司。

对于实行二级核算且以经济社核算为主(集体物业资产全部或主要登记在经济社名下)的集体经济组织,可以优先考虑以此种模式进行公司化改制。在这种模式下,根据经济社原有股东人数的数量,可以采取以下几种途径进行公

司化改制：

（1）将每个经济社组建成一个有限责任公司——这种模式适用于经济社原股东的人数不足50人的情况，将经济社的存量资产进行评估后整体作为出资置入新组建的有限责任公司，之前经济社的全部社员股东登记成为有限责任公司的自然人股东。但是就统计数据来看，目前海珠区转制社区各经济社的社员股东人数基本都在50人以上，因此，这种改制途径因为受限于股东人数“瓶颈”，适用面不广。

（2）将一个经济社拆分组建为多个有限责任公司，即对股东人数超过50人的经济社，在对集体资产进行价值评估的基础上，将集体资产拆分分别置入多个有限责任公司，原经济社的股东分别组合成为有限责任公司的股东。这种改制途径可以灵活地避开《公司法》对股东人数的限定，但是由于集体资产主要体现在物业资产上，而不同地段的物业资产其评估价值和盈利潜力不同，如何将集体资产合理折股成为难题，可能会出现股东争抢优质物业资产折成的股东名额，而地段稍差或容积率过高的物业资产折成的股东名额无人问津，最终无法完成折股配股的情形，在经过统一规划的城中村改造完成后，这种阻碍才会有所减轻。

（3）以户代表为股东将原经济社改制为有限责任公司，即对股东人数超过50人的经济社，由每个户籍家庭推选一名户代表持有该家庭各社员股东的全部股份，将经济社的存量资产进行评估后整体作为出资置入新组建的有限责任公司，每户的唯一户代表成为有限责任公司的股东。这种改制途径也可以灵活地避开《公司法》对股东人数的限定，维持经济社的总体经济规模，家庭推选户代表持股的阻碍也很小，也可以避免公司化改制短期内造成的社会震动和社员股东的不适应。但这种改制途径也存在股份归属不够彻底、户代表死亡或家庭争议会引起持股争议等潜在问题。

说明：在将经济社改制为有限责任公司的过程中，可以考虑将原经济联社改组为集团公司或资产管理公司。比如，由各经济社分别预留一部分集体股由经济联社持有，集体股的分红主要统筹用于原村社遗留下来的公共开支，这种模式的优点是可以减少社会震动，但会遗留“尾巴”，集体股对应的该部分集体资产产权不清的老问题仍没彻底解决；或考虑经济联社不持有经济社的股份，由经济社改制后的公司每年交纳一定的管理费或公共提留（公益金）给经济联社，管理费或公共提留主要统筹用于原村社遗留下来的公共开支。待公共开支由政府承接或由整个社区公摊后，可不再保留集体股或不再收取管理费或公共提留。

模式二:将经济联社改制为有限责任公司,各经济社为公司股东。

对于实行经济联社一级核算或经济联社与经济社二级核算且以经济联社核算为主(集体物业资产全部或主要登记在经济联社名下)的,可以将经济联社的存量集体资产进行评估后整体作为出资折股置入新组建的有限责任公司,各经济社登记成为有限责任公司的股东。

说明:这种模式是借鉴《深圳经济特区股份合作公司条例》的规定,不直接以社员股东作为公司股东,虽有公司的形式,但和原来的资产经营方式和分配方式的区别不大,对村民的吸引力可能不大。

模式三:通过社员持股会的形式间接持股,将经济联社或经济社改制为有限责任公司。

由于有限责任公司的股东人数不得超过50人,而经济社和经济联社的股东人数一般都超过有限责任公司股东人数上限,因此可以借鉴国有资业改制或部分行业的多经产业改制的做法,通过职工持股会的形式间接持股,将经济联社和经济社改制为有限责任公司。也就是说,原经济联社或经济社的社员股东全部都作为社员持股会的实际出资人,并在社员持股会作内部登记,由社员持股会推选部分持股会会员(50名之内)作为名义股东(持股代表)以经济社或经济联社的集体资产向有限责任公司出资,有限责任公司的分红由持股会按照内部登记的实际出资人的持股份额进行分配。持股会所做的虽然是内部股份登记,但允许实际出资人在社员内部或向外部股东转让其在社员持股会所持的股份,可以继承或赠与。

说明:全体社员股东通过社员持股会与名义股东为媒介实现对有限责任公司的间接持股,使《公司法》对股东人数的限制不再成为障碍。但原经济联社和经济社因为社员身份和股份配置而衍生的各种矛盾可能会带到社员持股会,影响转制社区和谐稳定的因素并不因为集体经济组织公司化改制而自动获得解决,部分人员甚至有可能会借机提出各种新旧诉求。另外,海珠区政府或区水农局作为政府机关不宜直接发文提倡各经济联社或经济社采用规避法律限制的形式进行公司化改制,但个别经济联社或经济社依照社员持股会的思路制定公司化改制方案呈批时,海珠区政府或区水农局可以批准执行。

2. 转制社区集体经济组织改造为股份有限公司的方案构思

《公司法》规定的股份有限公司的设立方式有发起设立和募集设立两种,其中发起设立,是指由发起人认购公司应发行的全部股份而设立公司;募集设立,是指由发起人认购公司应发行股份的一部分(一般不得少于公司股份总数的35%),其余股份向社会公开募集或者向特定对象募集而设立公司。同时《公司法》还规定,设立股份有限公司的发起人的人数为2人以上200人以下。

模式一:以发起设立的形式将经济社改制为股份有限公司,原经济社的全部社员股东成为股份有限公司的发起人。

根据《公司法》的要求,采用发起设立的形式设立股份有限公司的,发起人必须认购公司的全部股份,且发起人的人数为2人以上200人以下。

由于股份有限公司的股东人数上限多于有限责任公司,对于实行二级核算且以经济社核算为主(集体物业资产全部或主要登记在经济社名下)的集体经济组织,除了可以按照前述的途径将经济社改制为有限责任公司以外,也可以考虑将经济社改制为股份有限公司,原经济社的全部社员股东成为股份有限公司的发起人。

说明:在将经济社改制为股份有限公司的过程中,可以考虑将原经济联社改组为集团公司或资产管理公司,由各经济社分别预留部分集体股由经济联社持有,或经济联社不持有经济社改制后的公司的股份,由改制后的公司每年交纳一定的管理费(公共提留),集体股的分红或管理费(公共提留)主要统筹用于原村社遗留下来的公共开支。

模式二:以募集设立的形式将经联社改制为股份有限公司,原经联社全部社员股东成为股份有限公司的发起人或定向募集股东。

根据《公司法》的要求,募集设立,是指由发起人认购公司应发行股份的一部分(一般不得少于公司股份总数的35%),其余股份向社会公开募集或者向特定对象募集而设立公司(其发起人和股东的总和人数可以突破200人)。

对于实行经济联社一级核算或经济联社与经济社二级核算且以经济联社核算为主(集体物业资产全部或主要登记在经济联社名下)的,除了可以按照前述的途径将经济联社改制为有限责任公司之外,也可以由下属各经济社或部分社员股东担任发起人,向经济联社的剩余的社员股东定向募集股份的形式将经济联社改制为股份有限公司(发起人和定向募集人向股份有限公司的出资都以经济联社存量集体资产置入),使经济联社原有的全部社员股东都直接成为股份有限公司的股东。

说明:是否还需要将原经济社作为发起人可根据实际情况和社员大会或社员代表会议的决定来确定,为了不给改制留尾巴,应尽量避免将经济社作为发起人。

另外,由于向社会公开募集股份的条件比较严格,募集成本也比较高,对于资产质量不是特别高,资产规模不大且短期内也不考虑上市的经济联社或经济社,不宜采用这种形式。

（二）对拟试点的琶洲经联社及所属经济社的改制方案建议

课题组虽根据《公司法》的规定拟订了多种公司化改制方案，每种改制方案的利弊兼有，但结合海珠转制社区集体经济组织尤其是琶洲经济联社及所属经济社的实际情况，我们优先推荐采用户代表持股将经济社改制为有限责任公司的形式；当然，若多数社员愿意，也可用社员持股会的形式将经济社改制为有限责任公司的形式或直接将经济社改制为股份有限公司。

（三）关于集体经济组织公司化改制的基本程序

探索将转制社区集体经济组织改制为公司属于产权制度的创新，目前对集体经济组织改制为公司并无法定的统一程序，在实际操作层面可以参照以往国有企业或集体企业改制为公司的程序，分为集体经济组织向主管部门申报改制立项、征集社员股东意见、拟订改制预案、改制预案的审批、清产核资、资产评估与审计、改制实施方案的编制、对改制实施方案的民主表决、改制实施方案的备案审查、改制实施方案的具体操作（如股份确认、公司名称预先核准、公司章程的拟定、出资与验资等）、完成工商登记领取公司法人营业执照、办理组织机构代码与税务登记等步骤。

七、有关政策指引及扶持措施的建议

（一）基本的政策措施

目前，社区股份合作经济主要是政策型物业经济，由于法律法规对其调整规制滞后，仍要依靠政府政策的积极引导和扶持。可以采取的主要措施有：

1. 统一规范社区股份合作组织制度设计。在诸因素影响下的城乡之间、各区域之间股份合作制模式及内容不尽相同；同一个城市甚至同一城市的不同城区、同一城区不同社区之间也有所差异。虽然珠三角等地股份合作制改革大都是在政府指导下、按照政府意图及其统一指导政策方案进行的，但政府指导毕竟不具有强制性，仍然要以尊重社区群众的自主选择为原则。换言之，政府仅可提供一个示范性的原则方案或制度框架。相对于既往实践中少数“一步式”公司化改制策略，渐进式改造可能更符合转制社区股份合作组织实际情况。逐步建立公司法人治理机制，股东们在“股份合作制”框架内，借鉴公司法规定的法人治理机制进行制度完善，同“一步式”公司化改造一样能达到确立“产权清晰、权责明确、民主监督、管理科学”的现代企业制度之改造目标。

2. 引导转制社区股份合作组织实行“政经(社)分离”,并给予必要扶助,解除其社会负担,使之能成为自主经营、自负盈亏的市场主体。目前转制社区股份合作组织身份具有两个显著特征:其一,脱胎于原农村集体经济组织,兼管理集体福利的社会职能,社会管理与企业管理行为容易发生混同;其二,除执行营利性经济职能外,还承担转制社区本由政府承担的社会福利、公共管理的职能。在政府仍要求社区企业承担“企业办社会”义务,社区企业仍需要承担分红以外的社会负担的条件下,贸然进行公司化改造是不可取的,也很难得到社员股东的支持和响应。保护转制社区居民特殊利益,尊重他们自主选择,是推行“公司化”改造的根本前提。

3. 对城市化转制社区集体经济组织在税收上给予特殊政策,根据公共财政承担社区建设的程度确定其税负水平。在公共财政还未承担社区公共建设的情况下,应对集体经济组织实行税收减免或返还政策,税负水平可参照既往农业税(不超过收入的5%)。若对经营非农项目达到一定规模或比例的股份合作组织以集体资产出资设立控股的“有限责任公司”,在解决市场化经营中可能遇到的法人地位问题的同时,在政策上为村(居)民“有限责任公司”提供一个税收减免过渡期,在公共财政尚未承担社区公共支出之前,将该类公司的税负控制在集体资产经营收入的5%以下,以与过去农业税大致相当。

4. 正确引导与合理监管社区民主自治,保护弱势股东及第三人的合法权益。基层民主自治赋予社区居民“民主决策、民主管理”的权利,同时伴生多数人利用“自治章程”“村规民约”和民主表决的形式侵犯少数人合法权益的不良倾向。“村改居”“城中村”改制后社区居委会虽取代村委会,但不再具有经济管理职能,既有的违法“村规民约”或传统习惯被沿袭并有向股份合作组织章程“转移”的趋势。珠三角等地多年禁而不绝的“外嫁女”权益纠纷就是突出表现。

5. 政府尽量减少对社区企业不必要的干预。社区股份合作组织真正走向企业化运作需要克服的外部障碍就是以政代企,政府对企业自主权干预太多。其除了传统计划管理体制的影响之外,主要还是社会体制改革迟缓所造成的。集体资产管理与国有资产管理最大的区别在于:国有资产管理主体是政府国资管理部门,是一种代表全民股东以资产所有者名义进行的直接管理;而集体资产管理主体是社区集体经济组织,农业行政主管部门和街道办事处等指导监督机构对集体资产管理只是业务上的指导监督,而与资产所有关系及资产经营收益的支配无直接关系,是一种外部监控方式。虽然社区股份合作制改革已有多年，社区集体经济组织基本上已转制为股份合作制企业，运行体制逐步适应市场经济体制要求，但作为基层政府对社区集体经济组织的监管体制并未完全转变，仍沿袭过去计划经济管理模式直接或间接地干预社区集体经济组织的自主权，甚至于决定其命运——某些地方（如近年广东中山）政府对村社集体企业不搞深化股份制产权改革，而力主推动村社通过拍卖处置集体资产，欲简单了结社区分配矛盾，这可能是个别地方政府缺乏科学评估、不计后果的轻率盲动之举。

（二）补充的政策建议

前述方案可能只是一种比较乐观与框架式的设想和参考示例，具体的转制社区集体经济组织应当遵循“一社一策”“一社一方案”的原则，根据各经济联社及经济社的实际情况，以及全体社员股东的意愿选择其中某种建议方案，并制定详细并切合实际的改制实施细则，或者在综合采纳多种建议方案的基础上设计出更适合该社实际情况的新方案。

1. 关于公司化改制的基本程序。集体经济组织公司化改制和其他企业改制一样，同样需要遵循内部的民主决策和外部的行政审批程序。在拟定经济社或经济联社的公司化改制方案过程中，需要认真征求和听取全体社员或社员代表的意见，对于拟定出的改制实施方案需要按照社务公开的规定提前进行公示，并提交社员大会表决通过。对于各经济社或经济联社的改制方案，须提请所在街道办事处、区水农局等职能部门就其合法合规性等进行审核批准后，才可付诸实施。

2. 关于集体经济组织公司化改制的特殊政策支持。由于集体经济组织公司化改制属于制度创新和新生事物，国内目前尚缺乏具体的法律法规和政策性指导意见进行系统的指导，除深圳经济特区外，也无多少成功的先例可供借鉴，地方政府和相关职能部门应该鼓励和支持条件成熟的转制社区集体经济组织在制度创先方面先试先行。

3. 关于公司化改制的配套支持与优惠。由于转制社区集体经济组织的存量集体资产主要表现为物业资产，在公司化改制过程中需要工商登记、房管等部门对公司的出资验资、出资过程中房地产过户等特事特办并对改制过程形成的税费等予以减免。为平衡集体经济组织改制前后的税收负担，在地方政府全面承担转制社区公共设施维护和公共服务产生的费用之前，对于改制后的公司宜规定一定时期税收优惠期，以免各集体经济组织因担心税负加重而抵制公司化改制。

4. 关于股东构成的开放性和多元化。基于“分步实施、稳步推进”的考虑，在公司化改制的初期阶段，宜暂先维持股东的封闭性和股东来源的单一性。在将经济社或经济联社改制成立为有限责任公司或股份有限公司的基础上，各改制后的公司将来还可以考虑以增资扩股的形式吸收社会资本进入公司，以壮大公司资产规模，或将社员股东持有的股份转让给社会资本，逐渐实现股东构成的开放性和多元化。

5. 关于原社员股东的退出机制或原始股份转让机制，允许公司化改制以后原社员股东向其他社员股东或社会股东转让股份，或从公司退出由公司回购其股份，但需要其提供足够的个人或家庭收入证明、在国外定居或移民证明等书面证明并书面承诺股份转让后不再享有社员资格与股东资格，个人转让股份或退股所产生的商业风险由本人承担，与原集体经济组织或新的公司无关。

6. 关于各村社因为股份配置而产生的争议问题和历史遗留问题。在公司化改制的过程中，对于以往因为股份配置而产生的争议问题和历史遗留问题，可以考虑让部分有争议的社员（非股东社员）以折扣价或优惠价向改制后的新公司入股等形式一并解决，但需要征得社员大会或社员代表会议的同意，以免引发更多的争议。

7. 对于公益性或非经营性集体资产的处置。对于转制社区范围内原集体土地上建设并由村社出资维护的学校、幼儿园、医务所、祠堂、古迹、坟墓、群体性文娱设施等公益性或非经营性资产，原则上不评估作价置入改制后的公司，可以视情况和多数社员的意见将这些资产或设施向社区居委或相关职能部门移交或托管，或维持现状。

8. 关于集体建设用地及其地上物业、关于报建手续不全或产权不完整的集体物业资产能否用于出资的问题。十八届三中全会决定指出：“在符合规划和用途管制前提下，允许农村集体经营性建设用地出让、租赁、入股，实行与国有土地同等入市、同权同价。”这些集体资产虽然存在产权瑕疵和交易过户上的障碍，但这些资产具有经济价值并可以产生经济收益，资产评估机构或验资机构可按照一定的标准对其进行价值评估或折价。

参考文献

1. 王立人、金政、芮永中等:《股份重建与农村集体经济改革现代经济探讨》,载《现代经济探讨》2004 年第 5 期。

2. 胡嘉汉:《完善宁波渔业经营体制的探讨》,载《宁波经济》1998 年第 3 期。

3. 蒋舟燕、吕琦:《完善海岛新型渔农村养老保险制度探究》,载《渔业经济研究》2010 年第 1 期。

4. 王权典:《城市化转制社区股份合作组织公司化改制之法治路径与保障机制探讨》,载《南方农村》2013 年第 7 期。

5. 王权典:《社区集体经济组织改制目标定位与职能重构之法律研析》,载《法学论坛》2009 年第 4 期。

6. 王权典:《城市化进程中社区型集体经济组织改制目标定位与职能重构之法律研析》,载《法学论坛》2009 年第 4 期。

7. 王权典等:《城市化转制社区治理机制转型之法律探微》,载《法治论坛》2011 年第 3 期。

8. 王权典:《转型期南海城乡社区治理机制创新路径探索》,载《华中农业大学学报》(社科版)2013 年第 2 期。

9. 王权典、江惠生:《城市化"村改居"中农村集体资产管理改制的困境与出路》,载《行政与法》2008 年第 5 期。

10. 王权典:《统筹城乡发展视野中征地留用地保障政策之法律研析》,载《行政与法》2010 年第 1 期。

11. 王权典:《城市化转制社区股份合作组织公司化改制之法治路径与保障机制探讨》,载《南方农村》2012 年第 7 期。

12. 王萍:《渔村社区合作经济组织的变迁研究》,中国海洋大学 2011 年博士学位论文。

13. 王权典、杜金沛等:《广州白云寮采村治创“村民理事会”之范例分析》,载《南方农村》2018 年第 1 期。

14. 广州市农业局:《〈关于妥善解决白云区渔业联社问题工作方案〉的通知》(2017 年)。

图书在版编目(CIP)数据

城镇化进程中村社改制模式与法治实践探索：基于广州实证考察 / 王权典等编著. -- 北京：法律出版社，2020

ISBN 978-7-5197-0622-7

Ⅰ. ①城… Ⅱ. ①王… Ⅲ. ①农村社区－社区建设－研究－广州②农村社区－法治－研究－广州 Ⅳ. ①D669.3②D927.651

中国版本图书馆CIP数据核字(2020)第012743号

城镇化进程中村社改制模式与法治实践探索
——基于广州实证考察
CHENGZHENHUA JINCHENG ZHONG CUNSHE GAIZHI MOSHI YU FAZHI SHIJIAN TANSUO
—JIYU GUANGZHOU SHIZHENG KAOCHA

王权典 陈玉生 杜金沛 邓定远 编著

策划编辑 刘秀丽
责任编辑 刘秀丽
装帧设计 汪奇峰

出版 法律出版社
总发行 中国法律图书有限公司
经销 新华书店
印刷 三河市兴达印务有限公司
责任校对 李景美
责任印制 张建伟

编辑统筹 独立项目策划部
开本 710毫米×1000毫米 1/16
印张 17.5
字数 310千
版本 2020年4月第1版
印次 2020年4月第1次印刷

法律出版社/北京市丰台区莲花池西里7号(100073)
网址/www.lawpress.com.cn
投稿邮箱/info@lawpress.com.cn
举报维权邮箱/jbwq@lawpress.com.cn
销售热线/400-660-8393
咨询电话/010-63939796

中国法律图书有限公司/北京市丰台区莲花池西里7号(100073)
全国各地中法图分、子公司销售电话：
统一销售客服/400-660-8393/6393
第一法律书店/010-83938432/8433
西安分公司/029-85330678
重庆分公司/023-67453036
上海分公司/021-62071639/1636
深圳分公司/0755-83072995

书号：ISBN 978-7-5197-0622-7
定价：58.00元